中国史趣读

从夏商周朝笑到晚清时代

水木森◎著

中国友谊出版公司

图书在版编目（CIP）数据

趣读中国史 / 水木森著. — 北京 : 中国友谊出版公司, 2020.12
ISBN 978-7-5057-5058-6

Ⅰ. ①趣… Ⅱ. ①水… Ⅲ. ①中国历史—通俗读物 Ⅳ. ①K209

中国版本图书馆CIP数据核字（2020）第218473号

书名	趣读中国史
作者	水木森 著
出版	中国友谊出版公司
发行	中国友谊出版公司
经销	新华书店
印刷	三河市冀华印务有限公司
规格	787×1092毫米 16开 18.5印张 244千字
版次	2021年4月第1版
印次	2021年4月第1次印刷
书号	ISBN 978-7-5057-5058-6
定价	48.00元
地址	北京市朝阳区西坝河南里17号楼
邮编	100028
电话	（010）64678009

如发现图书质量问题，可联系调换。质量投诉电话：010-82069336

目录
Contents

【第一章　尧舜禹夏商周，从禅让到家天下】

【第二章　春秋战国秦楚，奋斗主历史沉浮】

【第三章　强汉400年，一个族群的永恒记忆】

【第四章 从魏晋到南朝，迷蒙时代的奋斗与沉沦】

【第五章 五胡十六国，北朝的统一与分裂】

【第六章 隋唐五代两宋，文治武功交相使用】

【第七章　辽夏金元，刀锋之下的霸权】

【第八章　明清盛世谢幕，华夏将走向何处】

第一章

尧舜禹夏商周，从禅让到家天下

华夏族血液都蕴含着道德。尧舜禹，夏商周，治理天下都以道德为核心。有德之统治者，天下归心；无德之统治者，天下共讨之。统治者是否符合道德决定其统治是否得人心，社会是否稳定。

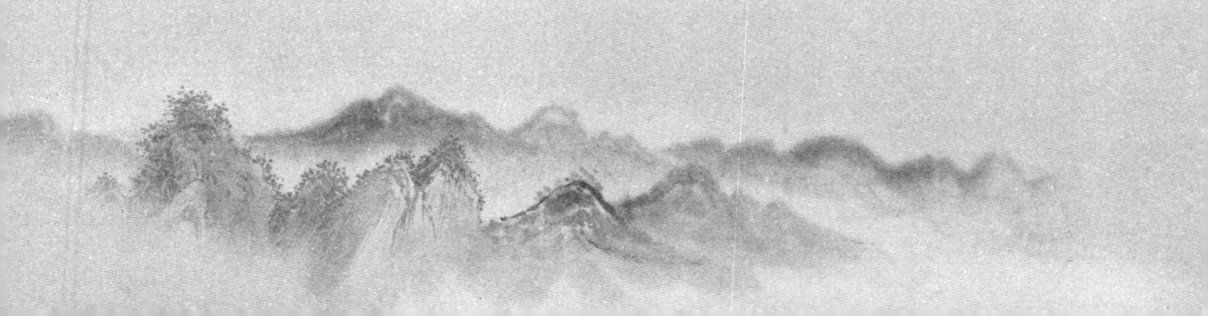

1. 唯贤是举是美德

中国历史源远流长。神话传述着远古历史，一代又一代流传。例如，女娲创造万物、盘古开天辟地、有巢氏造房屋、燧人氏钻木取火、伏羲氏发明畜牧业、神农氏尝百草发明农业，又教民“作陶”和“织衣”，以及发明手工艺等，蕴含着远古历史的发展轨迹。

炎帝和黄帝是传说人物，也是华夏族始祖。炎帝和黄帝同时代。黄帝战胜炎帝，大败蚩尤，然后不计前嫌，融合炎帝部族，与东夷遗族各部结盟，逐步形成华夏族共同体。华夏族历代子孙，都自称炎黄子孙。这是中国历史的根。

炎黄子孙有很多共同特征。讲究历史传承和注重道德修为是最明显的特点。黄帝死后，天子位传给其孙子颛顼，颛顼死后传给其侄子帝喾，帝喾死后传给其儿子唐尧。这是历史传承。这种历史传承都非常重视道德修为，都是在子孙中挑选有德者而传。

到唐尧时代，这种传承发生了新变化，变成唯德是举，不限制继承者身份。唐尧的继承者不是他儿子，不是他侄子，不是他孙子，而是平民出身的道德模范虞舜。

尧是德高望重者。他高举德治旗帜，不遗余力地推崇美德，引导天下臣民尊崇美德。他当天子后，四海升平，天下归心，他个人声望极高，一举一动都被人推崇、模仿。

尧的儿子丹朱从小不成器，喜欢打架斗殴，无法堪当重任。尧决定进一步推进德治，宣称要禅让天子位给有美德的人，并派人去寻找有美德的人。平民出身的舜，因为孝悌，心地善良，被尧看中。

尧考察舜是不惜代价的。他将两个女儿嫁给舜，派九个儿子去侍从舜。尧最在乎的是德。舜是德治时代大赢家。舜首先用德严格要求尧的女儿，让她们谨守妇道，好好侍候丈夫，然后引导尧的九个儿子相互忠诚友爱，对长辈尽孝道。没多久，他们都成为舜的忠实追随者。

尧欣赏舜办事有魄力，又让他去推行五种教典。舜谦虚学习，尽心尽力，百姓都能遵从。尧又让舜参与百官事务，各种职责范围内的事，舜都能处理得非常合理合法。尧让舜在四门接待宾客，舜的言谈举止非常得体。

接连几项考核合格后，尧派舜一人进入山川林泽打猎采集。他遇到了暴风雷雨，在复杂环境中依然没迷失方向，安全回来了。尧认为舜能力超出了一般人，禅位给他。舜谦让推辞几次，就接受了禅让。

尧禅让后，退休在家，让舜代理执政。舜一边虚心向尧请教治理天下，一边通过管好天下和惩罚恶人树立威信。结果，天下人心悦诚服。

尧让位于舜，让天下百姓都享受到了好处。百姓认为，尧使有美德之人治理天下，造福百姓，是一种旷世美德。后世百姓都将尧当明主来敬仰，将其当作美德的代言人。

2. 孝悌是美德之源

尧崇尚道德，推崇德治，自己是道德模范，也选择道德模范舜做继承人，成功实现禅让，为百姓所敬仰。舜被选为继承人，有一个重要原因，是他践行的孝道，符合尧提倡的恭顺美德的优秀品质。

孝是华夏文明和传统美德的核心。百善孝为先，舜重孝道，对华夏文明及历史影响巨大。此后数千年，提到孝子，首推就是舜。

舜的字是重华。他父亲是普通百姓，盲人，人称瞽叟。舜为天下人敬仰，是因为发自内心的孝顺，是他个人修为所致。

有时候，敌人是促使一个人取得伟大成就的重要因素。瞽叟是舜天生的敌人，眼睛瞎心也不明亮，不待见舜，还想弄死他。

舜生母死得早，瞽叟给他找了个继母，并生了象。瞽叟宠爱娇妻幼儿，听继妻的话，偏爱狂傲骄纵的象，认为舜妨碍他们幸福，是个累赘，想杀死他。

瞽叟心瞎，舜的心却明亮得像镜子，看穿了他的心思，总能预先找到方法应对他。舜有个至今令人佩服的优点，那就是喜欢看事情的积极面，以德报怨，将任何一种遭遇都当作提升自己修为的机会。他每天小心恭谨，对父亲、继母都很恭顺，对弟弟也非常慈爱。

瞽叟顽固心狠，继母搬弄是非，弟弟狂傲骄纵，都容不下舜，都想除之而后快。不过，舜孝顺聪明机灵，让他们想杀却找不到机会，想指责却找不到借口。舜20岁时成为闻名天下的孝子、当时的道德模范。舜刚过30岁就被尧选为继承人。

眼瞎心更瞎的瞽叟依然想杀死舜。他对舜公开下了两次手，两次都被舜巧妙化解。

在舜修补仓库顶时，瞽叟不仅搬走梯子，还趁机放火烧仓库。舜借助两个斗笠从仓库顶逃走。瞽叟公开谋杀舜。舜没有仇恨他，没报官，也没将此事挑明。

还有一次，瞽叟和象让舜挖井，然后趁舜不注意时，往井里填土，想将他活埋。鉴于瞽叟有谋杀他的先例，舜事先留了心眼，在井壁挖了暗道。结果，舜从暗道顺利逃走。

瞽叟和象迫不及待地分了舜的“遗产”。舜回家后，跟他们该怎么相处还是怎么相处，丝毫不提此前发生的事，甚至态度更加恭谨。

舜亲自践行孝道，也喜欢重用德行好的人，惩处无德之人，积极在天下推广父义、母慈、兄友、弟恭、子孝等美德。

尧在世时，舜非常孝敬他；尧去世后，舜为他服丧三年。

舜做了天子，见瞽叟时，也非常孝顺，说话态度和悦恭敬，跟他以前别无差异。对于象，舜不计前嫌封其为诸侯，期待象的子孙以象为诫，发扬孝悌美德。

舜以道德模范身份当上天子，选择继承人也注重道德。治水有功的禹，被推荐做舜的继承人。禹继续推崇尧舜的美德，以德治天下。德治成为此后数百年治理天下最核心的内容。

3.德是可以遗传的

舜因美德获得天子位。其继承人禹因治水有功，被认为具有上天赋予的美德，也获得了天子位。不过，禹的美德更带有“血腥味”。

禹是最著名的治水英雄，是德治时代划时代的人物，改变了历史发展方向。当然，他的成功也是踏在父亲肩膀上获得的。

尧在世时，天下洪水泛滥，漫无边际，淹没了庄稼、山陵、房屋，迫使百姓流离失所，背井离乡。尧寻找敢于担当治水重任的人。鲧被推举负责治水。

鲧采用围堵的方法，治水9年，洪水没消退，危害反而变大。后来，舜将鲧流放到羽山，让鲧的儿子禹继续治水。禹贤良，欣然接受任务，带伯益和后稷等能人一起去治水。

禹洒泪告别结婚4天的爱妻涂山氏，踏上治水征程。他带人跋山涉水，风餐露宿，到处测量和观察，发现围堵治水是方向性错误，便创造性采用疏导治水，引导洪水东流入海。

禹日夜奋战，治理洪水。他多次经过家门，都没舍得抽空回去看看家人。

禹根据山川地理走势，将天下分为九州，先将土地该疏通的疏通，该平整的平整，再去治理名山大川，疏通水道，引导水流往低处。

13年后，禹治水成功，滔天洪水向东流，昔日被水淹没的土地变成良田，百姓筑室而居，过上幸福富足的生活。大家认为禹治水有功，推荐他做舜的继承人。

禹当天子后，华夏族活动范围涉及黄河流域、长江流域，各种社会矛盾也变多了。禹决定分封有美德者的后代以及亲族，通过此方式传播美德，稳定天下。先后获得禹分封的有尧的儿子丹朱、舜的儿子商均、有美德声望的皋陶，还有受禹影响比较大的姒姓氏族、部落和有婚姻关系的酋长。

为统一江南，巩固对东夷统治，禹以天子身份巡察东南各地。他在涂山和各方诸侯相会。各地氏族、部落酋长前来朝贺时，禹举行祭天祀土的祭仪，正式宣告继天子位，封服从的氏族、部落首领为诸侯，诛杀不服的防风氏，铸造九鼎为镇国之宝。

一些没参加涂山相会的氏族、部落得知此消息，纷纷向禹进贡称臣。禹成为有史以来最有权威的天子。就在这一年，禹去世。

禹的天子位是舜禅让的。伯益被大家推荐为他的继承人。既然能让其他有美德者的后裔到地方去传播美德，那么他自己的儿子为什么不能继承天子位，继续传递美德呢？禹想让儿子启继承天子位，便暗中帮他积蓄实力和声望。

禹死后，伯益埋葬了他，还为他守孝三年。不过，伯益没能继承天子位，被启杀死。启召集钧台大会，宣布自己继天子位，定都于阳翟，建立起中国历史上第一个“家天下”王朝——夏朝。

启打破禅让制，自立为天子，给德治时代的政治带来些许血腥味道，但依旧没改变德治这个主旋律。启凭借禹的余德建立夏朝，但其后代依然要遵循“以德治天下”的铁律，一旦违背就会受到惩罚。

启的儿子太康失德，羿驱逐太康，控制夏王中康，掌控朝政。后来，寒浞杀羿，控制下一代夏王相。太康不注重美德，导致大权旁落，几代夏王成为傀儡。相的儿子少康注重修德，才夺回政权，实现了夏朝中兴。

夏朝传到桀时，桀严重失德，被商汤消灭，历史也从夏朝进入商朝。不过，商朝依然要遵循“以德治天下”的铁律，修美德天下兴旺，不修德则天下衰败。

4. 修德的重要性

商族兴起于东方，在商汤领导下，逐渐强盛起来，并积蓄了实力。商汤即天乙，也称成汤。夏朝的腐败和暴政使它众叛亲离。成汤想趁机取而代之。他将国都由商丘迁至亳，并开始积蓄粮草、召集人马、训练军队，尤其是针对夏朝德治特点“以德立威”，诱导临近部落归附。

当时，商族处在氏族社会末期，阶级、奴役和剥削等已产生，但为了灭夏朝，为了得到军民拥护和支持，商汤尽量对百姓宽容优厚，废除那种残暴的政策，实行一些得民心的政策，努力将自己打造成尧一样的圣君。

在德治时代，道德对统治者来说非常重要。统治者注重修德，天下百姓便顺从其统治，歌颂其伟业，治理成本就极低；统治者任性妄为，天下百姓就极其愤怒，认为其失德，渴望新的有德之君出现，治理成本就极高，甚至走向水火不容的局面。夏桀失德，成汤有意识修德，赢得民心，天下很快出现“汤修德，诸侯皆归商”的局面。此外，成汤采取伊尹的策略，挑拨九夷等少数民族部落与夏桀的关系。夏桀失德，最终陷入孤立无援的境地。

在征伐夏桀时，成汤高举道德旗帜，先从道德方面对夏桀进行声讨，召开兴兵伐桀的誓师大会，历数夏桀的罪恶，宣传自己奉上天旨意讨伐夏桀，灭夏是上天的命令，是不可违背的，大家要为正义战争，奋勇杀敌，有功的人将受到奖赏，不听从命令的人要受到严厉惩罚。这种先从道德层面声讨后出兵消灭的方式，为后世诸多统治者所效仿。

有个别方国效忠于夏桀。在与夏桀决战前，成汤先派人谴责它失德，再派兵消灭了它，警示其他方国“助恶”的下场就是被灭国。

夏桀羽翼被全部剪除，但他还未意识到自己已经严重失德，处在即将被有德之人取代的境地，“桀亡待汤之备”。成汤率军进攻，夏军没有抵抗就跑到了鸣条。商夏在鸣条决战，夏军被击溃。夏桀逃到了南巢，死在那里。

灭夏朝后，汤回到亳邑，召开诸侯大会，宣布夏桀的失德行为，阐明自己奉天命惩罚失德之君，同时大封诸侯，“汤乃践天子位，代夏朝天下”。

商汤吸取夏朝灭亡的教训，广施仁政巩固政权，发展农业、手工业来稳定经济。商朝初期灾难频繁，加上王室内部争权夺利，让商朝的德治遭到诸侯质疑。商朝只好不断迁都，寻找“天命所在之地”。

盘庚迁都殷，商朝稳定下来，出现中兴，并为武丁盛世奠定了基础。武丁是盘庚的侄子，年幼时曾在民间生活过一段时间，他继位后兢兢业业、励精图治，一心只想振兴大业。武丁先征服鬼方、土方、羌方、人方、虎方等不服商朝的方国，传播威德，然后大力鼓励发展农业和手工业，开创盛世局面。

武丁死后，盛世没能延续多久。到帝辛时，商朝内外矛盾都空前尖锐起来。东南方的诸侯都反叛了商朝。帝辛就是纣。

纣是个有梦想的人，想学习武丁中兴商朝，但只看到武丁武功方面的努力，而没看到在德治方面的修为。他派兵强力镇压东方的莱夷，亲征南方的九苗。商朝的疆土，向东扩张到了东海，向南扩张到了长江流域。大规模战争既消耗了商朝的国力，又激化了它的内部矛盾。商朝兵力不足，对西北方向方国的控制和震慑下降。周国有了崛起机会。

民不聊生是最大的失德。帝辛本想中兴，却导致民不聊生，严重失德。而周国首领周文王、周武王趁机在德治方面做文章，将自己打造成为上天授命的有德之人。周武王率兵攻打商朝，商王纣仓促间组织奴隶来抵御周军。奴隶们毫无斗志，阵前倒戈。牧野一战，商军全军覆没。纣王自认为被上天抛弃了，就跑到鹿台点火自焚了。

周灭商将商灭夏的故事重演了一遍。德治如此重要，执政者对其丝毫不能怠慢。

5. 美德与制度完美结合

周武王姬发灭商后，在镐京举行大典，宣布建立周朝。德治时代的又一轮王朝更迭完成。

为了巩固政权，宣扬周天子的美德，周武王决定分封，即把王族、功臣和先代贵族分封到各地做诸侯，协助将新天子的威德传播下去。他们管理封国的政务和军事，但必须服从天子号令，传播天子威德，定期向天子进贡，给百姓做效忠天子的表率。

姜太公的封地齐，周公旦的封地鲁，都是当时传播天子威德的模范。此外，周朝还先后册封燕、卫、宋、晋等71个诸侯国。

分封还没完，姬发便死去。13岁的姬诵继位，周公旦代理执政。周公旦即姬发的弟弟姬旦，也称周公。

周公对历史有深远影响。他将道德和政治制度糅合在一起，确立“嫡长子继承制”，规定王位传给嫡长子，其他王子受分封为诸侯。根据这一制度，如果有嫡长子，其他王子不尊重嫡长子或者继承王位，就是违背道德，就是天下的罪人。此外，周公将统治阶层做了塔形设计，从下到上，依次是士、大夫、卿、诸侯、天子。天子处在塔尖上，是最高统治者。针对统治阶层的5个等级，周公制定相对应的服饰和祭祀、会盟、宴饮、朝贡、婚嫁、殡葬等规范，各自遵从规范。从此，上到天子，下到庶人，都有规范所依。每个人所作所为，符合礼仪规范就是符合道德，不符合礼仪规范就是不符合道德。

后人将这套礼仪规范称为周礼。周礼是将道德和政治完美结合的文化制度体系，是德治时代最完美的产物。

不过，周礼尊卑有序的道德，并不是针对所有人。刑不上大夫，礼不下庶人。针对广大庶民，周公制定了严酷繁杂的刑律。因此，一旦贵族衰落，这种德治将不可避免地崩溃。

周公制定了周礼，也身体力行地实践周礼，在推行周礼时“一沐三捉发，一饭三吐哺”，但是依然招人猜忌。他们认为，周公想趁姬诵年幼取而代之。为制止谣言，稳定大局，周公按照周礼规定行事，为15岁的姬诵举行冠礼，宣示他成年亲政。同时，周公还把权力交给太公和召公，自己离开镐京，回封国去。

周公出走后，他哥哥管叔带头蔑视周礼，为了私利煽动商纣的儿子武庚发动叛乱。美德加政治治理模式遭到空前挑战。周朝面临着商朝余部复辟危机。姬诵认为维持德治，不仅需要美德制度，还需要强大的武力后盾。他召回周公，命令其率兵镇压。周公率军攻下殷都，杀死武庚，斩杀管叔，向天子诸侯宣示，违背周礼必将受到严惩。

周公辅政7年后，姬诵满20岁，周公便将权力全部移交给他，自己回了封国。

周公制定周礼，为周朝长期统治奠定了政治文化基础，影响深远。周成王姬诵、周康王姬钊期间就出现了成康之治。周成王、周康王相继在位后，对内“以德慎罚”，提倡节俭，缓和阶级矛盾；对外采取进攻战略，武力征服和控制东部的少数民族部落，并取得巨大胜利。成康时期，周朝十分强大，国力强盛，经济繁荣，文化昌盛，社会安定，史家称“成康之际，天下安宁，刑错四十余年不用”。

500多年后，孔子在鲁国出生。周公后代一直以周礼治理鲁国。鲁国完整保存礼乐文化传统。孔子认为，周公是西周礼乐文化的缔造者和代表者。在周公制礼作乐基础上，孔子“删诗书，订礼乐”，承袭周公开创的文明之路，努力去挽救时弊、改变时风。

孔子一生克己复礼，力图回归到德治最辉煌的时代。能让一个影响中国数千年的圣人终生追求，足见德治时代影响的深远和巨大。

6. 伟大的不务正业者

德治与政治制度完美糅合，再加上强大的武力后盾，周朝进入德治时代鼎盛时期。成康之治后多年，姬满登上历史舞台，让德治遭到了新挑战。

姬满即周穆王，在位55年，喜欢神游，曾两次率军西征，打败过西戎各部落，还俘虏过5个部落首领，把中原的丝绸带到西域，对开通丝绸之路做了贡献。

按照周礼，姬满作为天子是不务正业的。他特别喜欢游玩。他终日躺着闭目养神，沉浸在梦游狂欢中，不管国家大事，常常让大臣们干着急。

姬满常常游兴大发，心中不装国事，也不惦记百姓，一心周游天下。他坐着豪华马车，携带着丝绸，借着“巡游”美名，去说服西北各民族部落归顺周朝，同时满足自己西游的愿望。

姬满一行来到河西一带时，遇见古老游牧民族——月氏。月氏首领蒯柏綮非常热情地招待了他。姬满一行离开继续西行时，赠送蒯柏綮大量丝绸，也接受了蒯柏綮献的10张豹皮、26匹良马。

此后，姬满西行更顺畅。他骑着月氏人进献的良马，继续向西去，一路穿越沙漠绿洲。每到一个地方，他就把丝绸、铜器、贝币赠送给当地酋长。

当地酋长也回赠马、牛、羊和酒。双方都非常讲究礼仪。

姬满出了河套地区，向西经乐都、积石，由西夏氏再向西到珠作氏，最终到了舂山、珠泽、昆仑之丘，见到了传说中的西王母。姬满献上丝织品，和西王母进行交流。西王母在瑶池边上盛情款待了姬满。他们一起尽情饮酒作歌，乐而忘返。

分别之时，西王母和姬满深情对唱，还相约三年后重聚瑶池之畔。

这个历史故事充满浪漫色彩。从周朝当时政治环境看，姬满西行说服西北部落归顺，传播周朝威德，其一言一行是符合周礼的，但他“不恤国事，不乐臣妾”，为满足自己的愿望和爱好西行，又是不符合周礼的，是天子不务正业的表现。因此，周礼到姬满这里，遇到了新时代新内容的挑战。

从历史的角度看，姬满是一位伟大的超越历史时空的人物。他西行的举动，传播了华夏文明，为丝绸之路的开通做了奠基。丝绸通过月氏人传到西方后，西方商人乃至统治者都为开辟丝绸之路前赴后继。到汉朝时，张骞最终全线开通了丝绸之路。这一点，或许是姬满当年所未想到的。

在德治时代，姬满一些违背周礼的举动，却留下了穿越时代的历史功绩，这或许就是德治时代最值得津津乐道的事，也是读历史时最值得深入思考的。

7. 失德者是令人愤怒的

周穆王姬满喜欢游玩，有悖周礼，深受非议，但他在一定程度上巩固了周朝统治，扩大了周朝影响力，而他的子孙中有一位周王，为君却违背周礼美德，挑战百姓忍耐底线，被愤怒的百姓赶走。这个周王就是周厉王姬胡，德治时代乃至整个中国历史上著名的残暴君王。

让姬胡成为历史负面典型的事件是国人暴动。

国人暴动是周朝德治走向衰败的标志性事件，也是当时社会矛盾激化的必然结果。在德治时代，统治者自身举动是否符合道德，百姓看在眼里记在心里。他们虽然无法制裁违背道德的统治者，但他们有自己的底线，有表达自己不满的权利。统治者忽略这点，必将付出代价。

姬满死后，姬繄扈继位。姬繄扈死后，姬囏继位。姬囏死后，他叔叔姬辟方继位。根据周礼，这明显违背制度和道德。姬辟方死后，姬囏的儿子姬燮在诸侯帮助下夺回王位。根据嫡长子继承制，姬辟方继位违背礼制，姬燮继位虽然有一定正当性，但同样违背礼制——以非礼制手段对付不讲礼制的人。不难看出，周朝礼制已经遭到公开破坏。周夷王姬燮的权威遭到了挑战。有诸侯开始违背礼制，不再朝拜周天子。

此时，随着私田不断开发，周朝井田制遭到破坏，贵族内部分化严重，一些失势贵族和贫困士阶层沦落为国人，即平民。他们对现有秩序原本就有所不满。为了生存下去，他们不得不越来越依靠山林湖泽。而山林湖泽是周天子赋税的重要来源地。与民争利，成为周天子必须面临的问题。

姬燮死后，他的儿子姬胡继位，即周厉王。为了改变王室经济状况，姬胡听从卿士荣夷公的馊主意，对山林湖泽实行“专利”政策，由天子直管，不准国人染指山林湖泽之利。很多百姓依靠山林湖泽之利活命呢！统治者不以苍生为念就是失德，何况统治者剥夺国人赖以生存的权利呢！此政策引起镐京国人不满，怨声载道。周朝又遇到了德治危机。

召穆公进谏姬胡：“京城百姓不满，都在抱怨那件事！”姬胡不仅不听劝谏，反思自己政策是否失误，还命令卫巫监督国人，禁止谈论国事，违者杀头。

断人谋生之路，还不准人发牢骚，这种高压政策与周礼精神严重违背。统治者失德，比夏桀、商纣还要严重啊！姬胡不管这些，还对国人“道路以目”感到十分满意。他很自得，告诉召穆公：“我有能力制止国人发牢骚。他们再也不敢议论我！一切尽在我的掌控之中！”

召穆公劝姬胡：“这是强行堵住国人的嘴！堵塞一条河，一旦河决堤，灭顶之灾就来临了。事实上，堵住国人的嘴，所带来的危害远远要大于河水决堤所带来的！就像治理洪水要疏导，治理百姓也要让人畅所欲言！”

姬胡认定自己是天子，即使让国人愤怒了，国人也不能将他怎么的。

水能载舟亦能覆舟。在百姓眼里，德就是天。公元前841年，被断了生计的国人集结起来，拿着棍棒农具围攻王宫，要跟姬胡拼命。姬胡准备调兵遣将，进行镇压，但左右如实告诉他：“国人就是兵，兵就是国人。国人都参加造反了，无兵可调了！”

见此，姬胡没其他办法，带领亲信逃离镐京，到彘去避难。他这一走，直到公元前828年病死在那里，都没能回到镐京。

国人攻入王宫找不到姬胡，转而要杀太子姬静。召穆公将太子藏起来，让儿子装扮成太子，交给国人，才平息他们的愤怒。

国人平息怨恨后，纷纷离去。此时，周朝没有天子，贵族们推举周公和召公代理朝政大事，重要政务由高层官员一起商量着处理。国人暴动就这样不了了之。

不顾百姓生计就是统治者失德。周厉王姬胡挑战国人底线引发的国人暴动，是百姓对失德统治者的宣战，严重削弱了周朝统治基础，导致贵族与平民分裂。当然，这事也是平民维护自身权益和德治的一次伟大举动。此后，统治者的举动只要被认为是符合道德规范的，便能赢得百姓支持，否则不仅百姓不支持，统治阶级内部一部分人也会反对。这是国人暴动的历史意义所在。

8. 亡国丢命的玩笑

国人暴动后，周厉王姬胡逃走，根据周礼德治精神，周朝并未重新册立天子，而是由周公和召公共同代理执政。公元前828年，姬胡死去，周公和召公才拥立姬静继天子位，即周宣王。

姬静目睹了国人暴动，继位后吸取教训，革除弊病，重用贤臣，广开言路，惩罚贪官污吏，重视农业生产，同时放松对山林湖泽的控制，让国人可以依此谋生。经过一番改革后，周王室的威信逐渐有所恢复，以前不朝见的诸侯又来朝拜了。

不过，姬静所创立的中兴没彻底解决各种社会矛盾，并未恢复到德治高峰期，依旧有少数诸侯不肯出力拱卫王室，甚至有诸侯蓄谋叛乱。姬静借助恢复的国力，企图用武力恢复天子威严，对猃狁、西戎、徐戎、荆楚等诸侯国进行了一系列战争，虽然也取得了一些胜利，但在公元前789年讨伐姜戎时惨败，险遭俘虏，威信扫地。连年征伐，兵役徭役负担沉重，各种社会矛盾加剧，导致其子周幽王姬宫涅继位后遇到更大的社会危机。

姬宫涅继位后，不但没有采取措施减轻百姓负担，缓和内部矛盾，反而重用虢石父等人，专门从事搜刮剥削，导致各种矛盾进一步激化。此时，周朝畿内又相继发生地震、旱灾等，导致百姓饥寒交迫，四处流亡，社会动荡不安。面对这种局势，姬宫涅不思挽救，不仅未向百姓实施恩惠，还做了比祖父周厉王姬胡更失德的事。

褒珦劝姬宫涅抚民安国，救济百姓。姬宫涅任性到极点，不仅不听劝谏，还下令将褒珦关押起来。这一举动令天下臣民侧目。

为了救褒珦，褒氏家族进献美女褒姒给姬宫涅。姬宫涅沉迷能歌善舞、美貌惊人的褒姒，立她为妃，将万般宠爱集中于一身，并释放褒珦。从此，姬宫涅不理朝政，陪褒姒共享荒淫奢侈的生活。

褒姒长得美艳，内心却冷若冰霜，进宫后从来不笑。姬宫涅好奇，但无论如何也博不得褒姒一笑。他的好奇心被激发后，拿出高额奖赏去寻求能让褒姒发笑的人。失德天子用重赏吸引来失德臣子的失德点子。虢石父献计：点燃烽火戏弄天下诸侯，她看到诸侯被戏弄后的狼狈样子，定能哈哈大笑。

在那个时代，烽火是一种紧急军事报警信号。为了在犬戎等入侵时能及时预警，镐京附近的骊山建了20多个烽火台。发现犬戎侵入时，烽火台上的守护人员就会点燃烽火，临近烽火台见到烽火，随即跟着点火，向诸侯传递警报信号。诸侯看到烽火，就知道镐京出现紧急情况，就必须起兵勤王，率兵赶到镐京。没有敌情就点燃烽火，那就是天子在戏弄诸侯，拿自己的生命安全开玩笑。

姬宫涅没有多想，带褒姒上骊山，点燃烽火。一时间，狼烟四起，烽火冲突，各地得到报警的诸侯慌忙率军赶往镐京勤王。到骊山时，诸侯们没见到一个犬戎兵，却见周天子和褒姒坐在高台饮酒作乐。姬宫涅派人告知诸侯：大家辛苦了，这里没危险，天子跟你们开玩笑而已，请回去吧！诸侯们一脸蒙，得知被戏弄，怀怨而归。褒姒见此，忍不住大笑。

姬宫涅见此，不仅奖赏了虢石父，还如法炮制了几次。几次后，诸侯见到烽火，都当天子在戏弄他们。这让周朝陷入极度危险中。

为了讨好褒姒，姬宫湦色迷心窍，藐视“立嫡不立长”传统，废掉太子姬宜臼，而改立褒氏所生儿子姬伯服，还想将姬宜臼杀掉。姬宜臼发觉后逃到申侯那里。姬宫湦一不做二不休，又将宜臼母亲申后废黜，立褒姒为后，并将申侯降为申伯。姬宫湦废嫡立庶和无故降诸侯爵位，都明显失德，严重违背礼制，极大地激化了内部矛盾。

申侯决定为姬宜臼讨回公道，先发制人，联合犬戎一起攻到镐京。犬戎进攻镐京。姬宫湦令人点燃烽火报警，但没一个诸侯立即带兵赶来勤王。姬宫湦被乱兵杀死，身首异处。

等到镐京失陷，周天子被杀消息传来，诸侯们才意识到这一回是真的危险了，纷纷起兵勤王。犬戎人见各地援军将到，将镐京抢掠一空，将其烧掉后退去。随后，姬宜臼继位，史称周平王。由于镐京被焚烧，犬戎人占领关中许多领地，姬宜臼在卫侯、晋侯、郑侯、秦侯支持下，东迁洛阳。这一年是公元前770年。

从此，历史进入东周时期，周朝渐渐丧失驾驭、控制四方诸侯的势力。“礼乐征伐自天子出”一变而为“自诸侯出”“自大夫出”，大动荡岁月来临了。德治时代已经日落西山了。

9. 德治时代回光返照

周平王姬宜臼东迁，郑武公、晋文侯、秦襄公等诸侯居功至伟。姬宜臼让郑武公和晋文侯一起辅佐王室，并正式册封秦襄公为诸侯，将岐山以西的土地赐封给他。此时，虢石父不仅未反思自己给王室造成的创伤，还册立姬余臣为天子，即周携王，企图掌控周朝。晋文侯全力支持姬宜臼，于公元前750年灭掉姬余臣，结束两个天子并立的局面，稳定了东周局势。

不过，周王室此时势力顶多抵得上中等诸侯。一些势力较大的诸侯，例如郑侯、晋侯、齐侯、鲁侯等，为争夺土地和对其他诸侯的支配权，不断进行兼并战争，姬宜臼无能为力，不能制止。一旦遇上势力强大的诸侯与周王室产生利益冲突，姬宜臼还不得不屈服退让，以此避免祸端和麻烦。

郑武公死，郑庄公要接任卿士。姬宜臼趁郑庄公没到洛阳，擅自任命虢公代替他。郑庄公赶往洛邑，强行当上了卿士，还逼迫姬宜臼给个说法。姬宜臼慑于其实力，再三赔礼道歉。郑庄公不依不饶，当了卿士，还要姬宜臼交换儿子做人质。姬宜臼身为天子，却不得不与臣子郑庄公交换儿子做人质来发誓，足见德治体系已经到了相当尴尬的境地。

周天子的权威严重减弱，诸侯国内篡权政变以及诸侯国间兼并战争不断发生，传统德治体系名存实亡，天下不再太平了，华夏文明也面临着空前危机。这时，齐国相国管仲提出一个对华夏族发展方向有决定性影响的建议——尊王攘夷，即势力强大的齐侯高举德治旗号，以诸侯长身份管理华夏族内外的事务，对内打击违规的诸侯，对外打击入侵的少数民族。

从历史角度看，尊王攘夷是德治时代的回光返照，虽然离周礼规定的德治差得远，推崇的是建立在谋私利、追求霸权基础上的德治，但挽救了华夏文明，同时让后世人看到无论在任何环境下治理天下，道德都不可彻底丢失。

尊王是重整德治的核心。诸侯不尊王，是德治体系崩溃的重要部分。为了实现霸业，在管仲的建议下，齐桓公依靠自身强大实力，提出诸侯必须“尊王”，谁不尊王，齐国就派兵教训谁。楚国人不服周，不向周天子进贡。公元前656年，齐桓公联合几个诸侯国，率领联军进攻楚国。面对被诸侯群殴，楚侯不得不当面承认错误，保证以后按时向周天子进贡，履行做臣子的义务。这一举动令齐桓公声望大振，让天下感觉到久违的德治时代又回来了。

除了要求诸侯尊王，遵守周礼，齐桓公同样要求周天子要尊重周礼。

公元前655年，周惠王姬阆告知诸侯他想改立太子。齐桓公认为这有悖周礼，便在首止会集诸侯，率领大家一起要求姬阆遵守传统。诸侯不尊王，不守周礼，被齐桓公率军群殴，周天子不遵守，又遭到齐桓公率领诸侯一起来劝谏。姬阆服软了，与各位诸侯一起誓盟，重申太子正统地位。郑文公看不过眼，认为齐桓公在威逼周天子，甩手离开首止。第二年，齐桓公就率领众诸侯国教训了郑国。

诸侯不守礼制，齐桓公联合其他诸侯去教训；天子不守礼制，齐桓公也联合其他诸侯去约束。齐桓公成为德治维护者，声望远超周天子。面对这种局势，周天子不得不顺水推舟，正式授予齐桓公教训不遵守礼制的诸侯的权力。公元前651年，在葵丘会盟上，齐桓公招待了鲁侯、宋侯、曹侯等诸侯，还招待了周天子的代表宰孔。齐桓公的霸业达到巅峰。从此，维护德治的权责从天子手中转移到诸侯那里了。

按照传统周礼，诸侯国间发生矛盾打起来了，周天子有责任出面制止，诸侯国遭到外族入侵，周天子有责任出兵保护，但事实上，周天子势力太弱，根本履行不了责任，导致在诸侯间声望大跌。齐桓公既打着尊王旗号维护德治，也高举攘夷旗号，承担出兵保护诸侯免遭外族入侵，这其实在某种意义上替代了周天子履行责任。

公元前663年，山戎大举入侵燕国，齐桓公出兵救燕国；公元前661年，山戎灭掉邢国，齐桓公派兵打退山戎，帮助重建邢国；公元前660年，狄人灭掉卫国，齐桓公又派人重建卫国，等等。

攘夷政策不仅让一些弱小诸侯对齐桓公感恩戴德，还让他的霸业越来越显得合理合法合道德。极度推崇周礼的孔子，在谈到尊王攘夷的主张者管仲时，竟然也不顾管仲奢侈好财的道德瑕疵，对其由衷赞誉："微管仲，吾其被发左衽矣。"

当然，尊王攘夷并不是真正恢复德治，而是立足于谋私利基础上的德治。齐桓公看清楚这点，成就了霸业，而宋襄公没看清楚本质，最终为德治殉葬。

宋襄公是周朝最后一个有德治情怀的诸侯。后世有人认为宋襄公是仁义之君，具有贵族精神；有人批评他是假道学，虚伪残暴；有人认为他是妇人之仁，贻笑千年。从东周历史看，德治基础已经崩塌，尊王攘夷仅仅是德治的回光返照，是面临内乱外患的过渡措施。齐桓公看清形势，成就霸业，宋襄公以德治情怀行事，最终为德治时代殉葬，两人结局不一样，但都值得历史铭记。

第二章

春秋战国秦楚，奋斗主历史沉浮

随着社会发展，德治时代被个人奋斗时代替代。思想领域百家争鸣，各社会阶层界限被逐渐打破，个人奋斗，改变人生，实现功成名就。从贵族到平民，从学者到商贾，从高官到小吏，甚至到刺客土匪，通过奋斗而崛起的人相继登上历史舞台。这个时代竞争激烈，也发生了巨大变革。

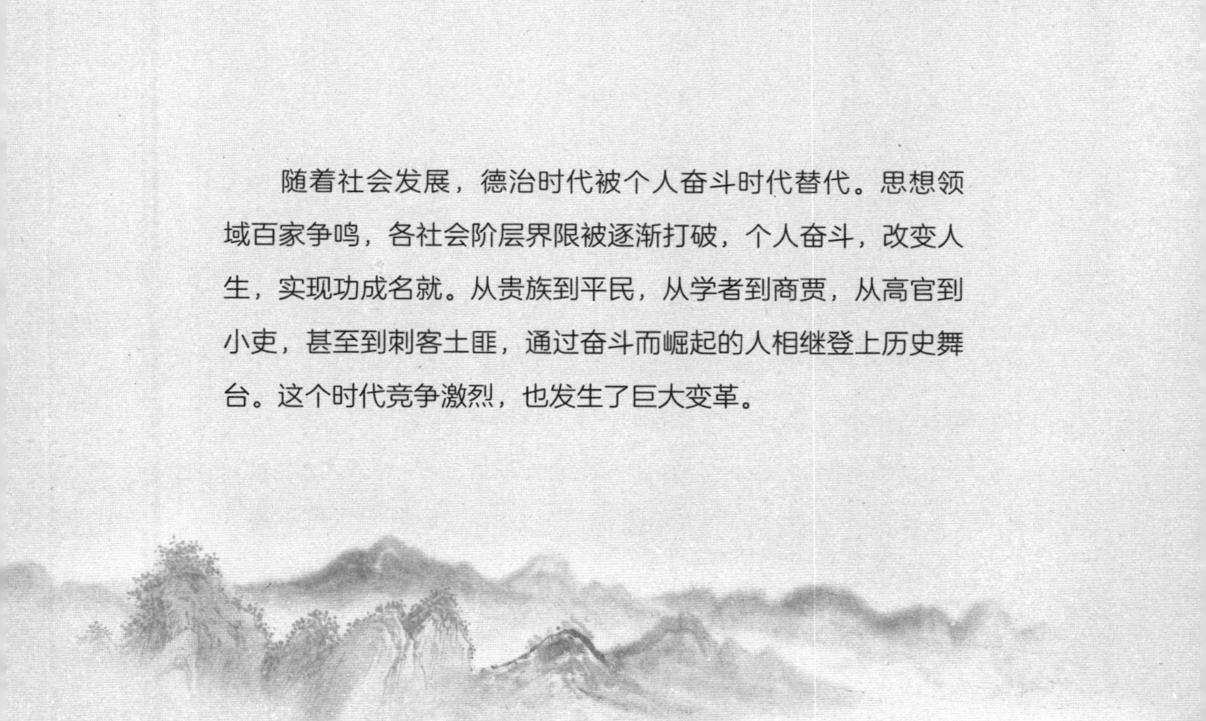

1. 享受是激发奋斗的原动力

管仲提出来的尊王攘夷是一个时代宣言，宣告德治时代即将结束，个人奋斗时代即将来临。因为提出尊王攘夷的管仲，个人言谈举止，执政风格，都毫不忌讳私利——他主张尊王攘夷，占领道德制高点，也提倡通过个人奋斗实现人生富贵、追求人生享受。

管仲先祖是周穆王姬满的后代，其父亲管庄做过齐国大夫，到管仲时，家道中落，陷入经济贫困。他不得不靠个人奋斗谋生。他曾和鲍叔牙合伙经商，赔本了；当过兵，临阵脱逃，遭人嘲笑，也混不下去。公元前698年，齐襄公执掌齐国后，管仲跑去做了公子纠的宾客，随公子纠到鲁国去了。

公元前686年，齐襄公死，齐国内乱，诸公子在外。管仲鼓动公子纠抢先回国继位，并亲自先行回齐国，截杀其他回齐国继位的公子。公子小白也在鲍叔牙鼓动下赶回齐国继位。管仲用箭偷偷射公子小白。公子小白中箭，装死，然后加速回齐国，抢到王位。公子小白即齐桓公。

齐桓公亟需有才干的人辅佐，让鲍叔牙推荐人才。鲍叔牙推荐曾合伙做生意经常多拿多占的管仲，坚称自己才干不如他，若要使齐国称霸，必要用他为相。齐桓公采纳了鲍叔牙的建议。

管仲辅佐公子纠抢夺王位失败，逃到鲁国，借鲁军攻打齐国。齐桓公率军到鲁国，威逼鲁庄公杀死公子纠，并交出管仲和召忽。齐桓公亲自迎接管仲，不顾君侯身份，甚至不顾管仲曾想杀死他，一心想着成就霸业，两个有着共同目标和理想的人一见面就聊了三天三夜。随后，管仲出任相国，被尊称为仲父。

公元前683年，谭国违背礼制。管仲建议齐国出兵教训谭国。谭国很小，力量十分微弱，很轻易地被消灭了。公元前681年，在管仲建议下，齐桓公召集宋侯、陈侯、蔡侯、郑侯等在齐国北杏会盟，一起讨论如何安定宋国。遂国也被邀请，但没有参加。齐国立即出兵消灭遂国。见此，鲁国也只好屈服于齐国。齐国与鲁国在柯会盟，解决两国恩怨，实现和好。公元前680年，根据管仲建议，齐桓公出面调解郑国内乱，并趁机于公元前679年联合宋侯、卫侯、郑侯，又邀请周王室，在鄄会盟。通过这次会盟，齐桓公的霸主地位被公开承认。这就是尊王。

随后，齐桓公以诸侯长身份，率领诸侯军队抵御北方戎族进攻，打击入侵的少数民族，维护华夏族安定，为周朝稳定做出巨大贡献。这是攘夷。

尊王攘夷高举德治大旗，其本质却是谋私利。管仲获得巨大声望，而他也是非常看重现实利益的人，丝毫不掩饰他努力奋斗是为了个人更好的生活。他的个人生活非常奢侈，各种待遇都超越传统礼制的规定。更为奇特的是，他反对节俭，提倡发展奢侈品经济。

管仲主张对内“官山海”，就是由官府垄断矿产、海盐等资源；对外“重商”，就是通过商业手段，赚取其他诸侯国的钱。管仲将石头当奢侈品卖给诸侯的故事至今令人津津乐道。

葵丘会盟花费不少。齐桓公想赚回来。管仲出主意，下令玉匠将乱石岗的石头按标准雕成石壁，命名为石破天惊壁，并按尺寸大小分别定价。

事后，管仲到洛阳朝见周天子，劝周天子号召诸侯一起朝拜先王宗庙，同时要求诸侯必须带上石破天惊壁作为献礼。周天子答应了。

诸侯们认为随天子一起朝拜宗庙是殊荣，而石破天惊壁在齐国才能买得到，就纷纷带着黄金、珠玉、粮食、彩绢和布帛到齐国购买。

齐国石壁就这样被管仲当奢侈品卖给了各诸侯。

管仲带头推行奢侈品经济。管仲认为，珠玉类的奢侈品容易激起人追求财富的欲望。他率先穿珠戴玉，以引导齐国人甚至天下人都以穿珠戴玉为荣。他的个人住宅富丽堂皇，极尽奢华，规格超越很多诸侯的宫殿。

管仲曾公开鼓励有钱人尽量奢侈，夸张地说："煮鸡蛋，先给鸡蛋雕花，是不是更好些呢？你们烧柴，为什么不先请工匠雕个造型呢？"他明确指出，穷人要节俭，富人要奢侈，两种经济地位的人生活态度要不一样。

管仲的经济观念是超越时空而领先时代的。他提倡奢侈，可以"富者散资于民"，以消费促进生存，同时也可以刺激普通人的消费欲望，从而激发奋斗动力。事实上，由于管仲的辅佐，齐国很快变成经济繁荣、民众富裕的国家。这是齐国在春秋战国时期能保持相对强盛的物质基础。

2. 唯才是举能称霸天下

齐桓公称霸，给诸侯树立鼓励大臣为国奋斗的榜样，也启发了诸侯唯才是举。晋文公受齐桓公重用管仲的启发，重用狐偃等一批人，成就了晋国百余年霸业，产生了深远历史影响。

晋文公叫重耳，春秋时第二位霸主。他充分利用手下的才智，给手下奋斗空间，成就了霸业，还因他一个失误而形成一个千年习俗——寒食。

公元前656年，晋国太子申生遭迫害自尽了，重耳和夷吾逃到国外避难。重耳外逃时，带了狐偃、赵衰、介子推等几个志同道合的人。他们一起游历各国，寻求支持，同时等待机会成就一番事业。

公元前651年，奚齐继位。里克、邳郑父等人杀死奚齐，改立卓子当国君。没多久，里克等人又杀死卓子，派人告诉重耳，准备立他为国君。

里克等人是原太子申生下属，杀死奚齐，尚且可以理解，但杀死卓子，就很难理解了。重耳认为他们的举动不符合礼制，拒绝了。在这种情况下，对国君之位垂涎已久的夷吾继位。夷吾继位后，不仅废除此前所有承诺，还派人到狄国杀重耳等人。重耳等人事先得到消息逃走了。

重耳一行游历过卫国、齐国、曹国、宋国、楚国、秦国，最终才回到晋国。其中，在齐国，重耳手下们接受了先进思想观念，坚定了通过奋斗改变命运的信念。

重耳等人到齐国时，年老的齐桓公厚礼招待他们，并将一个宗室女子嫁给重耳，给了非常丰厚的嫁妆。重耳生活安稳无忧。公元前639年，齐桓公死后，内乱爆发。内乱后，齐孝公继位，诸侯多次侵犯齐国，齐国霸主地位不再。狐偃、赵衰、介子推等人就策划回晋国开创事业。

重耳爱恋妻子齐姜，慢慢消磨了志向，根本没离开齐国的意思。齐姜明白狐偃、赵衰、介子推等人的想法，很支持他们，劝重耳："您是一国公子，走投无路才到这里。随从们把您当作他们的生命。大丈夫应去建功立业，报答他们，而不是贪恋女色，沉溺于享乐。现在您不去追求，何时才能成功呢？"重耳不愿意回国。没多久，狐偃、赵衰、介子推等人设计将重耳带离齐国。

在回国途中，重耳等人先后到楚国和秦国，并赢得楚侯和秦侯支持。公元前636年，重耳在秦军护送下回国。渡黄河时，狐偃对重耳说："我跟随您游历各国，做过太多我不清楚的糊涂事。我请求现在离开您！"毫无疑问，狐偃的功劳有目共睹，在重耳即将登大位时说此话，是以退为进，为自己索取奖赏。

重耳明白他说此话的用意，跟他起誓："请河伯做证！我回晋国后，决不会辜负你的。"说完，重耳将随身佩带的玉丢进黄河里。

狐偃此举既为自己索赏，也是为同伙索赏。当时，介子推也在左右，不仅没理解狐偃的用意，还当场讥笑："是天佑公子兴起的，你却认为是自己的功劳，公开索要赏赐，太无耻了吧！我以与你同列为耻！"从此，有狐偃出现的地方，介子推就回避。

介子推看不惯狐偃索要赏赐，并不是他本身没功劳而妒忌，而是认为夸功要赏令人不齿。在流亡期间，重耳曾有段时间挨过饿。有一次，重耳饿晕了。介子推割自己腿上的肉，煮给重耳吃。重耳得知后，深受感动。当然，这种功劳不便于夸耀。

介子推怒怼狐偃后，重耳登上国君之位。当晚大宴群臣，论功封赏，重耳便没有请介子推到场。他封狐偃为相国，先轸为帅，赵衰等人也一一获得要职。

随从重耳流亡的人，无论功劳大的，还是功劳小的，都获得封赏，唯独介子推没有。介子推非常生气，也不申辩，带着母亲离开家里，隐居到绵山。重耳得知此消息，意识到办事欠妥，亲自到绵山去请介子推出山。介子推母子躲起来，不出来。重耳放火烧山，想将他们逼出来。结果，他们宁愿被烧死也不愿出来。

重耳非常后悔，下令晋国人不准在介子推被烧死这天生火做饭，以此表示悔意。这一天后来演变成寒食节，而后一天演变成清明节。

重耳当上国君后，唯才是举，重用贤能，充分利用随从们从齐国学到的治理经验，结合本国实际，尊王攘夷，发展经济，很快将晋国建设成强大国家，长时间称霸诸侯。

3. 百家争鸣，各显其能

周公制定礼乐制度，为周朝几百年稳固统治提供了理论道德基础。几百年后，历史进入春秋时期，礼乐制度出现衰败。各阶层仁人志士都提出自己的看法，逐渐形成百家争鸣局面。老子、孔子和墨子等人，相继登上历史舞台。

老子是周朝负责管理守藏室的官员。他喜欢读书，如饥似渴，博览泛观，研究礼乐、道德等学问，闻名天下。

孔子到洛阳学周礼，曾请教过老子。老子认为，周公早已经尸骨无存，他制定的周礼不能解决当今的问题。他对孔子说："你提到的那些人，骨头都烂了，只是还存留他们的只言片语。有修养的人生得其时就出来做官，生不逢时就像蓬蒿一样随风飘行，过顺其自然的日子。我听说过，卓越的商人深藏财货时，像虚无一物一样；有修养的人品德高尚，容貌谦虚，像愚钝无知一样。抛弃人身上的骄傲之气和旺盛的欲望，除去人身上做作的样子和不切实际的志向，这些都不利于提升自己的修养。我所能告诉你的，仅此而已。"不难看出，老子认为孔子追求的都是"无用的东西"，不看重孔子所崇拜的周礼。

老子在洛阳住了很久，看到周王室衰微了，就出函谷关去云游四海。函谷关关令尹喜拦下老子，要求传授一点智慧。老子停留几天，写一部《道德经》交给尹喜就走了。

《道德经》是老子深入思考，归纳总结，而留下的智慧之言。不过，老子对当时社会的态度是消极的，一切顺其自然，不要去刻意追求什么。这一思想后来在庄子那里得到发扬光大，形成老庄哲学思想。

与老子一切顺其自然不同的是，孔子是有情怀的人，对周礼非常痴迷，一生都在为克己复礼而努力奋斗。

孔子是没落贵族出身，喜欢学习礼，很小就以孝道闻名，喜欢读书，钻研周礼。一个偶然的机会，鲁侯派孔子去周王室学礼。孔子见到老子，向老子请教。孔子是当时勤奋好学的年轻人，老子是当时博览群书的老者，双方观点不同，但相互欣赏。

孔子谦虚好学，打破贵族垄断教育限制，开办私学，招收各阶层愿意学习的人，逐渐形成了儒家学派。

孔子曾有幸见到齐景公和晏子，交换了看法，开阔了政治视野，提出“君君臣臣，父父子子”和“为政在于省民力”的政治观点。不过，他没受到齐景公重用。孔子被迫回鲁国，在家专心研究整理《诗》《书》《礼》《乐》，想着去恢复美好的德治。

鲁侯趁机蹭孔子热度，任用他以及其弟子为官。孔子最终因鲁侯沉溺美色，行为举止不符合周礼，失望而离开，到列国去推销自己的政治主张。

此后14年，孔子带着弟子们辗转列国之间，寻找实现其政治主张的空间。孔子频频受挫，但乐观豁达，不断学习提升自己。这种好学和执着的精神，让弟子们心服口服，越来越敬重他。

孔子一行回到鲁国，专门研究古人留下的礼制遗规。孔子说：“夏朝的礼仪制度，我讲得出来，但夏朝后裔杞国人没保留足够的文献来印证。商朝的礼仪制度，我也能讲得出来，不过商朝后裔宋国人没保留足够的文献来印证。文献充足的话，我讲的礼仪制度都能得到印证。”

孔子一行奋斗十几年，虽然没实现政治理想，但形成了完整而博大精深的儒家思想体系。后来，儒家学派又先后出现孟子、荀子等大师级人物。

与孔子同时代，有个人不喜欢烦琐的礼乐制度和学说，脱离儒家学派，自创一个学派，以求解决社会问题。他就是被称为科圣的墨子，历史上最著名的技术牛人。

墨子一言一行，一举一动，更显得接地气，在平民中影响深远。他自称北方乡野的人，同情农民和手工业者，提出“背周道而用夏政”，“法夏宗禹”，提出兼爱、非攻、尚贤、尚同等主张，主张从天子、诸侯国君到各级正长，都要选择贤能的人来担任，而百姓也要服从君主和上司，做到“一同天下之义”，人人相亲相爱，反对恃强凌弱的战争。这种观念倡导德治，同时也提出个人奋斗，与儒家所倡导恢复大同有较大差异。

墨家立足于先进技术和才干，掌握着那个时代的核心科技。无论是贵族，还是平民都很尊重他。当时，墨子活动的范围非常广，他到过齐国、郑国、卫国，还到过楚国。他掌握着核心科技，门徒众多，走到哪里都令人不敢小觑。

不过，和孔子一样，墨子实现自己政治抱负、思想主张也多次受挫。与孔子不一样的是，墨子死后，墨家学派即分裂，三个分支相互攻击对方是“别墨”，导致墨家学派式微。

周朝礼制维持不下去后，老子、孔子、墨子、庄子等人，都站在自己立场上，通过自己的奋斗，提出相应的解决之道，也分别成为一派宗师，于是形成了百花齐放、百家争鸣的局面。百家争鸣局面的出现，又极大地鼓励了个人奋斗，扩大了个人奋斗范围。

4. 奋斗者的时代悲剧

狐偃学习管仲，不避讳自己的功劳，敢于要待遇，最终充分发挥其才华，实现了个人奋斗价值，还将其爵位传给儿子，而春秋时另外一位功勋伍子胥，不亚于狐偃，其结局却令人唏嘘。

因楚国内讧，伍子胥历经千辛万苦逃到吴国，做了公子光的幕僚。楚吴边境争端时，伍子胥协助公子光率军攻打楚国，连下两城。公子光有野心，伍子胥得不到吴王僚的重用，便将专诸推荐给公子光。专诸刺杀吴王僚，公子光当上吴王，即阖闾。阖闾志得意满，想争天下霸主，非常重用伍子胥。伍子胥这些举动，不符合礼制，但他所作所为只为向楚国复仇。

伍子胥帮助吴国强大起来，辅佐阖闾成就霸业，才可能借助吴国攻打楚国，报仇雪耻。伍子胥积极寻找有识之士一起辅佐阖闾。于是，他结识了在吴国避难的齐国落难贵族孙武。孙武18岁时，齐国内乱不止，深感无用武之地，就到吴国都城附近隐居，潜心研究兵法。伍子胥与他同为天涯沦落人，很快成为挚友。

有一次，伍子胥在与阖闾讨论军事，顺势推荐了孙武，详细介绍他的家世、人品和才干，称赞他是盖世奇才，文能安邦、武能定国。阖闾开始并没当回事。伍子胥锲而不舍地推荐孙武，有一天早上就推荐了7次。阖闾好奇，便请孙武出山做官。孙武出山后，通过阖闾的考核，与伍子胥一起共同辅佐吴王。孙武很快训练出一支军事素质过硬的吴军。

公元前512年，伍子胥、伯嚭、孙武等人率军攻下楚国舒地。伍子胥想趁机进攻楚国郢都，孙武建议，暂且撤兵回国，等待时机。公元前509年，楚军进攻吴国。伍子胥率吴军在豫章大败楚军，夺取居巢。公元前506年冬，他和孙武率吴军进攻楚国。孙武采取“迂回奔袭、出奇制胜”战术，沿着淮河向西前进，然后登陆翻过大别山，长驱直入地攻入楚国境内上千里，直奔汉水流域，并在柏举大败楚军。吴军五战五胜，长驱直入，攻陷了楚国郢都。

伍子胥进入郢后，没找到楚昭王，便找到楚平王的墓，掘墓鞭尸。伍子胥好友申包胥认为他的报仇手段过分，跑到秦国苦求救兵。秦军大败吴军。没多久，吴国内乱，阖闾只好撤出楚国。

公元前496年，阖闾在与勾践交战中受伤而死。临死时，阖闾叮嘱儿子夫差勿忘杀父仇人，委托伍子胥辅佐夫差。后来，在伍子胥等人协助下，夫差打败了越国。越王勾践请求投降，伍子胥认为应趁机消灭越国，但夫差听伯嚭的话，接受越国求和，并派伍子胥出使齐国。

伍子胥在出使齐国时趁机将儿子留在齐国，并对儿子说：“我多次劝谏吴王，他都不听。我已看到吴国的末日。你跟吴国一起灭亡，没必要！你就留在齐国吧！”

伍子胥此举给自己带来灭顶之灾。后来，伯嚭诬陷伍子胥想谋反。夫差赐剑给伍子胥，让他自尽。他仰天长叹：“唉！伯嚭才是国家的祸害，大王却要杀我。我辅佐先王称霸诸侯。以前，几个公子争太子，我跟先王冒死力争才帮他争来太子位。大王曾想分我吴国一半领土，但我并没这样的奢望。如今，他竟然听奸人的话来杀我。”伍子胥死前叮嘱家人，把他的眼睛挖出来挂在东城门上，要亲眼看越军攻进来。夫差得知这些，愤怒至极，下令将伍子胥的尸体装进皮袋子，丢进钱塘江。

见伍子胥如此结局，孙武立即辞官隐居。伯嚭更进一步受重用，怂恿鼓励夫差率军北上与齐国争夺霸主之位。与齐国争霸的战争中，吴国有胜有负，严重消耗国力。公元前482年，夫差率军北上，参加黄池会盟。越王勾践趁机发兵攻打吴国。夫差急于与晋定公争夺霸主之位，隐瞒吴国战败的消息。但是，夫差最终还是让出盟主之位给晋定公，灰溜溜地率军回国。

吴越议和，勾践趁机摆脱臣属地位。夫差没及时调整策略，摆脱吴国危局。公元前475年，勾践进攻吴国。夫差连战连败。公元前473年，夫差惨败。越王勾践用当年同样的方式对待夫差。夫差不堪其辱，说："我当初不听伍子胥的话，今天才落到这地步啊！"夫差蒙着脸自杀了。

阖闾重用伍子胥而称霸诸侯，而夫差听信谗言，逼死伍子胥，不仅丢掉霸主地位，还亡了国，实在可悲。而伍子胥虽然实现报仇愿望，帮助阖闾成就功业，但不为夫差所容，丢掉性命，除了可悲外，更令人深思：臣子怎样才能做到既能功成名就又能同时保住性命呢?

5. 急流勇退也是奋斗者归宿

吴王夫差一手好牌打得稀烂，丢掉霸主地位，亡了国，除了跟不重用伍子胥、听信伯嚭有关，还跟越王勾践重用范蠡、文种有关。而范蠡、文种不仅协助勾践成就霸业，还为后世功成名就的人提供了方向。

公元前494年，越王勾践与吴王夫差较量，在会稽山惨败。事后，勾践知错就改，听从范蠡的建议，跟吴国议和，保全性命，以图东山再起。随后，范蠡随勾践去吴国做人质，文种负责管理越国政务。

战后，越国实力跌到谷底。越国要复兴，不能让吴国察觉到。范蠡劝勾践先搞好国内经济复苏，注重储存粮食，再做好亲民工作，稳定社会秩序，赢得民心，然后悄悄训练军队，积蓄军事力量，寻机发起反攻。

为了迷惑吴王夫差，范蠡投其所好，送美女西施去消磨他的意志。

公元前476年，夫差率精锐吴军北上中原争霸，后方只剩下少量老弱病残防守。越国已经做了20年精心准备，国力也恢复了。范蠡认为进攻吴国时机已经成熟，劝勾践趁机进攻吴国。

公元前473年，吴军惨败。夫差逃到姑苏后，派人向越国求和。勾践想接受，但范蠡及时站出来陈述利弊，刺激夫差羞愧自杀。勾践在占领吴国后，也率军北上中原，争夺霸主之位。

在勾践复仇称霸过程中，范蠡在关键时刻起了关键作用。他被任命为上将军。在大摆庆功酒的那天夜里，他悄悄地带上西施，偷偷溜走，找地方隐居起来。

范蠡到齐国后，写信给文种："飞鸟尽，良弓藏；狡兔死，走狗烹。越王长长脖子鸟形嘴巴，这类人可以跟他共患难，不能跟他共享乐。你为何不离开他呢？"

文种在收到信后，没果断离去，只称病不上朝，想以此躲避朝廷是非。越王勾践怀疑他有异心，将他赐死。文种死后，为保住性命，范蠡多次迁移居住地，多次改名换姓。

范蠡归隐跟其他人不一样——他找一个地方隐姓埋名，然后充分发挥自己经济和商业才干，并迅速取得成就。取得巨大成就后，他便又换地方隐姓埋名。

范蠡改叫鸥夷子皮，跑到齐国海边定居。鸥夷子皮勤劳种田，有空下海捕鱼、晒盐卖钱，很快就积累了一笔巨大家产。他为人仗义疏财，经常帮助邻居乡亲，因贤明能干被齐王赏识。齐王请他到临淄担任相国。

范蠡感叹人生："当官当到了卿相，治理家产积累到了千金，对于白手起家的普通百姓来说，已经到极点了。长久享有尊名，恐怕不是好征兆啊！"当了3年相国后，他又一次急流勇退，归还相印，散尽家财给知交和老乡，换个地方隐居去了。

范蠡只身到陶丘，看中这里是最佳经商地点，定居下来，根据时节、气候、民情、风俗等，"顺其自然、待机而动"，努力经商做生意赚钱。没过几年，他经商积累了很多钱，成为当地巨富，被称为陶朱公。

“忠以为国；智以保身；商以致富，成名天下。”范蠡数次急流勇退，三成巨富三散家财返璞归真，深受后世膜拜，被后世尊为“商圣”。从某种意义上讲，范蠡是活得最完美的人，什么梦想都实现了。而且，站在历史角度看，范蠡为后世树立了一个功成身退的楷模，为当时奋斗者的结局找到了一个近乎完美的方向。

6.三家分晋开创新时代

晋文公为开创霸业，让手下人充分发挥才干，也兑现承诺重赏他们。他组建了三军，设置六卿，让功臣担任这些重要职务。这保障了晋国长期的霸主地位，也导致六卿一直把握着晋国军政大权，最后坐大形成尾大不掉之势。

晋国六卿也并非铁板一块，为了各自私利相互倾轧。到晋平公时，掌握实权的韩氏、赵氏、魏氏、智氏、范氏、中行氏互相攻打，抢夺地盘和势力范围。经过长期兼并，范氏、中行氏被消灭，智氏、赵氏、韩氏、魏氏四雄争霸。其中，智氏实力最雄厚，经常欺负其他三家。

智伯瑶想兼并其他三家的土地，想了一个损招，忽悠三家大夫："晋国长时间当中原霸主，只是后来被吴国、越国夺走了。为了让晋国再次强大，我们每家进献一百里土地及户口给国君。"

晋公室此时名存实亡，智伯瑶侵夺公室的土地是正常的，给公室土地人口，只不过是以此为借口吞并其他三家的土地人口而已。三家大夫都知道他的心思，但不齐心，害怕成为他首先打击的对象。韩康子首先给了，魏桓子接着给了，但赵襄子迟迟不给。赵襄子坚决不愿意将祖先留下来的土地给别人，认为守卫祖先留下的土地，是子孙义不容辞的责任。

智伯瑶非常生气，命令韩康子、魏桓子和他一起去消灭赵襄子。公元前455年，智伯瑶率军为中路，韩康子率军为右路，魏桓子率军为左路，一起进攻赵襄子。

赵襄子寡不敌众，率军退到晋阳死守。三家军队团团围住了晋阳城。赵襄子下令坚壁清野，坚决守城，不许主动出战。一旦三家兵士攻城，赵家将士就射箭。

就这样，双方在晋阳城下一对峙就是两年多。智伯瑶非常着急，千方百计寻求破解之策，但没想到，他的破解之策给自己带来灭顶之灾。

有一天，智伯瑶察看地形时，发现晋水绕过晋阳城往下流，便想水淹晋阳。他下令兵士挖河筑坝蓄水，然后泄洪，利用洪水灌晋阳城。大水很快灌入晋阳城。城里军民被迫退到房顶上。不过，晋阳军民恨透智伯瑶，坚决不投降。

智伯瑶带韩康子、魏桓子一起去前线观察形势。智伯瑶得意地说："看，晋阳城完蛋了。我原以为晋水能阻挡敌人，现在才知道也能成为灭国工具……"韩康子和魏桓子嘴里说"对对对"，心里却冰凉冰凉的，脊椎上冒着冷汗。魏氏封邑安邑，韩氏封邑平阳，都临河，地理位置与晋阳城类似。智伯瑶今天能水淹晋阳城，难道明天就不能水淹安邑、平阳吗?

当天晚上，赵襄子派出的说客张孟谈先后找韩康子和魏桓子陈述利害，并邀请他们一起，趁智伯瑶不备之际，将其灭掉，然后三家结盟，和平相处。韩、赵、魏三家共同利益高度一致，唇齿相依，一起在夜里悄悄将洪水引向智伯瑶的军营，并趁势发起围攻。智伯瑶没搞清楚怎么回事就全军覆没、人头落地。三家分了智伯瑶的土地。

不久，韩、赵、魏又合伙将晋公室其他土地也瓜分了。公元前403年，韩、赵、魏派出使者去请求周威烈王姬午册封他们为诸侯。姬午不想册封也没有用，便送个顺水人情，将韩、赵、魏封为诸侯。此后，韩、赵、魏逐渐发展成中原大国，参与兼并战争，与秦国、齐国、楚国、燕国并称“战国七雄”。

司马光说：“智伯之亡也，才胜德也。”三家分晋后，各诸侯为壮大自己和兼并对手，越来越重视发挥各国君臣的才干，也越来越重视打击和瓦解对手，并通过缔结盟约获利，以致连此前尊王攘夷的旗号都不要，直接进行生死争夺战。

道德不是最重要的，个人才能才是生存的第一要务。个人奋斗的空间被无限放大，各阶层杰出人物才能相继登上历史舞台。

7. 被群殴的率先崛起者

三家分晋后，魏国处于四战之地，与赵国、齐国、宋国、楚国、韩国、秦国都有接壤，且大多数无关隘可守。魏国人的危机意识被激发。为了变法图强，称雄图霸，魏国迁都大梁。

首位君王魏文侯以及其儿子魏武侯，拜子夏、田子方、段干木为老师；任命乐羊子为将军，由他率军消灭中山国；任命吴起出任西河郡守，由他专门负责对抗秦国；任命西门豹为邺城令，由他负责打击邺城地方豪强；任用李悝变法，由他负责“尽地力之教”，巩固和发展经济。魏国主动出击，全面开花，国力蒸蒸日上。魏国联合韩国、赵国，先后击败大国齐国和楚国，获得不少土地，壮大了自身势力。

魏国第三任国王是魏惠王。他在位期间，一边大力发展经济，一边派兵极力扩张。他四处扩张引起了其他国家的恐慌，导致四处树敌，被数国联合群殴，被迫中断了崛起，使魏国沦落为二流国家，完全丧失争天下的资本，不得不以图存为主要目标。庞涓和孙膑是导致这一历史转折的重要人物。

从历史角度看，庞涓和孙膑的争斗，既是魏齐争霸的缩影，也是他们个人奋斗道路上狭路相逢时的比拼，对历史发展方向有巨大影响。

庞涓和孙膑是同学，都跟鬼谷子学习兵法，以图将来干一番事业。庞涓先出山，到率先崛起的魏国，受到魏惠王重用，当上了将军。庞涓功成名就后，认为自己才能比不上孙膑，如果孙膑为敌所用，将对魏国不利，对他也是极大威胁，便暗地派人将孙膑请到魏国，加以监视。

孙膑到魏国后，庞涓捏造罪名砍去他的双脚，并将他监禁起来。孙膑装疯卖傻，骗过庞涓逐渐消除警戒。齐国使者到大梁时，孙膑密见齐国使者，说服对方偷偷地用车将他带到齐国。

到齐国后，孙膑做了田忌的门客，并很快让田忌和齐威王刮目相看。

齐威王喜欢和大臣一起赛马。马分为上、中、下三等，分别进行比赛。按照此规则比赛，齐威王经常赢。

再一次赛马时，孙膑对田忌说："你尽管下大赌注，我负责帮你赢。"田忌相信孙膑说的话，与齐王以及各位大臣赌千金。

比赛时，孙膑告诉田忌："先用你的下等马跟他们的上等马比，再用你的上等马跟他们的中等马比，最后用你的中等马跟他们的下等马比。"

三场比赛下来，田忌取得一败两胜的成绩，赢得了千金。

田忌出乎意料赢了。齐威王问原因时，田忌便把孙膑推荐给他。齐威王对孙膑刮目相看，向他请教军事知识，把他当成老师看待。

孙膑尽心尽力辅佐齐威王。他通过两场战争，击败魏国，杀死庞涓，既报了私仇，也为齐国扭转了不利局势。

公元前354年，赵国占领卫国的漆和富丘。卫国是魏国盟友。魏国派兵包围了邯郸。赵国被迫分别向齐国、楚国求救。赵国曾帮过魏国打败齐国，齐威王想救赵国，也想趁机削弱赵国和魏国，便派出两路大军：一路负责进攻魏国襄陵，一路负责救援赵国。

公元前353年，两路齐军出发时，魏军主力已攻破邯郸，魏将庞涓已经率8万人到了茌丘。田忌、孙膑率军8万到齐魏边境。孙膑提出声东击西、围魏救赵，直接进攻魏国首都大梁，迫使魏军撤军回救。魏国撤军了，赵国就自然得救了。

田忌率军进攻平陵。他一边派出轻装军队直接进攻魏国大梁，以激怒庞涓，迫使他率军回援；一边派出军队佯装阻拦庞涓所率魏军，并故意示弱，让他轻敌。庞涓果然不得不急行军回救大梁。孙膑率齐军在桂陵伏击魏军，擒获了庞涓。

战后，楚国大将景舍出面调停，各国达成休战协议。公元前351年，魏惠王与赵成侯在漳河边结盟。魏军撤出邯郸。齐国释放庞涓。

公元前342年，韩国侵略魏国，被魏军痛打。韩昭侯派人向齐国求救。齐威王秘密告诉韩国使者同意援救，但没立即派兵。韩国依仗有齐国撑腰，信心满满地进攻魏国，结果是五战五败，被迫向齐国求救。齐威王又派田忌、孙膑等人率军援助韩国。孙膑再次采用围魏救赵的战术，在马陵之战中歼灭魏军10万人，俘虏魏国主将太子申，逼迫庞涓自杀。

马陵之战，魏国国力大损，元气大伤，失去了霸主地位，再也无力主动进攻其他国家，而是被迫走上合纵自保道路。齐国再次称霸东方。历史给予魏国崛起的机会从此一去不复返。

8. 从“四强”到“一秀”

齐国击败魏国，成为东方霸主，是受益者，但更大受益者是西方的秦国。秦国以前也是霸主，后来多次被晋军打败，国势衰落为中小国家。三家分晋后，魏国率先崛起，派吴起率军攻占了秦国河西之地。秦军数次反攻都大败。赵魏反目，魏齐、魏楚、魏韩相继结怨，秦国面临魏国的压力才减轻。

公元前385年，秦献公继位，模仿实行魏国制度，秦国国力才开始恢复，局势才稳定下来。公元前362年，秦孝公继位，重用卫国人商鞅变法图强，秦国国力进一步增强。

商鞅变法，鼓励增加人口，废除世卿世禄制，采取重农抑商、奖励军功等政策。由于废除世卿世禄制，贵族子弟必须为国效力才能维系富裕生活。由于奖励军功，秦国各阶层都拥有发展空间——只要为国建立军功，都可以过上富裕生活——秦国人逐渐形成以为国立功为荣的传统。此后，秦军战斗力不断提升，与东方诸国交战中越战越勇，逐渐掌握战略主动权。但此时，天下走势并不由秦国主导。

在秦国崛起时，赵国在赵肃侯、赵武灵王领导下，成为三晋国家领军人，雄踞在北方；齐国是秦国抗击魏国的战略伙伴、东方霸主，经过齐威王、齐宣王、齐闵王三代努力开发，成为富甲一方的强国；南方楚国有雄厚国底，经过楚宣王、楚威王努力，吞并越国，雄踞天下大半，成为名副其实的强国。战国四强形成，天下局势不再由魏国引领，而由四强逐鹿产生。不过，在战国四强中，秦国有一核心竞争力，其他三国无法匹敌，就是秦国不仅给本国各阶层提供发展空间，还为其他各国人提供发展空间，大胆起用和重用其他国家的英才。

商鞅变法为秦国再次崛起奠定基础，也吸引诸国不得志的贤才到秦国发挥才干，实现奋斗梦想。张仪和范雎被秦国重用，实行了个人梦想，改变了天下大势，也推动秦国从“四强”中脱颖而出。

张仪是鬼谷子的学生。他学习纵横之术，出山后首创连横政策，游说六国入秦，成功破解苏秦发起的六国联合对付秦国的合纵政策。秦国与诸侯争霸初显优势后，苏秦便说服赵肃侯，去游说其他诸侯国合纵联盟，共同对付秦国。苏秦兼任六国相国，出任合纵长，负责联合东方六国与秦国对抗。秦国虽强，但经不起群殴，很快由此前经常打胜仗变成频频打败仗。秦惠王苦无良策时，张仪主动提出去游说各国连横，与秦国交好。

张仪先说服魏国退出合纵盟约，巴结秦国，获得安全保障；再欺骗楚怀王，拆散楚齐联盟，使楚国丢城丧地，又游说楚怀王与秦国结盟亲善成功；再成功鼓动韩宣惠王亲附秦国，攻打楚国；成功游说齐闵王巴结秦国，获得安全保障；说服赵武灵王与秦惠王在渑池相会，向秦国示好；游说燕昭王巴结秦国，获得安全保障。张仪这些成功，不仅拆散了合纵联盟，帮助秦国从劣势重新转为优势，还帮助秦国化解很多危机，积蓄了国力。

几十年后，另一个魏国人范雎受重用，为秦国兼并天下指明了方向。

范雎曾周游列国推销政治主张，但没有成功，只好回魏国，在魏国中大夫须贾家做门客糊口。范雎跟随须贾一起出使齐国。齐襄王欣赏范雎，送他

10斤黄金和美酒、牛肉。范雎没收，但须贾怀疑他出卖魏国。回魏国后，须贾向相国魏齐告密，说范雎私下拜见齐襄王。魏齐令人将范雎打死，并用席子卷起他的尸体丢进厕所里。范雎并没死，买通看守，逃到秦国，改名张禄，后来获得秦国重用。

范雎见秦昭王，提出远交近攻战略，主张将接壤的韩国、魏国作为兼并主要目标，同时尽量搞好与齐国的关系。不仅如此，范雎还劝秦昭王加强王权。范雎出任秦国相国后，借助秦国势力先羞辱魏国使者须贾，再武力迫使魏国相国魏齐自尽，既报了私仇，又为秦国兼并魏国扫除障碍。

范雎对秦国贡献最显著的是，帮助秦军赢得长平之战，并及时除掉权臣白起。秦军赢得长平决战非常艰难，范雎在背后起了关键作用。赵国是北方强国，军队战斗力强，是秦国兼并天下的主要障碍。赵国出动精锐军队全力抵抗。两军对垒三年，胜负还难以分出。范雎用反间计促使赵王起用毫无实战经验的赵括为帅，同时暗中派秦军名将白起到前线。白起率军大破赵括率领的40万军队，并将其斩杀，令六国惊恐不已。至此，秦国已经具备兼并天下的绝对实力。而长平之战后，范雎又假借秦昭王的命令迫使功高震主的白起自杀，替秦昭王消除了一个威胁。

事后，范雎失宠，不久罢相。不过，秦国兼并天下的大局已奠定。

秦国从兼并战争中弱小挨打的一方，逐步变成“四强”之一，成为最具有实力的一方，给本国各阶层以及外来人才发展空间，发挥每个人的积极性和聪明才干，是极其重要的原因。

9. 他们加速了天下统一

秦国充分利用外来人才，逐步扭转在争霸战争中的劣势，并逐渐形成优势，但更令人叫绝的是，秦国为另两个外国人提供发展空间，明显加速兼并六国步伐，实现天下统一。这两个人就是吕不韦和李斯。

吕不韦是卫国阳翟大商人。他往来各地做生意赚钱，积累了巨额家产。当时，秦国和赵国经常打仗，在邯郸做人质的秦国公子异人不受待见，过得穷困潦倒。吕不韦遇到异人时，认为奇货可居。

吕不韦回家跟父亲说："您说，种田可以获得几倍利益？"父亲说："10倍。"吕不韦又问："贩卖珠玉呢？""100倍。"吕不韦又问："拥立一国君主呢？""无数倍。"吕不韦笑着说："当今辛勤耕田种地的人，还实现不了丰衣足食。如果拥立一个国君的话，那就可以让子子孙孙享受福禄了。"

吕不韦见异人后，说出自己的想法，花重金打造包装他。吕不韦精心策划和操作获得成功——异人一步步从王子到世子、到太子、到秦王。异人当秦王后，吕不韦被任命为相国。异人早逝，嬴政继位，吕不韦继续当相国，号称仲父。

吕不韦当相国期间，成功挫败六国合纵计划，为秦国开疆拓土，"一怒而诸侯惧，安居而天下息"。不过，他与赵太后有段不清不楚的关系，以及他推荐的嫪毐作乱，导致他迅速从权力巅峰走向灭亡。

吕不韦罢相不久，秦国守旧势力趁机落井下石，发起排外运动。公元前237年，韩国人郑国间谍案被告发。守旧势力趁机排外，放大“外国人到秦国做间谍，谋害秦国”的言论，鼓动秦王嬴政下令驱逐客卿，将在秦国内部当官的原六国人全部驱赶走。

六国人为秦国效力，是因为秦国能给他们提供个人发展空间。秦国赶走他们，是扼杀他们的希望和未来，是将他们逼到抗秦阵营中去。身为客卿的李斯不愿意放弃已经到手的富贵，冒死给秦王嬴政上《谏逐客书》，请求取消执行逐客令。

李斯原是楚国上蔡小吏，曾师从大学者荀子学习帝王之术，在法家领域有独特造诣。他受老鼠启发，放弃做小吏，苦读书，目的就是出人头地，实现个人价值，享受荣华富贵。在最后拼死一搏的《谏逐客书》中，李斯才学尽情展现。秦王嬴政也极其推崇法家思想，读了《谏逐客书》，不仅发现自己政策的错误，及时下令停止驱逐客卿，还非常欣赏李斯，升他做廷尉，加以重用。

李斯一封上书扭转秦国政策走向，在兼并六国过程中起了较大作用，在秦王嬴政称帝过程中也居功至伟。嬴政称帝，将李斯升为丞相，负责大一统王朝各项制度的拟定。李斯对秦朝政治制度建设做出了决定性贡献。他反对分封制，坚持郡县制，主张拆除地方郡县的城墙，销毁民间现存的兵器，焚烧民间《诗》《书》等百家言论，禁止私学，还参与制定法律，统一车轨、文字和度量衡制度。当时秦朝诸多制度条文和政策，无论是合理的，还是不合理的，李斯都或多或少参与了。李斯为秦朝创建做出了不可磨灭的贡献，他的一举一动，对中国历史产生了深远影响。

吕不韦是外国人，李斯也是外国人，但他们对秦国兼并天下都起了临门一脚的作用，促进了大一统王朝的出现和建设。吕不韦和李斯被后世人称为“大秦政坛双星”。

10. 成也斯，败也斯

无论是吕不韦，还是李斯，从个人奋斗角度讲，都是极其成功的，但从其结局讲，无一不是失败的。根本原因是他们私欲太重。吕不韦和李斯都位极人臣，最终都被迫死去。不同的是，吕不韦死去，仅仅连累一家人，而李斯死去，将整个秦朝都陪葬了。

成也斯，败也斯。李斯的功劳无疑是伟大的，但他也是秦朝灭亡的推手。除了李斯推动秦朝制定那些激进政策，他在关键时刻谋私利，是其自身悲剧和秦朝灭亡的关键因素。

李斯当丞相后，富贵至极，却总有些不自信，害怕有一天丧失富贵，便一切揣摩始皇帝的心思行事。始皇帝是千古一帝，治理大一统天下，也无经验可借鉴，更多地凭借自己的理想和政治才干。他追求法家主张的苛严治国，而忽略原来六国的传统。大公子扶苏与始皇帝政见不同，被派到上郡，负责监督军民修筑长城。始皇帝因渴望长生不老，迟迟没确立皇储。皇储是国之根本，李斯作为丞相，没促使始皇帝立皇储，有不可推卸的责任。

李斯肩负更大历史责任时，为私利所迷惑，串通赵高修改遗诏。结果是，李斯搭进了自己全家的性命，也导致秦朝二世而亡。

公元前210年，年逾半百的始皇帝病倒在第五次巡游中。他病情一天天加重，意识到大限已到，便考虑立皇储。他决定册立扶苏，叫兼管皇帝符玺和发布命令的赵高拟旨给扶苏，命令扶苏将军事托付给蒙恬，速回咸阳。这事实上是确定扶苏的继承人身份。赵高观察到始皇帝活不了多久，嘴里应允，却将圣旨藏起来不发布。赵高和扶苏一向不和，与蒙恬也有仇恨。如果他们得志了，赵高认为自己将死无葬身之地。如果拥立年幼无知的胡亥，赵高认为，自己不仅能活命，还可能控制朝政。

不久，始皇帝死去。李斯因为始皇帝死在外面而皇储未定，担心出现变乱，下令秘不发丧，将始皇帝尸体放在辒辌车里，率领队伍迅速赶回咸阳。在回程中，各地进献食物、百官奏事，一切都按照始皇帝活着时的样子进行。只有李斯、赵高、胡亥以及五六个宠臣知道始皇帝已死。

赵高先拿扣压的遗诏去见胡亥，劝他准备登基，然后去争取李斯支持。李斯的态度至关重要。赵高抓住李斯富贵来之不易，贪恋富贵，与扶苏关系不及蒙恬等弱点，告诉李斯是否持久富贵“全凭一句话”。在私利作祟下，李斯向赵高妥协，选择配合赵高，伪造遗诏册立胡亥为太子，并传假圣旨让扶苏和蒙恬自杀。

胡亥继位后，赵高当上郎中令，李斯继续担任丞相。在赵高怂恿下，胡亥穷奢极欲，荒淫无度。因皇帝位来路不正，胡亥时刻忧心忡忡。赵高趁机教唆胡亥搞严刑峻法，将有罪的人连坐诛族，对心怀不满的大臣以及宗室皇子残酷打击。胡亥毫不犹豫地同意了。赵高先杀仇敌蒙恬兄弟，再杀秦朝宗室12个公子、10个公主，最后换掉朝中敢于直言进谏的官员，安排亲信，完全控制胡亥。对这一切，李斯保持沉默，赵构却给他设置了陷阱。

在胡亥享乐时，赵高诱骗李斯去觐见。这激怒了胡亥。赵高又在胡亥面前说李斯对皇帝不满，还诬陷李斯儿子李由与起义军有勾结，李斯父子有谋反之心。胡亥对李斯越来越不满，下令赵高调查此事。赵高严刑逼供，引诱李斯招假供。李斯满门被抄斩，赵高如愿当上丞相，获得决定大小朝政事务的权力。

为了鉴别朝臣是否忠心于自己，赵高导演了一幕指鹿为马的丑剧，将不迎合自己的大臣全部杀掉。赵高在咸阳一手遮天时，关东的起义军势力越来越大。名将章邯被迫率军投降起义军。胡亥得知消息震惊，派人质问赵高。赵高发动政变杀了胡亥，立子婴为秦王。

子婴称秦王后，害怕走胡亥的老路，就与宦官韩谈一起设计，砍死赵高，并召集群臣，历数赵高罪行，夷灭他三族。

赵高虽被除了，但刘邦已率军进入关中。子婴无力抵抗，只好投降。轰轰烈烈的秦朝，历史上第一个大一统王朝，在李斯、赵高、胡亥等人折腾下灭亡了。纵观秦朝历史，李斯是大功臣，也是大罪人，“成也斯，败也斯”，一切都源于激发其奋斗动力的那颗私心。只顾个人智力，不顾个人道德修养，这历史教训，代价也太沉重了！

11. 一个农夫惊天动地的呐喊

秦兼并天下后，为维护其统治，进行了严刑苛法。这让东方六国遗民很不适应，深感秦朝统治的残暴。加上几百年倡导个人奋斗的传统影响，一些人产生了反抗意念。有个叫陈胜的贫民，直接说出了那个时代不甘受人奴役的心声。

陈胜年轻时曾给地主打工种田。有一天，陈胜对同事们说："兄弟们，将来，如果哪位富贵了，别忘记今天一起受苦受累的人啊！"伙伴们觉得陈胜心比天高命如纸薄，笑着说："我们卖力给人种田，哪儿来的富贵呢？"陈胜听后，感叹说："燕雀安知鸿鹄之志哉！" 这句带有英雄孤独意味的话，已经透露出他改变命运的强烈欲望。

胡亥继位当年，秦朝大举征兵去渔阳守边修长城，陈胜在征发之列，而且担任了带队的屯长。两名军吏押看陈胜等900个困难兄弟日夜赶路，前往渔阳。到大泽乡时，他们遇到连日暴雨，不得不停下来。没及时赶往戍守地，按照秦朝法律，要判死刑。横竖都是死，陈胜一声怒吼："王侯将相难道是天生的吗？！"他和吴广一起干了一件惊天动地的大事，杀掉两个军吏，宣布反秦起义。

天下人怨恨秦朝很久了。陈胜起义军不断取得胜利，各地反秦烈火迅速被点燃。对秦朝不满的各阶层人，从东方六国遗民到土匪武装，纷纷举兵反秦。秦朝很快陷入反秦大军的汪洋大海中。

陈胜作为起义首领，由于先天不足和指挥失当等，风光一段时间后，无法控制各路义军，最终被部下杀死。项羽和刘邦逐渐成为反秦战争的核心人物。

项羽是楚国名将项燕后裔。楚国灭亡后，项羽随项梁逃到江东。始皇帝到江东会稽巡游，项羽看到其庞大船队，说："他是可以取代的。"项梁捂住项羽的嘴，说："不要胡说八道，否则会给全家族带来祸害的！"陈胜起义后，项梁也召集江东豪强官吏，发动反秦起义。项羽个子高，力气大，还才气过人，江东子弟都非常敬畏他。在起义后，他身边迅速聚集起8000人马。

陈胜被杀后，项梁拥立楚怀王孙子熊心为楚怀王，自己出任上将军，统兵攻打秦朝。刘邦率领沛县子弟起兵，也投靠到楚怀王旗下。项梁率军接连打败秦军后，产生了骄傲情绪，结果被秦军名将章邯打了个措手不及，兵败身亡。项梁死后，章邯以为楚军不足为虑，全力对付由赵国的遗民组织的赵军。赵国人善战，且与秦军有血仇，不将其迅速镇压，会危及秦朝统治。于是，章邯率领40万主力军全力进攻赵地，将赵王以及主力军围在巨鹿，想再次来个长平之战，以威慑各路反秦大军。

项梁战死，楚怀王熊心迅速收集残兵，破格提拔宋义为卿子冠军，确立自己亲信掌握兵权，还重用吕臣、吕青、刘邦等人，故意冷落能征善战、年轻气盛的项羽。赵国面临再次灭亡危险。楚怀王决定援救赵国，却又不愿为赵国火中取栗，就派出两路大军：一路宋义、项羽、范增率领，有5万人，目标是救援赵国；一路由刘邦率领，不足1万人，目标是趁机进攻关中。楚怀王与大家约定："先攻下关中的人，封关中王！"救赵国是迎战秦军主力，攻打关中是趁机攻入秦朝腹地，"先攻下关中的人，封关中王"，这一约定明显偏向刘邦。

宋义深悟楚怀王如此安排的良苦用心，自己也没救赵的必胜信心，因此对此事并不积极，率军到安阳后就驻扎下来不走了，整天在军中饮酒作乐，静待时机再做打算。项羽年轻气盛，对楚怀王的安排有异议，对宋义的举动气愤不过，就假借楚怀王给他下过密令，将宋义杀死，宣布自己任上将军。诸将畏惧项羽勇猛彪悍，又有楚怀王密令，不得不服从。楚怀王得到消息时，项羽已经取代宋义成为事实，也只好顺势任命他为上将军。

项羽杀宋义后，派蒲将军为先锋，率军渡河攻击秦军王离部。蒲将军率军渡河作战进展不大。项羽破釜沉舟，亲自率领所部渡河作战。项羽率军与秦军九战九胜，一举击败秦军名将章邯。章邯败走，楚军士气大振，继续北上攻击王离部。各路反秦军也纷纷派军救赵，不过都驻兵在周边观望局势。见楚军击败秦军悍将章邯，他们大受鼓舞，也纷纷发起进攻，消灭秦军王离部。一系列大战后，王离被俘，另一个秦军名将苏角被杀，涉间被逼自杀。章邯见秦军连损数员大将，战争前景不乐观，又遭到赵高逼迫，干脆率领20万残兵投降项羽。

公元前206年11月，因秦军降兵与反秦士兵有矛盾，在英布、蒲将军建议下，项羽下令连夜坑杀20万降兵。随后，项羽率各路反秦大军浩浩荡荡向关中挺进。到函谷关时，项羽发现刘邦的士兵把守着函谷关，一气之下，率军攻破了函谷关。他率军40万驻扎在新丰鸿门，准备攻打驻扎在霸上的刘邦。刘邦连夜派张良去找项伯从中美言，并于第二天早上亲自赶到鸿门拜见项羽。项羽不听范增的劝谏，放过刘邦。

项羽不战而进入咸阳，对秦朝遗臣遗民非常憎恨，纵兵屠杀咸阳城，杀了投降的秦王子婴，毁掉秦朝皇宫，搜集大量宝物美女带回江东。在东撤前，项羽拥立楚怀王熊心为义帝，自封西楚霸王，封刘邦汉王、魏豹西魏王、英布九江王、章邯雍王等18个诸侯王。

在18个诸侯王中，项羽为楚国贵族后裔，刘邦为楚国普通遗民，章邯、司马欣、董翳为秦朝降将，魏豹为魏国王族后裔，英布为江湖土匪，等等。在反秦战争中，各阶层人士通过自身努力，实现封王封侯梦想，印证了陈胜高呼的“王侯将相宁有种乎”，但也导致一些诸侯王不满，为重启战火埋下了种子。

12. “战神”的辉煌与悲剧

项羽主持分封是建立在强大武力基础上的，也基本上以军功或者军事实力为依据。但是，项羽主持的分封违背了楚怀王熊心与诸将约定的“谁先入关中，封关中王”，也不符合传统分封时看重贵族出身。除了秦朝降将以及英布、衡山王吴芮、临江王共敖等人满意外，大多数诸侯王内心不满。

项羽也知道有的诸侯王不满，但深信自己镇得住。分封之后，诸侯各自前往自己的封国。不过，项羽令人将义帝熊心杀死于迁往长沙途中，为诸侯造反提供了借口。

公元前206年8月，齐王和赵王先后发生叛乱，公开反西楚霸王。项羽率军前往平叛。汉王刘邦在萧何、张良辅佐下，趁机武力占领关中。项羽派韩王郑昌带兵去镇压刘邦。韩王郑昌当然不是刘邦对手。刘邦让张良作伪韩王书、伪齐王书、梁王书给项羽，进行战略欺骗，引导项羽放心集中兵力攻打齐国，给自己发展实力创造空间。

在刘邦与项羽的对峙中，韩信发挥了至关重要的作用。韩信是那个时代个人奋斗的又一典型。他先投靠项羽，做郎中，多次献计未被采纳，觉得没发展空间，转投刘邦。刘邦让韩信做粮草官，韩信仍不得志。刘邦去封国汉中时，韩信中途跑了。萧何闻信骑马去追。刘邦误以为萧何也跑了。萧何回来后，刘邦问他干什么去了。萧何如实报告自己追韩信去了，并解释理由。刘邦不相信韩信有萧何说的那样厉害，只答应让韩信做个将军。萧何坚持要求任命韩信为大将，并公开授将令。刘邦想争夺天下，见萧何如此坚决推荐，便答应了。

韩信拜将后，向刘邦提出对付项羽的战略。刘邦觉得有道理，言听计从，照其战略部署。公元前206年，刘邦采用韩信提出的策略，明修栈道，暗度陈仓，征服章邯等三个诸侯王，占领了关中；公元前205年，刘邦在韩信等人协助下相继征服了魏王豹、河南王申阳、韩王郑昌、殷王司马昂，还联合齐王田荣、赵王歇一起围攻过项羽。彭城之战惨败，韩信收集残兵，继续抗击楚军，随后，韩信又平定魏国，自告奋勇请求率军攻打代国。刘邦派人调走韩信手下的精兵，韩信利用手中的余兵，以少胜多，击败赵国，降伏燕国。韩信威震天下，而刘邦则被楚军围在荥阳。这一对比，让刘邦非常尴尬。

不久，刘邦逃到成皋。公元前204年6月，刘邦从成皋偷渡黄河，带着夏侯婴等人在一大清早径直闯进韩信的卧室，夺取他的印信兵符，重新进行部署。韩信被安排率领少量军队去攻打齐国。韩信没怨言，率兵渡河袭击齐国，迅速攻下临淄。项羽派亲信龙且率军赶往齐国，去对战韩信。龙且轻视韩信，急于求战功，在潍水摆开决战，结果兵败被杀。

平定齐国后，韩信请求封他做代理齐王。当时，刘邦被项羽逼得非常窘迫，十分恼怒韩信不思救主，还想趁机自立为王。但经张良提醒后，刘邦顺水推舟封韩信做了齐王。这一次，韩信给刘邦留下了非常难受的记忆，只不过韩信浑然不知。

武涉以看相为名，劝说韩信反汉联楚，三分天下，自称齐王。韩信谢绝。蒯通认为，天下大局走向取决于韩信，利用看相机会，劝说他反汉自立。韩信不忍心背叛，坚信刘邦不会辜负他的。

公元前202年，刘邦抓住机会发起战略反攻，令韩信率所有军队南下，一起围攻项羽。在追击项羽的过程中，刘邦屡遭痛击。为了调动韩信、彭越的军队南下，刘邦提前将楚国之地封给他们。得到分封后，韩信和彭越更加卖力地攻击楚军。随后，刘邦派刘贾会同九江王英布率领一路大军，亲率另一路大军，一起围攻项羽。

最终，40多万汉军和10多万楚军在垓下决战。韩信用十面埋伏之计击败楚军后，用四面楚歌之计瓦解了楚军。项羽自认为天命已尽，率领72骑兵突围，一番激战后，在乌江边自杀。楚汉之争彻底结束。

项羽自杀没多久，刘邦就突入韩信军中，收回兵权，将他改封为楚王，定都下邳。项羽的亲信钟离昧是韩信老朋友。项羽死后，钟离昧躲到韩信家里避难。刘邦得知此消息，于公元前201年通知韩信去陈地觐见。韩信到了陈地，刘邦以谋反为名将他抓起来，并将他带回洛阳，贬为淮阴侯。

从此，韩信常常不参加朝觐或者随行，日益怨恨，还不屑与功臣周勃、灌婴等人为伍，在陈豨回封国前会见了他，而这一切都在刘邦监控中。公元前197年，陈豨造反，刘邦亲征，韩信没随军出征。刘邦出征后，吕后在萧何帮助下，派人诱骗韩信到皇宫里，将其杀死。

韩信一世英名，做梦也没想到会死在萧何手里。成也萧何，败也萧何。韩信能有奋斗空间和机会，多亏萧何推荐，而韩信必须死去时，也是萧何献计陷害的。这是时局使然啊！

13.个人奋斗时代一去不复返

萧何帮助吕后杀掉韩信，替刘邦剪除了一大块心病。刘邦征伐陈豨回来后，大加赏赐萧何，不仅加了封邑户数，还派都尉率500士兵护卫相府。起初，萧何没想到自己会成为刘邦的心病，后来经召平点拨才恍然大悟这是明赏暗防，吓出了一身冷汗，不得不想法保全自己。

刘邦曾在洛阳南宫举办庆功宴时说过，他搞谋划，定战略，比不上张良；他留守后方，搞后勤民政，比不上萧何；他统率军队作战，攻城略地，比不上韩信。但他可以运用好这三个杰出人才。项羽只有范增一个杰出人才，还猜忌范增，不能真正重用。所以，项羽才会失败。

萧何想起这一幕，蓦然发现韩信已经死了，张良也修仙去了，只有他活着。他是“开国第一侯”，位列众卿之首，皇帝猜忌他也不难理解了。

还有一件事令萧何吓得一身冷汗。

刘邦亲自出征时，总是萧何负责留守后方，筹集和输送粮草。每次粮草送到前方，刘邦都会亲自问使者：“萧相国在做什么？”使者的回答常常是溢美之词。刘邦听罢总是默不作声。

为了保全自己，萧何故意在刘邦征英布期间贱价强买民间的田地和住宅。刘邦回来时，拦路告萧何状的百姓非常多。刘邦将那些状纸给萧何看，让萧何去给老百姓请罪。萧何不仅没忙着去向百姓请罪，还请求刘邦开放上林苑，允许百姓砍柴打猎。刘邦一气之下，下令将萧何关进大牢。

几天过后，在王卫尉提醒下，刘邦意识到对萧何的处置有点过分，就下令赦免他的罪行。此后，刘邦待萧何还是像以前那样，但萧何对国家大事越来越保持沉默。刘邦见萧何很识相很配合，最终还是饶了他。不过，对其他异姓诸侯王，对他统治有危险、有野心的人，刘邦会毫不犹豫地铲除，即使关系再好也不放过。

刘邦是在反秦大起义中通过努力奋斗和部下拥护才最终赢了项羽，当上皇帝的。他意识到，天下统一了，一个旧时代结束了，个人奋斗必须限定在忠君前提下，最好是顺其自然，不提倡个人奋斗。否则，人人深信“王侯将相宁有种乎”，就会不断有人冒险造反，就会天下大乱。于是，刘邦将异姓诸侯王当作首先要除掉的对象。

燕王臧荼是第一个被以谋反罪名消灭的异姓诸侯王。齐王韩信先被改封为楚王，再降为淮阴侯，接下来被吕后和萧何谋杀。韩王信被猜忌，率部投降了匈奴。刘邦亲自率军去追杀，还不惜跟匈奴开战。新一任燕王卢绾身份比较奇特，是刘邦亲信和心腹，曾经与刘邦一起共患难过，但被逼逃到匈奴。赵王张耳是刘邦女婿，被废除了王位。阳夏侯陈豨被逼谋反时，梁王彭越受到牵连，两人相继被杀。淮南王英布铤而走险谋反，被刘邦亲自率军镇压。到公元前195年时，异姓诸侯王只剩下实力弱小且唯唯诺诺的长沙王吴芮。

在陆续消灭异姓诸侯王后，刘邦先后分封了9个同姓诸侯王，想利用自己的兄弟子侄为王，共同捍卫刘氏江山。为此，他还召集群臣，杀白马为盟，订下誓约：“不是姓刘的称王，大家干掉他！”这是一个具有时代意义的宣言，其潜在的意思是“皇室子弟不需要奋斗就可以享受富贵，而其他姓的人，即使奋斗，最终的爵位也在王之下”。这既是宣告几百年个人奋斗时代的结束，也是真正宣告“家天下时代”的开始。

虽然白马之盟在刘邦死后没多久就被吕后违背了，但个人奋斗时代一去不复返，历史已经进入“忠君爱国”为个人奋斗第一要素时代了。

第三章

强汉400年，一个族群的永恒记忆

汉朝结束个人奋斗时代，进入家天下时期，是华夏民族精神成熟和辉煌期。汉朝历史始终受皇族、后族和太监影响。汉武帝及其继任者“罢黜百家，独尊儒术”，提倡国家民族主义，激励军民“不到长城非好汉”“保家卫国，战胜外敌”，最终打败强敌，将汉朝带到历史高峰。

1. 第一皇后创造外戚专权

刘邦诛杀功臣最基本的动机就是消除现实或者潜在的威胁，巩固皇权，在子孙继位后不使皇权旁落。为此，他剪灭异姓诸侯王，分封刘姓子弟为王，还与大臣们盟过誓。

不过，刘邦有两点没想到：一是在剪除功臣宿将后，他亲征匈奴惨败，不得不和亲；二是他死后不久，皇权就落入吕后手中，吕氏弟子封王，掌握朝政。

吕雉是中国历史上有记载的第一个皇后、第一个临朝称制的女性、外戚专权开启者。从历史角度看，她违背白马之盟，跟她婚姻不幸有关联。

吕公带家人到沛县避难，与沛县县令关系不错。为了巴结县令，沛县官吏纷纷去吕公家祝贺乔迁之喜。萧何负责安排酒席。萧何将送礼金低于一千的人安排到堂下坐。泗水亭长刘邦没带一文礼金，却高声叫“贺钱一万”，主动坐入上席。吕公认为他不是一般的人，主动将女儿吕雉嫁给了他。吕雉比刘邦小15岁。

吕雉嫁给刘邦，并未享受到关爱。刘邦喜欢闲逛，整天不着家。她不仅要下田种地，还要照顾老的、小的。后来，刘邦犯法，躲进芒砀山沼泽里。

吕雉除了独立养家外，还时不时要给刘邦送衣物和粮食。

公元前206年，刘邦当上汉王，吕雉才被接到刘邦身边。吕雉并未享多久福，第二年因睢水之战大败，逃跑途中还被刘邦推下车，成了项羽的俘虏。公元前203年9月，楚汉双方议和，项羽才放吕雉回去。不过，刘邦已移情别恋，深深迷恋宠爱上了戚夫人。

更令吕雉惊恐不安的是，刘邦认为太子刘盈“不类我”，想改立戚夫人生的儿子刘如意。戚夫人正受宠，也积极谋划改立太子。叔孙通等老臣反对更立太子，刘邦一时处在犹豫之中。吕雉经人点拨，派哥哥吕泽私下找张良要计策。张良点拨吕泽去将刘邦请不出来的商山四皓请来，以证明太子的影响力。吕雉请出商山四皓辅佐太子，让刘邦误认为“太子的羽翼已经形成，难以更动了”，才真正解除危机。

巩固了太子地位后，吕雉发现刘邦已经老了，且受伤了，该为自己掌权铺路了。权力欲望被激发的吕雉，选择杀人立威方式，趁刘邦征伐陈豨之际，在萧何的配合下，诱杀韩信。此举让大臣们对吕雉刮目相看：韩信威震天下，刘邦想杀他，都尚存很大顾虑，吕雉却不动声色果决地除掉了他。从此，吕雉在朝臣面前的威信一下子建立起来，无论功劳多大的人，都不敢小觑她。

公元前195年，刘邦去世，刘盈继位，吕雉晋级为皇太后，掌控朝政大权。戚夫人给她带来太多不堪回首的记忆。吕雉将戚夫人弄成人彘，并叫皇帝刘盈观看。刘盈受到惊吓，从此不愿意处理朝政。吕雉不介意，大权独握，在朝中完全按照自己意志行事。

公元前188年，刘盈病死。吕雉趁机立吕台、吕产、吕禄为将军，负责统领禁军，并让其他吕家人入朝为官，一起掌控朝政。历史上一个外戚专权集团形成了。

吕雉让外戚专权的目的，是帮她继续掌控天下。不久，吕雉立4岁的刘恭为皇帝，自己掌控朝政大权。后来，她废掉刘恭，改立刘义，改名为刘弘，继续掌控朝政大权。

吕雉继续采取无为而治方针，对匈奴继续和亲，对内打击诸侯王和反对派，重用审食其，在朝廷和地方安插亲信党羽，大封诸吕以及她所喜爱的刘氏皇子、皇孙为王。右丞相王陵反对诸吕封王，被撤职，陈平、周勃等人采取了默认态度。

吕雉封吕侯为悼武王、吕释之为赵昭王、吕台为吕王、吕产为梁王、吕禄为赵王、吕通为燕王、吕文为吕宣王，先后将吕家十几人封为王侯。吕家煊赫一时。

公元前180年，吕雉病死。吕雉死后，一些大臣联合刘氏诸王反诸吕。齐王刘襄率先反诸吕，陈平、周勃等人积极响应，其他诸王也积极参与，一起围攻诸吕。刘氏皇族集团取得决定性胜利，吕氏封王封侯的人，全部成为刀下鬼。

大臣和诸王一致拥立代王刘恒当皇帝。其中，有一个重要理由是刘恒母亲薄氏娘家人势力比较单薄，不会形成外戚专政局面，可以保障天下在皇族成员和大臣们共同掌控之下。

2. 他们的忍让，只为国富

楚汉之争时，北方匈奴坐大，严重威胁到汉朝安全。刘邦亲征，与匈奴冒顿单于在白登山决战，又险些丧命。汉朝因长期战争，经济遭到严重破坏，朝野非常贫困。刘邦对匈奴采取和亲政策，对内采取无为而治方针，以恢复经济。

吕雉临朝称制后，因诸吕外戚专权，汉朝内部不稳定，经济发展受影响。消灭诸吕后，刘恒当上皇帝，社会才稳定下来。他吸取秦朝灭亡教训，轻徭薄赋，与民休息，着力于恢复和发展农业生产。后来，刘启延续他父亲的政策，一起创造文景之治。

刘恒父子的政治指导思想是无为而治。无为政治看起来消极保守，但实质是强调政治上不妄为、少有激进措施，避免苛政扰民。由于有了这种指导思想，当时政治气氛比较宽和，有利于社会经济和文化发展，有利于安定百姓，有利于恢复国力。

无为包括有所不为，也包括有所为。例如，刘恒下令废除诽谤罪，让臣民能大胆地向皇帝提出不同意见。

汉朝初期郡县和封国并存。刘恒登基后，除了封有功之臣，还册封一批新诸侯王，并根据群臣建议册立刘启为太子。没几年，诸侯王势力坐大，威胁到朝廷。刘启继位后，对诸侯王采取削藩政策，结果引爆七国之乱。七国之乱后，诸侯王势力有所削弱，很多诸侯国的领地逐渐接近郡。朝廷直接掌握了多数郡，远远超过诸侯国的数量。刘彻继位后实行推恩令，让诸侯所有儿子都分享继承权，不知不觉中将诸侯国拆分，从根本上解决了诸侯坐大问题。不仅如此，诸侯权力也逐渐缩小。朝廷也逐步收回诸侯国官吏的任免权、铁盐铜等开发权、税收权，加强了对地方的掌控。

刘恒父子都非常重视农业生产和粮食贮存，推崇节俭和宽刑政策。老百姓逐渐富裕起来。到刘启统治后期，朝廷粮仓府库里有大量剩余的铜钱。

有钱有粮，才有更多精力去追求和实现梦想。刘恒父子在经济方面的努力和积累，为日后汉武帝刘彻改革朝政，征伐匈奴，引领汉朝全面兴盛，奠定了坚实的物质基础。

刘恒父子处理匈奴问题也非常理智而高明。匈奴坐大，汉朝在白登山一战失利，不得不采取和亲政策。匈奴崛起比汉朝要早、要快。文景时期是匈奴实力顶峰时期。刘恒父子采取和亲安定边疆为基本政策，同时也重视加强边防建设，适度反击匈奴入侵。

汉匈和亲后，处于强势的一方匈奴，不时对汉朝进行军事骚扰和敲诈。刘恒在极力维护和亲的同时，积极做好军事斗争准备，当匈奴人攻入长城以内后，便组织军队针锋相对抵抗，当匈奴军撤退后，汉军也不越境追击，更不会主动出境攻击。

之所以这样，主要是限于国力、军力，同时也受制于国内政治。刘恒当了皇帝后，迅速控制了禁军，但在朝廷中没有雄厚的政治基础，加上有些宗室认为刘恒是“摘桃人”，内心并不真正服气。而无为而治又导致诸侯势力的发展快于朝廷势力。

诸侯尾大不掉，让皇帝无法下定决心全力去对付匈奴。无论是刘恒，还是刘启，面对尾大不掉的诸侯和不服气的宗室，都不得不万分小心对待，尽可能避免因他们造成社会动荡，破坏社会局面，给强大匈奴入侵造成可乘之机。

文景之治的出现是依靠轻徭薄赋取得的，是小心翼翼平衡国内外势力取得的。一旦内部出现根本变化或者外部局势出现根本性改变，天下就会发生巨大变化。刘彻当皇帝后，先进行改革，解决汉朝内部诸侯势力坐大问题，统一国内政治思想，才能一改忍辱和亲政策，反击匈奴，消除强敌，引领汉朝在文景之治富起来的基础上强起来。从历史角度看，刘恒父子忍辱负重几十年搞经济，意义非常重大。

3. 从无为到国家民族主义

汉文帝父子对匈奴采取忍让和亲政策。在内部，主张“萧规曹随”无为而治的黄老道家思想一直占据主导地位，主张自然放任，顺其自然。

在恢复战争创伤和战略隐忍时期，黄老道家思想占主导地位，对稳定社会，缓和与强敌匈奴的关系，有一定积极作用。文景之治后，汉朝逐渐繁荣富裕起来，主张尊王攘夷的儒家、法家势力也逐渐抬头。他们主张国家主义，主张全国上下思想一致，鼓励军民一心，共同对抗外敌。

公元前140年，仅16岁的刘彻登基，面临着帝国走向何方的历史性抉择，也面临着选择何种指导思想的抉择。此前，汉朝势力比较弱，对匈奴采取隐忍战略、以和亲换取和平，到刘彻登基时，汉朝经济实力空前强大，穷困时对外敌隐忍，迫不得已，富有时对外敌隐忍，那么就是任人宰割了。他决定带领帝国在富有基础上强大起来，一登基就一改以黄老思想为指导策略，重用主张加强王权的儒士，对内削弱诸侯、加强中央集权，对外抗御匈奴。

国家指导思想大转变，不得不面临传统守旧势力的挑战。刘彻立志“削诸藩，破匈奴”“大有为”，但一改前朝既定指导思想，却面临巨大阻力，需要他智慧应对。朝政大权掌握在信奉黄老思想的太皇太后手中。太皇太后喜爱的淮南王刘安主张因循旧范，无为而治，针锋相对推出《淮南子》，抢占舆论要地。

刘安此举是保护刘氏诸王“裂土称王”的既得利益，容易赢得皇室贵胄支持。太皇太后窦氏好黄老之道，诸窦、诸刘列王贵戚也都信奉黄老思想。刘安进献《淮南子》后，获得了广泛支持，包括刘彻舅舅、王太后弟弟武安侯田蚡的支持。

当然，刘安此举包含野心。他认为，做好舆论准备，一旦天下发生变乱，就能取得政治主动，推翻“违背祖制”的刘彻。

刘彻受挫后，意识到必须在思想领域推翻黄老思想，才能彻底打倒保守势力，便悄悄寻找影响力较大的儒士。董仲舒、东方朔、主父偃等人逐渐聚拢到他身边。董仲舒把儒家思想与社会需要结合起来，吸收其他学派的理论，创建了儒家新思想体系。公元前134年，他献上《举贤良策》，将他的新思想体系阐述给刘彻。刘彻发现，这个思想体系不仅可以用来与《淮南子》争夺舆论导向权，而且很多观点说到想加强皇权的他心坎儿上了。

董仲舒提出“天人感应”“大一统”学说、主张“罢黜百家，表彰六经”。这是以儒家宗法思想为中心，夹杂阴阳五行学说理论，形成贯穿神权、君权、父权、夫权的思想体系。尤其是天人感应、三纲五常等理论，是反击刘安等人主张黄老思想、维护既得利益的有力工具。刘彻立即给予采纳。董仲舒宣传自然、人、万事万物都要顺应天命观点。引申开来，皇帝是天子，受天命治理天下，天下一切都应该受命于皇帝。将董仲舒的观点延伸到政治，这就太符合刘彻的需要了。

公元前135年，窦太后死，刘彻掌权，于第二年亲自召见董仲舒。董仲舒提出“天人三策”。刘彻非常满意。有理论支撑后，他决心立即推行全面改革。他下令，“罢黜百家，独尊儒术”。罢黜百家，重点罢黜纵横家和黄老之道。于是，经董仲舒丰富后的儒家思想成为社会主流思想，在全天下普及开来。

后来，刘安谋反失败自杀，汉朝以黄老思想为指导的时代彻底结束，以国家主义积极进取的儒家思想从此成为主导。从此以后，汉朝人以忠君爱国戍边为荣，经过一代又一代人将大汉的铮铮风骨展现出来。

4. 华夏文明传播到西域

汉武帝时代是华夏精神重塑时代，独尊儒家，加强皇权和国家主义成为社会主流。张骞全线打通丝绸之路，将华夏儿女的目光引向西域及以外区域，开始形成新的天下观。而刘解忧和冯嫽在西域传播华夏文明，维护汉朝与乌孙等西域国家的关系，为汉朝的崛起和对外友好关系积极做贡献，影响着一代又一代汉人，成为汉朝重要精神力量之一。

刘彻决定与匈奴开战，但没必胜信心，想寻找盟友，夹攻匈奴。匈奴人的宿敌、被赶到遥远西方的大月氏成为他的关注对象。他决定派出使臣，去与大月氏结盟。

在当时，去西域这种未知地方就如同去送死。张骞毛遂自荐出使大月氏。虽然面临着未知的前途，张骞决心不负皇恩，全力以赴去拼搏一下，通过出使西域光宗耀祖，扬名立万，改变全家乃至整个家族的命运。

张骞搜集有关西域资料，挑选西域胡人堂邑父做副手，组建出使西域的团队。团队有100多人，或精通西域少数民族语言，或有穿越沙漠经验，或有草原生活经历，或善于外交，或有识别天气能力，或有高强武艺，等等。

公元前138年，张骞率团队从陇西出发，开始肩负汉朝与大月氏结盟夹攻匈奴战略任务的西域之旅。途中，张骞一行人被匈奴人扣押。几年后，匈奴发生单于之争，被匈奴扣押并已经娶妻生子的张骞趁机逃走，继续西行。

张骞等人坚定信念西行，克服重重困难，跨越了一座又一座孤寂的沙丘，从姑师进入塔里木盆地，再沿天山南麓穿过焉耆、龟兹、疏勒等地到达葱岭。翻过葱岭，他们来到大宛都城贵山城。大宛王盛情招待了他们，并将他们送到康居。康居王热情招待了他们，还派人把他们送到大月氏。但是，大月氏人不愿意重新穿越沙漠与匈奴人作战。

失落的张骞调整心态，利用停留大月氏那段时间，对该国周围情况进行了认真考察，亲自研究该地的地形及风土人情，并将其详细记录下来。

一年后，张骞在返回汉朝归途中，又被匈奴人俘虏并扣留了。不过，卫青、霍去病等一批优秀将领已崛起，汉朝对匈奴战争已经发生战略性转变。公元前126年，张骞等人寻机逃回汉朝。张骞此举没完成任务，但对西域诸国交通情况了如指掌，无意间全线开通了举世闻名的丝绸之路，打通了东西方的商道。

刘彻接见张骞后，坚定了与西域那些国家联合一起对付匈奴的信心，同时启动西南方向的开拓和东北方向的开拓。汉朝统治区域和国家实力从此上了一个新台阶。

张骞出使西域归来，给汉朝军民极大的精神鼓舞。出使异国不再成为恐惧的事，很多人将出使异国当作建功立业的机会，当作为国效力的重要场所。汉使也随后变成令人敬重和荣耀的职位。受张骞鼓舞，此后的汉使自信地将大汉骨气传递到他们所出使的地方。

漠北之战大胜，张骞又一次出使西域，将汉朝战胜匈奴的消息传播过去，同时争取与西域国家结盟，对匈奴形成战略夹攻态势。张骞第二次出使西域没完成任务，但开启了汉朝经营西域之门，西域诸国使者到长安后，西域国家开始与汉朝结盟。西域大国乌孙一改此前的态度，主动对汉朝称臣，迎娶汉朝公主。汉朝和亲公主在西域演绎了令人惊叹的外交传奇。

刘细君是首位到乌孙和亲的公主，没几年就死了。乌孙昆弥又请求汉朝皇帝再赐和亲公主，继续此前友好关系。楚公主刘解忧于公元前102年远嫁乌孙。刘解忧和侍女冯嫽在西域传播汉朝声威，为汉朝经营西域和传播汉文化做出了巨大贡献。

刘解忧长得丰腴健美，英姿飒爽，胆识过人，娇媚中带有英雄气概。侍女冯嫽聪颖好学，识大体。到乌孙后，主仆两人相互安慰支持，积极努力巩固汉乌关系，传播汉朝声威。没几年，她们看遍有关西域的书籍，逐渐了解西域人文历史习俗，适应西域生活。

乌孙昆弥同时娶汉朝公主和匈奴公主，大臣们也分为两派。刘解忧和冯嫽都意识到，她们的命运与汉乌关系的走向息息相关。她们通过自己掌握的知识和情况，一方面在乌孙国内争取昆弥的坚定支持，在大臣中赢得好人缘；另一方面利用一切机会在西域其他国家中传播汉朝声威。

刘解忧和冯嫽逐步经营，变成乌孙具有强大势力的人，不仅挫败乌孙亲匈奴派，维护了汉乌友好关系，还在西域积极经营，赢得了很多国家的信赖。当时，西域有大小30多个国家，除乌孙外，其余各国都在匈奴控制之下。冯嫽以乌孙为根据地，主动出击，秉持汉节，以公主使者名义游说西域诸国对汉朝友好。没多久，她博得西域诸国人爱戴，被尊称为“冯夫人”。天山南部的诸国虽然被迫臣服于匈奴，但对汉朝人都有良好印象。

在匈奴军进攻乌孙期间，冯嫽积极协助乌孙昆弥翁归靡和刘解忧，利用她与西域诸国的关系，说服那些迫于压力站到匈奴一方的西域小国临阵观望，不对匈奴军进行实际性援助。

当时，汉朝新皇帝刘询继位，辅政的霍光积极推动与乌孙联手在西域打击匈奴。公元前72年，汉朝调集大军，摆出一副要与匈奴决战的架势，从战略上支援乌孙抗击匈奴。与此同时，西域校尉常惠也征调西域诸国兵马策应乌孙。翁归靡亲自率骑兵，从西部对匈奴发起反攻，与汉军一起对匈奴形成东西夹击之势。匈奴单于没有率军迎战，下令各部逃走，驱赶牲畜远逃北方。各路汉军如同秋风扫落叶般取得胜利。

此战后，翁归靡在西域的威望激增，成为西域诸国的偶像。那些受匈奴欺负而不敢怒更不敢言的小国家，千方百计地讨好乌孙：丝绸之路南道上的莎车国，在其国王死后，跑到乌孙将乌孙入侍长安的次王子万年请去做国王；丝绸之路北道上的龟兹王绛宾，求着乌孙要做其女婿，最终娶刘解忧长女弟史为王后；东部的车师王乌贵干脆投奔乌孙。

公元前60年，乌孙内部发生争夺昆弥的战争。刘解忧和冯嫽及其支持者被围困在王城赤谷城。西域都护郑吉率领西域诸国兵马赶到赤谷城下。在郑吉的强力支持下，冯嫽出面劝降乌孙叛军首领乌就屠投降。冯嫽亲自去游说乌就屠，给他分析当前形势，陈述利害。乌就屠愿意接受调解。

调解结果是，汉朝册封元贵靡为乌孙大昆弥，乌就屠为乌孙小昆弥，分别授予印绶。乌孙分为大昆弥、小昆弥两部分，明确划定地界，大昆弥是乌孙国王，小昆弥听命于大昆弥，但在自己领地内有自主权。

在他们的积极努力下，乌孙政局很快稳定。汉朝通过与乌孙结盟经营西域的策略得以顺利实施，丝绸之路北道经乌孙的那段，此后百余年保持着一路畅通。汉朝丝绸顺利通过乌孙，运到康居，然后源源不断地运到中亚、西亚以及欧洲去。

张骞、刘解忧、冯嫽等人将华夏文明传播到西域，为汉朝崛起创造了良好的外部环境，创造了彪炳史册的功绩。

5. 皇亲国戚重塑了军魂

“天人三策”解决治国指导思想问题，为改革扫清道路，张骞等人也在积极争取良好的外部环境，但在影响汉朝能否走向富强的诸因素中，能否击败外部强敌匈奴有着至关重要的作用。刘彻不顾传统的阻力提拔的卫青、霍去病等外戚，顺应时代需求走上了历史舞台。

刘彻想击败匈奴，但常年对匈奴作战处于弱势，对战胜匈奴没底气、没信心。民族信心成为最大障碍。而公元前135年6月马邑之围的功败垂成，使汉朝与匈奴之间的和平面纱被掀开，有无战胜匈奴的信心，都必须战。没有退路的刘彻从各种渠道寻求能真正领兵作战的人。最终，历史选择了外戚卫青、霍去病等人。

公元前129年，刘彻策划了一场主动进攻匈奴本土的战争。在战争中，刘彻布局和用人都大胆新奇，没设置主帅，兵分四路，每人带领一路，同时向匈奴人进攻，且没用韩安国、公孙贺、王恢、李息等知名度高的将领，除名将李广外，其他3个年轻人都是亲信：负责训练骑兵的骑郎公孙敖、皇后卫子夫的亲弟弟卫青及其姐夫公孙贺。

刘彻受到“用人唯亲”“重用外戚”的舆论压力相当大。但出乎意料的是，从此树起大汉风骨旗帜、成为汉军精神图腾的，有向任何强敌战略进攻底气的人，不是此前大家认为的名将，而是皇亲国戚卫青。这一仗的结果谈不上丰硕，四路大军，唯独卫青获胜。卫青屠杀匈奴人圣地龙城，是亘古未有之事，给了他们心灵上巨大的震慑。更重要的是，刘彻发现懂马的卫青是对骑兵战术领悟最深刻的人，是他梦寐以求的军事统帅。

卫青脱颖而出让汉朝面目一新——汉军中的“恐匈症”一扫而光，信心大振，此后作战不断获得胜利，接二连三出现抗匈名将。最出名的是卫青的外甥霍去病。这也是刘彻重用外戚获得的巨大成就。

卫青屠杀匈奴龙城后，匈奴军全力反扑。刘彻把最精锐的3万骑兵交给卫青，令他火速赶往雁门郡，去迎战匈奴单于部。卫青意识到肩负重任，决定再次证明自己。他率领汉朝精锐骑兵日夜兼程，以必死决心向匈奴军发起攻击。这一战，卫青打得匈奴军臣单于胆战心惊，不得不率军撤走。

公元前127年正月，匈奴人又发动全线进攻。刘彻令韩安国率部阻击，同时令卫青和李息率5万精锐骑兵，从榆溪旧塞向北进攻，然后向西北方向拐，沿外长城向高阙前进，再折回向南，渡过黄河，然后沿黄河和贺兰山，向陇西方向做一个迂回，实现包围河套及其以南的目的。

这一战，卫青击败匈奴白羊王和楼烦王，全部收复河南故地，取得自汉朝建立以来对匈奴作战前所未有的胜利。这一战扭转了汉朝对匈奴的战略劣势，极大提高了民族自信心。整个华夏族沸腾了，民众奔走相告，热血澎湃，激情高涨，一个个深信汉朝天威远扬，不用害怕匈奴人了！不到长城非好汉，无数热血男儿辞别亲人，离开家乡，奔赴边关，加入攻打匈奴的行列中。

卫青三战三胜，一次比一次胜利大。刘彻信心大振，下令在新占领的地方设置郡县，移民戍边，巩固成果。

匈奴军臣单于数次发起反扑，但均以失利告终，最终含恨而死。匈奴新单于伊稚斜继续与汉朝死磕，双方战争连年不断。刘彻有庞大经济实力做支撑，有卫青这张王牌，不仅从容应战，而且时不时发起进攻战。

公元前124年，卫青率领汉军精锐偷袭匈奴右贤王部。游击将军卫尉苏建、强弩将军左内史李沮、骑将军太仆公孙贺、轻车将军代相李蔡以及李息和张次公，各自带着本部人马，加上卫青本部的3万精锐骑兵，共计10余万人，分数路进攻匈奴。卫青部大败匈奴右贤王部，捕获匈奴男女15000余人，包括右贤王下属裨王10余人。

伊稚斜单于非常震惊，又派匈奴骑兵反扑。刘彻不再单纯应战，你打你的，我打我的，于公元前123年春令大将军卫青率领大军直捣匈奴单于庭。伊稚斜率领匈奴主力与卫青率领的3万精锐骑兵相遇。主力对主力，精锐对精锐，两军狭路相逢，展开恶战。

这一战，卫青“围点打援”，先拖住匈奴单于主力，集中精力击败匈奴援军左贤王部，获得大胜。汉军杀死和俘获共计超过19000人。汉朝有意外收获——仅18岁的霍去病率领800精锐骑兵，作为偏师，长驱直入匈奴后方数百里，一连斩杀2028人，捕获匈奴相国、当户等数十名高官，给匈奴人极大的震慑。

刘彻发现霍去病这种天才将领，非常高兴，封霍去病为冠军将军。在接下来的战争中，刘彻又大胆重用霍去病，让其进一步大放异彩。

公元前121年春季，霍去病率军千里突袭，长驱直入匈奴境内千余里，大败匈奴浑邪王部和休屠王部，并挥师追击匈奴残部，一直到敦煌才班师回朝，让匈奴人切身体验了风声鹤唳的恐惧。同年夏季，霍去病等人再次发起进攻，不仅大败匈奴，还率军向西攻打诸羌部落，一举打通了河西走廊。

这年，卫青没出战，小将霍去病统率大军能接连战略进攻匈奴获胜，足以证明与卫青齐肩的匈奴人克星横空出世了。汉朝有卫青、霍去病两个战神级将领，给了匈奴人以及其他部族极大的心理压力。匈奴浑邪部和休屠部投降了汉朝。乌桓王率部趁匈奴左贤王被击败，脱离匈奴，归顺汉朝。多次被重击的匈奴主力不得不退到漠北苦寒之地。

刘彻并没给匈奴喘息机会，又于公元前119年春策划了漠北之战。漠北之战不仅规模巨大，而且同时动用“汉军两个王牌”——卫青和霍去病。卫青和霍去病分别统领左、右两路大军，每路各5万精锐骑兵，深入漠北，远程战略性攻击匈奴。

卫青率部迅速向匈奴境内推进了千余里，直逼伊稚斜单于率匈奴主力决战。经过一番血战，卫青部击溃匈奴主力，斩杀19000多人。伊稚斜单于率领极少数轻骑兵逃走。

霍去病率领另一路大军战绩更出色。霍去病率军不带辎重，轻装前进，在匈奴境内横扫2000余里后，找到了左贤王部。双方展开激战，霍去病大败匈奴左贤王，穷追不舍，越过鸡侯山，渡弓庐水，到达狼居胥山。

汉军取得史无前例的重大胜利。匈奴损失了近10万精锐骑兵，平民成群结队地投降汉朝，牛羊马的损失不计其数。左贤王部几被全歼。匈奴势力全面退出漠南，跑到漠北苦寒之地躲避。

卫青和霍去病脱颖而出，以实际行动扭转了汉军被动局面，成功塑造了大汉风骨，使华夏民族信心空前振奋起来。当然，成功重用卫青、霍去病导致刘彻在用人方面偏向皇亲国戚，后期重用李广利，致使汉朝国力被严重耗费。

6. 麒麟阁藏着治国智慧

汉武帝刘彻为富国强兵，完成抗击匈奴的伟大事业，用人不拘传统。“举贤不避亲”“用贤不避仇”，重用外戚卫青、霍去病更是神来之笔，改变了汉军精神面貌。刘彻一生致力于抗击匈奴，但始终未降伏匈奴，临死前将未竟事业交给了外戚霍去病的弟弟霍光。霍光忠心报国，成为汉朝数十年的定海神针，顺利完成汉武帝的未竟事业。

公元前82年，刘彻死，他年仅8岁的小儿子刘弗陵继位，由霍光、上官桀、桑弘羊共同辅政。霍光尽心尽职，辅佐几位皇帝完成刘彻的未竟事业，将汉朝带到顶峰时代。霍光是霍去病同父异母的弟弟。霍去病二十几岁就病死了。刘彻非常优待他的亲属。而霍光又才干突出，办事尽心尽力，有霍去病某些特质。刘彻下令霍光辅政，有“内安朝政，外慑匈奴”的意味。

霍光确实非平凡之辈。在其辅政后，上官桀联合桑弘羊，企图另外册立皇帝，被挫败。此后几十年，霍光成为汉朝实际决策者。刘弗陵年幼，完全信任霍光。霍光独揽大权，继承汉武帝后期“外防御匈奴，内与民生息”的政策。在内政方面，霍光多次推动大赦天下，鼓励农业生产，使汉朝经济迅速得到恢复；在对外方面，霍光主张恢复和亲，不主动向匈奴进攻，以积蓄汉朝实力为首要目标。

不过，霍光大权独揽也是艰难的。公元前74年，刘弗陵病死时没儿子，霍光拥立刘弗陵侄子辈中的昌邑王刘贺继位。刘贺继位不到30天，做了1100多件荒唐事。霍光感到异常痛苦。他以大局为重，顶着千古骂名的压力，报请皇太后，废掉了淫乱无道的刘贺，改立前太子刘据的孙子刘病己。刘病己后改名刘询。

刘询当时已经成年了，霍光按照传统礼制，将执政权交给他。刘询曾长期流落民间，虽然已经成年，但在朝廷中没根基、没人脉，更没执政经验，暂时无法独当一面，便挽留霍光继续摄政，并下令朝廷所有事都先经霍光过问，再禀报皇帝。霍光只好尽心尽力，继续摄政。当然，对帝王来说，大权旁落无疑十分令人焦虑痛苦。刘询与霍光常常同坐在一辆马车里，以示君臣亲密无间，但常有"芒刺在背"的感觉。不过，令刘询更难受的是霍光的家人。霍光家人任性跋扈，甚至做出一些逼迫皇帝的举动。刘询是遗腹子，还没出生，他父亲已死，母亲下狱，他是在监狱中出生长大的。在称帝前，刘询依靠许广汉家族生活，娶了许广汉的女儿许平君。称帝后，群臣请求册立霍光女儿霍成君为皇后，但刘询认为做人不能忘本，坚持册立许平君为皇后。霍光同意了。刘询想依例给许广汉封侯。因许广汉曾受过宫刑，霍光坚决反对给没资格封侯的许广汉封侯。刘询只好作罢。君臣之间有了些隔阂，但相互各让一步，还算克制。

霍光妻子霍显不达目的不罢休，为实现目的不择手段。她不满霍成君没被封皇后。后来，皇后许平君怀孕了，霍显竟然买通医女淳于衍，将孕妇许皇后毒死。许皇后死了，刘询非常愤怒，下令逮捕淳于衍，让霍光审理此事。淳于衍全部供出了内情。霍光见霍显做的事实在过分，也想追究和惩罚她，但最终碍于夫妻情分和涉及自身利益，替她掩盖了过去。事后，霍成君被册立为新皇后。霍家的权势更显赫了。当然，刘询也更压抑。

公元前68年，霍光病死。刘询心里的一块石头落地，念及霍光摄政劳苦功高，他亲自到场治丧。不仅如此，他还让霍光的侄孙霍山负责总揽朝政，以保障霍家的权势和声望。刘询五天上朝听事一次，其余朝中诸事都由霍山处理。霍山缺乏威望，能处理好政事更好，不能处理好将其撤职，甚至趁机惩罚其家族，也是名正言顺的。刘询此举无疑是高明的。

霍显不懂得珍惜皇恩，不仅目无法纪私自扩大霍光墓的规格，还纵容霍家子弟无法无天，甚至鼓动霍家子弟谋反，让霍山取代刘询当皇帝。霍显等人谋反事败，霍家被满门抄斩。霍成君的皇后位被废，于几年后自杀。霍光几十年摄政为霍家积累的声威，就因为霍显的贪婪任性，毁于一旦，还落得灭门下场。

除掉霍家集团后，刘询大权独揽，但如何对待已死的霍光，关系到政局稳定，甚至汉朝政治走向。朝野与霍家有利益关系的官僚非常多。更重要的是，霍光执行的是武帝遗留的政策，且建立的功勋举世公认——霍光辅佐了三个皇帝，他没有私念，正确而坚决地执行了武帝遗诏的基本精神，引领汉朝走向中兴，对社会进步和国家复兴做出了历史性贡献。

在关键时刻，刘询的政治智慧显现出来了。刘询忌恨霍家人，畏惧霍光，但对霍光辅政期间的忠诚和功劳十分认同。霍家人谋反被灭族后，霍光的声誉和待遇没有受到丝毫影响，并未发生人们所担心的废除爵名甚至开棺鞭尸。

公元前51年，匈奴归降，汉武帝刘彻终生为之奋斗的梦想最终实现。刘询非常高兴，在回忆往昔有功之臣时，决定与他们同享这一历史性的成就，下令将他在位期间11位功勋卓著的大臣画像，挂在麒麟阁供人瞻仰，以示表彰。被表彰的人，有活着的，也有死去的。刘询下令将霍光画像挂在第一位，其他人画像按功绩大小排列——张安世、韩增、赵充国、魏相、丙吉、杜延年、刘德、梁丘贺、萧望之、苏武。

从历史角度看，这个名单上功臣的功勋差距非常大，霍光鹤立鸡群，不仅是对霍光功劳最大的肯定，也是皇帝对功臣的特殊嘉奖。此举让刘询的政治智慧得到彰显，稳定了政局，为他赢得了好名声，还被后世的汉光武帝和唐太宗所效仿。

7. 扬眉吐气的一次和亲

汉武帝刘彻耗费半个世纪解除匈奴的威胁，终于在刘询执政期间取得彻底性胜利。刘询虽然少年不幸，登基前期也一直是傀儡，但是他有幸创造汉朝中兴，成为汉朝最强盛时期的帝王。刘询儿子刘奭当皇帝时，彻底改变和亲方式，用宫女外嫁和亲，则将汉朝声望推向顶峰。

白登山作战失利，汉朝被迫与匈奴和亲。这种和亲带有一定屈辱性质——要给和亲公主众多嫁妆、大量赏赐，而匈奴女婿并不尊重老丈人，时不时入侵中原，甚至一度蛮横到要辨别和亲公主真假。汉朝与乌孙和亲，也带有明显的拉拢性质。而刘奭时期的与匈奴和亲，完全变成汉朝对匈奴带有赏赐性质的和平政策。

刘询在位时，汉朝国力又强势起来。匈奴却由于内讧越来越衰落，最终出现几个单于并立的局面。呼韩邪单于被他哥哥郅支单于打得大败，率部投降汉朝，并到长安朝拜皇帝。刘询采取支持呼韩邪的策略，代替先祖们实现了“让匈奴单于跪拜”的夙愿。呼韩邪多次请求和亲，娶汉朝公主，但刘询没答应。

公元前33年，呼韩邪再次到长安，朝拜汉朝新皇帝刘奭，再次提出要做汉朝的女婿。当时，刘奭年轻，自然没女儿可嫁给呼韩邪。至于宗室女，他也不想让其嫁给年龄那么大的呼韩邪，便提出选一个宫女，册封为公主，嫁过去。呼韩邪欢天喜地答应了。

宫女们听说皇帝要选一个人册封为公主，嫁给南匈奴呼韩邪单于，都不愿意，唯恐选到自己。一个叫王昭君的宫女美丽而有见识，认为外嫁呼韩邪是为国效劳，是为民族和平做贡献，主动请求出嫁呼韩邪。

管事大臣上报刘奭后，刘奭下令在长安为王昭君和呼韩邪举行婚礼。刘奭召见王昭君时，才发现她美貌绝色，有点后悔将其嫁给呼韩邪，但诏书已经下了，反悔会影响两国关系，只好忍痛割爱。事后，他将怒气撒到宫廷画师身上，下令彻查严办。

原来，刘奭没时间和精力一一召见各位宫女，令画师给她们画像，交给他。看到画像后，他对谁感兴趣就召幸谁。有些宫女贿赂画师，请求将她画得更迷人些。这样，皇帝召幸的机会就更多些。王昭君不愿意贿赂画师，画师在画像时有意将她的眼睛画得没精打采的。因此，刘奭没关注到她。这件事被查后，画师被判弃尸罪。

王昭君被封为宁胡阏氏，积极为双方和平友好努力。受其影响，她女儿须卜居次、云当居次，外孙大且渠奢，都积极推动汉匈和平友好。王昭君出塞后六十年间，边境上戍守的将士都裁撤了，到处都有牛马羊，看不到烽火，看不到战争。汉朝货真价实享受着天朝上国待遇。

王昭君出塞反映了汉朝的强盛，以及当时百姓热爱和平为国争光的精神面貌。她是普通民众为国效劳、为国争光的杰出典型。

8.好心办坏事的社会改革

刘奭在位时，王昭君出塞是盛世的侧面反映，但汉朝从这个时期就开始转衰。几十年后，王昭君出塞争取来的和平最终因王莽改制、匈奴反汉而结束。而王莽改制跟刘奭的皇后王政君有脱不了的关系。

刘奭死后，王政君以皇太后身份临朝听政。王氏家族势力迅速坐大。刘奭后几任皇帝寿命都不算太长，但王政君活了80多岁，身居后位61年，皇后、皇太后、太皇太后都当过，并还长期掌控朝政。王政君一生倾心倾力保汉朝江山，但讽刺的是，汉朝江山在她手中被她最信任的娘家侄子王莽给篡夺了。

王莽是个传奇人物，不仅成功将自己打造成道德模范，建新代汉，还进行了轰轰烈烈的带有理想主义的改革，在占绝对优势的情况下传奇般地一败涂地。在强大汉朝的终结与重建中，他成为不可回避的人物。

当时，王氏家族权倾朝野，9个人封侯，5个人先后担任大司马，担任将军的就更多。王氏家族的其他将军列侯追求声色犬马，互相攀比，唯独王莽是个另类。王莽父亲死得早，王莽身为皇太后侄子有条件奢侈却不屑，而是一个人独守清净，生活俭朴，为人谦虚，行为检点，一切为人处事，都按照道德楷模标准进行。

王莽获得全国上下一致称赞甚至崇拜。他伯父王凤是大司马，临死前特别委托皇太后要照顾好他；他叔父王商上书请求把自己封地分给他；朝廷中知名人士说他是几百年才出一个的人才；皇帝刘骜也非常器重他，给他高官厚禄。他身居高位，从不以自己为尊贵，而是礼贤下士，清廉俭朴，常常把俸禄分给他人，甚至还一度卖掉自己坐的马车去救济穷人。

王莽成为道德模范，但那一切都是装的。大司马王根准备退休时，深得刘骜信任的善于阿谀奉承的淳于长四处活动，谋求继任大司马。王莽想继任大司马，就秘密收集淳于长的罪证，借助探望王根的机会，将淳于长的事添油加醋告诉了王根。王根得知此消息，深信不疑，立即报告皇太后。结果，淳于长被查下狱。

公元前8年，王莽接任大司马，继续克制自己一言一行，招聘贤良人才，将所受赏赐和封邑税赋用来招待名士，而自己生活依然极其俭朴。第二年，刘骜死了，刘欣继位。傅太后与丁皇后的家族得势。王莽以退为进，隐居封地，闭门不出，安分谨慎，继续修炼道德。许多官吏和百姓都为王莽鸣不平，请求皇帝刘欣征召王莽回朝。刘欣只好将王莽征召回朝。

刘欣寿命也不长，于公元前1年死去，没留下子嗣。王政君趁机夺回传国玉玺，下诏让大臣们推选一个大司马。王莽被选为大司马。他拥立刘珩为皇帝，总揽朝政大事。此后，王莽野心逐步暴露，设计逼叔父王立辞官，提拔依附顺从的人，诛灭触犯怨恨他的人，还逼胆小怕事的名儒大司徒孔光为他宣传造势。不到一年时间，王莽心腹遍布朝野，被朝野请愿封为安汉公。而他的党羽不断上表歌颂他的功德，鼓吹他与古代圣人齐肩。

王莽打击皇帝刘珩母亲娘家卫氏家族，遭到长子王宇反对。王莽将王宇逮捕并毒死，借机诬陷诛杀卫氏家族，牵连地方反对自己的豪强，逼杀梁王刘立等朝中政敌，还令人宣传安汉公“大义灭亲，公而忘私”。

公元4年，王莽奏请给天下读书人优厚待遇，获得朝野拥护。诸侯王宗室以及40万民众请求嘉赏王莽，公卿大臣请求为王莽加九锡。王莽成为天下人心目中“修身治国平天下”的圣贤。

公元6年，刘珩病死，2岁的刘婴继位，王莽继续摄政。在群臣请愿下，太皇太后王政君授权王莽称假皇帝，代理皇帝管理朝政。一些皇族宗室不满，但遭到血腥镇压。随后，王莽又授意人宣传禅位。

公元8年，王莽逼王政君交出玉玺时，王政君这才意识到被他欺骗，悲愤之余，摔破玉玺。但这一代价巨大的愤怒阻挡不了王莽称帝。

王莽称帝后，按照自己的理想进行了一系列改革措施。不过，这些充满理想的措施并未从根本上解决社会问题。而他在民族政策上的失误导致匈奴叛变，边患再起。军队长期征战，导致国内各种矛盾激化，反莽浪潮此起彼伏。王莽始料未及，束手无策。

不仅反莽起义遍布天下，旱灾、蝗灾、瘟疫、黄河决堤等灾害相继出现，天下动荡激烈。越来越多人认为，王莽欺骗了他们，建新代汉给他们带来灾祸，导致赤眉军、黄巾军等反莽武装崛起。公元23年5月，王莽军42万人与绿林军在昆阳大战，被汉朝宗室刘秀率领的不足两万人的军队一举击败。

随后，绿林军进入长安，王莽不敌，率领公卿大臣突围时被杀。新朝就此灭亡。王莽先是道德模范，再是权臣，然后是开国皇帝、理想主义改革者，到最后身首异处，一生复杂而备受争议。但是，有一点可以肯定的是，他对汉朝历史产生了深远影响。

9.他是自古中兴之表率

王莽建新代汉，不仅没解决原有社会矛盾，还导致天下战火四起。天下反莽大军涌现后，王莽束手无策，最终被杀。王莽被杀，南阳起兵的汉朝宗亲刘秀歼灭群雄，重新统一天下，再建强大的汉朝。

刘秀是长沙王刘发后裔。因遵循推恩令，刘秀祖上爵位递减，到刘秀父亲刘钦时，只当了济阳县令。刘秀9岁那年，刘钦死去，刘秀兄弟姐妹随叔叔刘良一起生活。

王莽建新代汉，社会矛盾被激化，赤眉军、绿林军等各路义军涌起，各地豪强纷纷武装起来倒莽，海内分崩，天下大乱。刘秀等人于公元22年10月在南阳宛城打着“复高祖之业，定万世之秋”的旗号起兵，率军到春陵，与哥哥刘演一帮人会合，称春陵军。

春陵军刚开始人少装备差，战斗力也非常弱。刘秀骑牛率军作战，在获得几次小胜利后才有马骑。刘秀充分发挥才干，与新市、平林、下江三支绿林军联合，接连挫败新莽军几次围剿，才逐渐壮大起来。

公元23年，绿林军立刘玄当皇帝，即更始帝。被人捷足先登了，刘演和刘秀对此不满，但囿于实力，不得不分别接受更始帝封的大司徒和偏将军职位。更始帝也打着复兴汉朝旗号。王莽派王邑和王寻率42万精兵去镇压更始帝等人。当时，昆阳是进攻重点之一，守军只有9000人。众恐不敌，准备撤回荆州。刘秀认为，集中兵力还有取胜的可能，分散了兵力连活命都很难，就积极游说各位将领一定要坚守昆阳。之后，刘秀亲自率13个骑兵，趁夜色冲出昆阳城，去寻求救兵。王邑自恃兵力强大，派兵轮流向昆阳发起进攻。昆阳守军拼命抵抗。双方在昆阳城僵持起来。

刘秀率领定陵等地的救兵17000余人，趁机在外围猛攻，打得新莽军措手不及。昆阳守军见援军到来，主动从城里发起攻击。新莽军在绿林军里外夹攻之下惨败。这一战，刘秀令人刮目相看。趁着昆阳大战余威，绿林军迅速攻下长安，消灭王莽。

刘秀在昆阳大战以及消灭王莽过程中居功至伟，但他在攻城略地途中却得知哥哥刘演被杀的消息。刘秀强忍悲伤，益发谦逊，迅速赶回宛城，向更始帝谢罪，丝毫不言昆阳大捷之功，表示哥哥犯上他有过错，请求宽恕。更始帝见刘秀如此谦恭，也想将此事化了，顺势安抚他，宽恕他，封他为武信侯。不久，刘秀娶新野豪门千金阴丽华，有了自己的依靠势力。

功高震主，刘秀心里清楚更始帝最终容不下他。当时，黄河以北各州郡、各路起义军、各路诸侯势力并未归顺更始帝。刘秀通过刘赐去劝说更始帝要尽快平定河北诸州郡。更始帝想派刘秀去招抚河北诸州郡，但遭到大臣朱鲔、李铁等人反对。冯异劝刘秀去巴结左丞相曹竟，让他从中说合。更始帝给刘秀一个大司马的空衔，让他去河北招抚各州郡归顺自己。

挚友邓禹偷偷渡过黄河，追上刘秀，说更始帝必败，天下之乱才刚开始，劝他召集和笼络天下的英雄人物，收揽民心，然后领导大家一起恢复汉朝，拯救身处战乱中的百姓。如果做事以百姓根本利益为出发点，那么就不愁统一不了天下。刘秀采纳了，便在河北立足经营。他赢得了河北少年英雄耿弇支持，也争取到真定王刘杨支持。

刘秀在河北的势力日益壮大。更始帝封刘秀为萧王，令他交出军权，回长安。同时，他让心腹谢躬做幽州牧，接管幽州兵马，负责监视刘秀一举一动。刘秀以没完成交代的任务为由，拒不受命，并授意吴汉杀死谢躬、韦顺、蔡充等更始帝的亲信，收编他们的军队。

刘秀从底层崛起，对起义军没仇恨没偏见，在河北镇压各路义军时恩威并用，往往是“先将其击败，再将其收编”。铜马义军数十万兵马投到刘秀旗下。刘秀将其整编，提升军队战斗力，然后于公元25年6月，在河北鄗城称帝，以汉为国号，建元建武，定都洛阳。从此，刘秀致力于恢复汉朝统一和强大。

当时，赤眉军势力也比较大。赤眉军拥立刘盆子为皇帝，拥有30万军队，进逼关中，企图夺取长安。更始帝几次派军与赤眉军大战，几次失败，被迫向赤眉军请降。刘秀派邓禹率军进入关中，寻机消灭赤眉军。

赤眉军在长安没待多久，因军粮供给不上，被迫撤出，被陇右军阀隗嚣击败。赤眉军残部十余万人返回长安，迫使趁机占领长安的邓禹退出。邓禹作战不利，刘秀便派冯异率军前往关中，去帮助邓禹。冯异率部进入关中，与赤眉军数次交战，先败后胜，最终在崤底之战击败赤眉军主力。赤眉军残部南撤时，赶来援助的刘秀又以逸待劳，将其包围。几十万赤眉军走投无路，放下武器投降了。刘秀势力进一步加强，奠定了统一天下的基本实力。

公元26年，刘秀先后派盖延、耿弇分别平定割据睢阳的刘永和青州的张步，并亲征海西王董宪。到公元30年，刘秀基本统一中原，与陇右隗嚣、巴蜀公孙述形成鼎足之势。后来，耿弇等7位将军率军攻打隗嚣。双方苦战两年后，隗嚣战败而死，其子隗纯率余部投降。随后，汉军南北两路攻击公孙述。到公元35年，吴汉率军与公孙述决战。公孙述战败，受伤而死，余部投降。刘秀登基12年后，再次统一天下，重建汉朝。

从王莽建新代汉，到刘秀重新统一天下，天下乱了20多年，刘秀决定将恢复和发展经济当作核心任务。公元51年，臧宫和马武上书，请求趁匈奴分裂、北匈奴衰弱机会，发兵消灭北匈奴。刘秀回复说：“如今国内治理还没完美，灾难不时发生，百姓生活都没保障，还想什么边远的事情呢？不如让百姓安定下来，省省民力！”刘秀全身心搞国内政治经济改革，鼓励农业生产，鼓励人口生殖，抑制豪强门阀，精简政府机构，整顿官场风气，并仿照麒麟阁的11个功臣，设置云台28将，激励功臣们珍惜声誉。经过十几年努力，刘秀成功恢复汉朝，实现了中兴，成为历史中兴之主的典范。

刘秀中兴汉朝，令后世高度称颂，获得极高声誉，甚至有人认为“自古中兴之盛，无出于光武矣”，将他列为齐家治国平天下的榜样。

10. 这个盛世是历史分水岭

刘秀死后，刘庄继位。刘庄及其儿子刘炟治理汉朝期间，汉朝势力又达到另一个高峰——明章之治。明章之治是刘庄父子“一严一宽”治理的结果。

刘庄继位后，继承父志，采取与民休息的开明政策，鼓励农业生产，兴修水利工程，整顿吏治，严惩违法乱纪的世族门阀、皇亲国戚，对外采取积极进取政策。

刘秀重建汉朝，世族大家是其重要依靠。世族大家又是容易腐化的阶层。随着汉朝稳定，一些世族大家子弟，开始作威作福，危害社会安定。为巩固统治，刘庄严厉对待依仗权势、作威作福的外戚、大臣。例如，大司空窦融的侄子窦林，既是功臣子弟，又是外戚勋贵，还担任护羌校尉。他家有一公、两侯、三公主，权势非常显赫。但是，窦林犯罪后，刘庄判处他死刑，还下诏责罚窦融管教子弟不严，将其罢官。一时间，群臣肃然，再也没人敢违法乱纪了。

刘庄也严格考察地方官吏。他慎重选举官吏，并于公元66年正式宣布地方官吏考察黜陟制度，规定每年要进行一次考核。至于权门的请托，刘庄严令杜绝任用。

王莽篡汉破坏了汉朝的制度和礼仪。刘秀死时，前来奔丧的诸王及大臣毫无法度，根本不把新皇帝刘庄放在眼里。太尉赵熹举止威仪，秉性刚直、执法如山。刘庄任命他主持丧事，负责引导诸王、大臣遵守规章制度。赵熹不负重托，不畏强暴，最终协助刘庄重建了严格的内廷制度和宫卫制度，使朝廷秩序逐步安定下来。

刘庄是老四，继承大统，有些兄弟不服气。山阳王刘荆写信劝原太子东海王刘疆举兵造反。刘疆胆小怕事，派人将信件原本送给刘庄。刘庄假装什么都不知道，对刘疆更关心体贴。此外，他任命邓禹为太傅，东平王刘苍为骠骑将军，赵熹继续任太尉，使宗室、功臣、官僚集团三方势力处在相对平衡状态。

等政权稳定后，刘庄严厉镇压反对派，强化专制统治。诸王中有人对刘庄当皇帝不服，他便从诸王开刀，镇压反对他的人。公元70年，楚王刘英等人打着信奉佛教的旗号，制造舆论和流言，准备造反。事情被告发后，刘英被削夺爵位，不久自杀。

刘庄在政务方面大小事都要过问。有一次，刘庄赐10匹丝绸给西域使者，尚书郎记录为100匹。此事被刘庄查出来。刘庄令人按住尚书郎，亲自手拿大棒狠狠地打。尚书令带领整个部门的官员前来叩首求情，刘庄的怒气才渐渐平息。这件事后，朝廷上下一时间纲纪整肃，大小官员处理政务都小心翼翼，唯恐出差错被惩罚。

刘庄在位时，社会安定，国力恢复，面对周边游牧民族侵扰，他也一改隐忍防守政策，采取积极进攻战略。公元65年，北匈奴军入侵河西。公元72年，北匈奴军又侵犯河西，并胁迫西域诸国一起侵略汉朝。北匈奴势力猖狂侵扰，激发了朝野的愤怒。大臣耿秉上书请求攻打北匈奴，“以战去战”，认为打败了北匈奴，就安定了北方边境。

刘庄决定反击北匈奴，派窦固和耿秉事先到凉州做准备。公元73年，刘庄命令窦固等将领率军，同南匈奴、乌桓、鲜卑等军一起攻打北匈奴。这一战，窦固率军在天山击败匈奴呼衍王部，追至蒲类海，占据伊吾卢城。

为了分化北匈奴与西域诸国的结盟，窦固命令班超和郭恂率队出使西域。班超和郭恂率领36人出使西域，分化了北匈奴与西域诸国的结盟，为汉朝争取了西域盟国，并打开了汉朝再次经营西域的大门，使得西域再次成为汉朝的一部分，为彻底消灭北匈奴奠定了基础。

刘庄虽然治国苛严，但非常重视教育和文化事业，而且态度比较宽容。他崇尚儒学，倡导“以孝治天下”，于是命令皇太子、诸侯王及大臣子弟、功臣子弟，都要读儒家经典，尤其是《孝经》。不仅如此，他还为樊氏、郭氏、阴氏、马氏等外戚的子弟立专门学校，请老师传道授业。此外，刘庄与东平王刘苍反复讨论，制定祭祀天地和祖先仪式，按等级建立一套天子、王侯、百官的车服制度，将“以孝治天下”植入制度中。

刘庄不排斥佛教，派蔡愔西往天竺，求取佛经。蔡愔取回经书后，他令人在洛阳城中建造白马寺，用来储藏佛经，向信众讲授佛教知识。

刘庄病死后，刘炟继位。刘炟为人仁厚宽容，好儒学，即位后励精图治，光大祖业。他在位期间，汉朝社会经济和思想文化都进一步发展。但他一改前任的“苛切”政治，实行“仁政”“宽政”，而且对外戚过于宽容，一改前两任皇帝严禁外戚和宦官参与朝政政策，重用外戚，优待宦官。从此，外戚和宦官登上政治舞台。汉朝开明政治不再，日益变得腐败、黑暗，从此由盛世走向衰退。

还有一点是，刘炟面对焉耆、龟兹、车师等联合北匈奴进攻汉朝西域驻军时，基于财力、人力考量，决定放弃西域，诏令滞留西域的汉朝人回国。不过，经过班超努力争取，西域各国愿意与汉朝友好，保持了汉朝在西域的军事存在。

种种迹象说明，刘炟虽然仁慈，延续了盛世，但他的战略短视，导致其后再无盛世出现，朝政趋向紊乱。土地兼并严重、吏治败坏、外戚干政、宦官擅权等，严重消耗着汉朝的国力。

11. 血性男儿志在远方

重建的汉朝少有才能特别突出的皇帝，却有不少影响时代的臣民。这些人发挥才干，不仅在当时形成巨大影响力，还影响了历史发展方向。班超、耿秉、耿恭等人，都是对汉朝历史走向产生深远影响的人。

班超志向远大，衣着方面不修边幅，但他内心孝敬恭谨，审察事理，又学识渊博，口才非常好。年轻时，他从事抄写文书工作，不甘心，常感叹大丈夫就应该学傅介子和张骞封侯晋爵。旁人笑他痴人说梦，他却在默默寻找实现梦想的机会。

王莽撤销西域都护府后，北匈奴逐渐控制西域诸国，实力大增，屡次进犯汉朝。公元73年，窦固率兵攻打北匈奴，班超随从北征，显示了才干，获得了赏识。窦固想了解西域，同时分化北匈奴与西域诸国联盟，派班超一行36人出使西域。

班超一到西域就如龙入海。班超等36人到鄯善时，北匈奴使者也到了。鄯善王犹豫不决，对班超等人态度发生巨大变化。班超认为“不入虎穴，焉得虎子”，一起果断采取行动，趁夜用火进攻北匈奴使者，消灭他们，威慑鄯善王归顺汉朝。

班超完成使命后，回中原向窦固汇报情况。窦固非常高兴，很欣赏班超，派他再次出使西域于阗国。

班超再次率36人来到于阗。于阗王广德对班超等人不友好。于阗巫师亲匈奴，怂恿于阗王要班超的马。班超将计就计，杀掉巫师，把巫师的首级送还于阗王。于阗王广德主动下令杀死北匈奴使者，表示愿意重新归附汉朝。班超成功镇抚于阗。西域各国得知此消息，都派出王子到洛阳做人质。

公元74年，班超率军进攻疏勒。班超等人在离疏勒王兜题居住的架橐城90里的地方停下来，派部下田虑去招降疏勒王兜题。田虑只身来见兜题。兜题见只有田虑一个人来劝他投降，心里发出冷笑。田虑趁其不备，劫持了他，迅速来到班超驻地。班超率领部下赶往架橐城，召集疏勒文武官员，宣布撤掉兜题王位，重新册立新国王。

班超等人凭借智勇，恢复了汉朝与鄯善、于阗、疏勒等国的友好关系。

公元76年，刘炟即位，时逢西域都护陈睦被害，他担心班超在万里之外难以独立支持，诏令班超放弃经营，立即回国。于阗父老苦苦挽留班超，班超也想完成立功异域的宏愿，就毅然决定不回汉朝，重返疏勒，率军镇压叛乱。他率军直接消灭尉头国。疏勒也再次安定下来。

公元80年，班超上书分析西域的形势，讲述自己处境，提出平定西域的策略。刘炟同意，并派徐干率1000人去增援。

公元84年，班超率汉朝与疏勒、于阗的联军，一起进攻莎车。疏勒王忠叛变。康居国派兵帮助忠。班超镇压忠叛乱不利。他派人贿赂月氏王，请月氏王劝康居王退兵。康居王撤退时，也带走了忠。过了两年，忠又假投降汉朝。班超将计就计，设宴款待，杀死了他。

公元87年，班超率领2万多联军攻打莎车。龟兹王联合温宿、姑墨、尉头等国共5万人，去救援莎车。一场西域国际大战爆发。班超利用离间计，骗龟兹王调开主力军，趁机直扑莎车大本营。莎车投降，龟兹撤军。

月氏王提出要娶汉朝公主，被班超拒绝后，怀恨在心。

公元90年，大月氏副王谢率军7万报复班超。班超下令坚壁清野，固守城内，然后派少部分人埋伏在通往龟兹途中，击杀大月氏向龟兹求援的使者。班超派人将截获的物品和信件送还大月氏副王谢。大月氏副王谢进退两难，派人向班超赔礼道歉。班超将他们放回国。大月氏非常震惊，与汉朝恢复了友好关系。

班超在西域屡战屡胜。龟兹、姑墨、温宿等国后来也陆续归顺。公元91年，西域都护府再次成立，班超为都护，徐干为长史。汉朝侍子白霸被封为龟兹王，司马姚光护送他回国。班超率军驻在它乾城。因曾杀西域都护陈睦，焉耆、危须、尉犁心怀恐惧，没有投降汉朝，其余各国都归顺了。

公元94年秋，班超率联军先后征服焉耆、危须、尉犁。西域50多个国家都归附了。班超立功异域的理想彻底实现。第二年，班超晋封定远侯，坐镇西域，负责都护西域50多国。在他都护下，各国实现完全和平共处，各地交通畅通，一度中断的丝绸之路再次全线畅通。

班超不畏艰险，不远万里，为国建立功劳的精神，激励着一代又一代的人。同时代，耿秉也积极进军降伏车师前王和后王，两人在西域一南一北，展现着大汉雄风。在他们带领下，很多仁人志士都有收复西域诸国建功立业的强烈愿望，并愿意为之拼命。而与班超同时经营西域的戊己校尉耿恭和关宠，面对北匈奴数万精兵围攻，在断粮陷入困境数月，仍然拒绝匈奴招降，坚守城池。最终，这支守军只有13人活着回玉门关内。他们感动了汉朝朝野。刘炟破格接待他们，给他们赏赐。

班超、耿秉、耿恭等人的精神至今令人感动，是汉朝再次崛起的原动力，永远值得历史铭记。

12. 抑制外戚的皇太后

汉朝外戚，既有建立不世之功的，也有祸乱朝政的，甚至有灭亡朝廷的，因而重建汉朝初期特别注重管制外戚。无论是重建汉朝的刘秀，还是继任者刘庄，对外戚、世族大家、宦官都管制得比较严格。外戚没有干政机会和空间。

刘炟登基，外戚和宦官逐渐成为朝廷内的主要政治势力。不过，此时离前朝之鉴并不遥远，外戚和宦官也表现得比较节制。刘炟死后，刘肇继位，窦太后临朝称制，窦宪、窦笃、窦景、窦环等人出任朝廷要职，外戚势力开始威胁到皇权。

后来，刘肇依靠宦官消灭窦氏集团。他亲理政事后，每天都临朝听政，到深夜还批阅奏章，非常勤奋。他还多次赈济灾民、减免赋税、安置流民等，多次招纳贤才，主张宽刑，并在西域复置西域都护。

刘肇在历史上受人尊敬，但更受人尊敬的是他的皇后邓绥。因为，虽然邓绥当皇太后时临朝称制，但依旧严格要求外戚，为汉朝进一步繁荣发展做出了巨大贡献。

邓绥是邓禹的孙女，从小不问家务，不喜欢女工，而喜欢读史书、《诗经》《论语》等。父亲邓训认为她与众不同，无论大小事，都和她商议。邓绥入宫第二年，就被封为贵人。无论是侍奉阴皇后，还是对其他宫人仆役，邓绥都非常符合规矩。邓绥声望越来越高，阴皇后却渐渐失宠了。后来，阴皇后搞巫蛊，严重违禁，被废掉。邓绥请求挽救，虽最终没有成功，但赢得了皇帝的好感。皇帝刘肇决意册立邓绥为新皇后。邓绥深感自己德行菲薄，当皇后之后，对各地进献的珍贵华丽之物一律禁绝。刘肇多次想给邓绥娘家人封爵，她都苦苦劝阻。

公元105年，刘肇死去。才出生100多天的刘隆继位，皇太后邓绥临朝听政。她诏令管事人罢免不合典礼的诸祭祀官，赦免从光武帝以来所犯妖言巫恶以及马、窦两家被禁锢的永不得做官的人，下令节减各项不必要的开支。

刘隆当皇帝没多久也死去了。刘祜被册立为皇帝。邓绥继续临朝听政。鉴于前朝皇太后王政君长期临朝听政导致皇权旁落，被外戚王莽夺取了政权，邓绥第二次听政后，特别给司隶校尉、河南尹、南阳太守等官员下令："我发现以前有些外戚的宾客，假借皇亲的权威，轻薄虚浮，扰乱秩序，让百姓深深厌恶。这种事产生的根源在于执法官员怠惰松懈，没有及时执法、惩罚他们。现在，车骑将军邓骘虽然胸怀敬顺的志向，然而邓氏宗族大、人口多，姻戚也比较多，宾客中奸诈狡猾的人也会犯禁令和法规。你们当父母官的，要明白这些道理啊，必须加以检查整饬，不能对他们那些人宽容庇护。"邓骘是邓绥的亲哥哥。邓绥下诏书给地方官，强调不能对邓骘及其族人、门客宽宥庇护，这在历史上极少见。当然，这也是邓绥防止外戚祸乱朝廷，保护邓氏家族的高明之举。

因为命令各地官员不得宽宥外戚，在邓绥临朝听政期间，包括邓氏家族在内的皇亲国戚都遵纪守法。汉朝统治秩序也因此变得井然有序了。这使得邓绥面临水灾旱灾内忧，面临西羌人叛乱外患，都能很好团结群臣，一起努力去解决困难，最终都转危为安。而她的功绩被后世誉为“兴灭国，继绝世”。

公元121年，邓绥因病去世。邓绥的功绩足以令人敬仰，但她依然认为自己做得不够好。不过，历史自有公论。在她的治理下，汉朝频频遭遇严重的自然灾害，经济仍能迅速复苏，社会仍能保持安定。尤其值得称赞的是，外戚和宦官都没机会祸害朝政。她采纳班勇的建议，经营西域、抗击匈奴，平定并州、凉州的叛乱，使汉朝西部多年保持和平局面。从中都不难看出，邓绥是开明的皇太后，是汉朝极大的幸运。

13. 党锢之祸葬送汉朝

邓太后临朝听政，刘祜在位时的汉朝依旧强盛。外戚掌权，宦官参政，但都在法制限定范围内。其间，有个宦官蔡伦还改进造纸术，为汉朝及以后历朝历代文化发展和兴旺做出了重要贡献。

公元125年，刘祜去世。在阎显的支持下，阎太后立刘懿为帝。阎氏集团把持朝政，作威作福，杀死或者放逐前朝宦官。这引起外戚和宦官对峙。在位206天后，刘懿病死。宦官孙程等人发动政变，杀死阎显兄弟及其党羽，拥立济阴王刘保登基。

刘保是刘祜独子，原本就该他继承皇位，但他被阎太后强行废掉，做梦都没想到可以再当皇帝，没想到靠宦官当上了。11岁的刘保当皇帝后，对宦官非常感激和依赖，将大权交给他们。宦官掌控朝政后，政治一天比一天腐败。刘保不管这些，允许宦官养义子，甚至还允许宦官的义子世袭封爵。后来，宦官又与外戚梁氏集团相互勾结。在这种环境下，政治更腐败，阶级矛盾更尖锐，百姓生活更艰难。

公元145年，刘保死了，3岁的刘炳继位，皇太后梁妠临朝摄政，大将军梁冀把持朝政。半年后，刘炳死，8岁的刘缵继位，梁氏集团继续掌权。一年后，刘缵因骂梁翼为“跋扈将军”而被毒死。15岁的刘志继位，外戚梁氏依旧掌权。

刘志胆战心惊地做了14年傀儡皇帝，于公元159年依靠宦官单超等人诛杀了大将军梁冀，剪除了他的党羽。刘志认为宦官才是皇帝最可靠、最忠诚的臣子。铲除梁冀集团后，刘志封中常侍单超、徐璜、左悺、唐衡、具瑗为列侯。从此，朝政完全被宦官掌控了。

宦官在朝廷当官，占领了原属于士大夫的职位，而且还胡作非为，党同伐异。官僚士大夫强烈不满。公元166年，宦官赵津、侯览等人的党羽，故意在大赦之前违法乱纪，以为能逃脱惩罚。成瑨、翟超等人深恶宦官无恶不作，在大赦以后，依旧按照法律法规处置他们。宦官们向刘志告状，说成瑨、翟超等人藐视皇令。成瑨、翟超等人遭到严惩。太尉陈蕃上书辩解，并请求清除宦官乱政这种不正之风。刘志不理他。宦官从此更嫉恨士大夫们。

这件事后，朝野多数人站在士大夫们一边，纷纷指责宦官乱政，为非作歹，排斥忠良。一些官员纷纷被免职。宦官指使人上书刘志，诬陷李膺等人结朋党，诽谤朝政、祸乱政风。这是宦官向士大夫们正式宣战。

皇帝最忌讳大臣们结朋党。刘志大怒，下诏书逮捕并审理结朋党的人。结果，在宦官的操作下，杜密、陈翔等重臣以及陈寔、范滂等士人被通缉。刘志直接让宦官负责的北寺狱负责审查此案。宦官早就渴望此事由他们执行。他们想逮捕哪个名士就逮捕哪个名士，并对之直接用酷刑。

陈蕃又上书劝谏。刘志嫌他多嘴，找借口免了他太尉一职。窦皇后父亲窦武出面替那些名士求情。刘志给了个面子，才下令不对那些名士动用酷刑。

李膺等人故意供出宦官义子是他们的朋党。宦官们害怕这事闹大会牵连到自己，向刘志进言，建议大赦天下，收揽人心。刘志借改元之机大赦天下，释放党人，放归田里，终身罢黜。

公元168年，刘志死去，刘宏继位，窦太后临朝称制，窦武出任大将军，陈蕃再次任太尉，胡广任司徒，三人一起掌握朝政。李膺、杜密等人又获得重用。名士受到重用，太平盛世似乎有望了。

不过，窦太后宠信宦官曹节、王甫等人，还让他们干预朝政。陈蕃、窦武等人看不惯宦官干涉朝政，上书窦太后，要求禁止宦官参政，但窦太后认为宦官参政很正常。在窦武等人一再请求下，窦太后下令处死了宦官管霸、苏康等人，却始终不愿意下令处罚曹节等人。

窦太后避重就轻的态度，让窦武等人决定先杀掉宦官曹节、王甫等人再说。此举带来巨大灾难。宦官偷看奏折，事先得到消息，连夜发动政变，蒙骗年幼皇帝刘宏，杀掉倾向士大夫的宦官山冰等人，夺取了印、玺、符、节，劫持窦太后，假传圣旨捉拿窦武、陈蕃等人。陈蕃得知消息，率太尉府僚及太学生数十人，杀向承明门，但被宦官杀死。

窦武被迫起兵对抗。护匈奴中郎将张奂等将领被假圣旨蒙骗，以为窦武造反，率军围剿。窦武被重重围困，无奈自杀。窦武的亲信也都被杀死。窦太后被软禁在南宫。李膺等再次被罢官，禁锢终生。张奂得知被曹节等宦官欺骗，害死国家忠良，铸成大错，非常悔恨，上书请求为窦武、陈蕃等人平反，迎回窦太后。刘宏被宦官蛊惑，将张奂罢官，禁锢终生。

事后，宦官们进一步诬陷党人想谋反，更换皇帝。年仅14岁的刘宏被他们欺骗，下令彻底追查这件事。结果，李膺、杜密等100多人被杀。

公元176年，曹鸾上书请求解除禁锢。刘宏没听从，处死曹鸾，还将党锢扩大化，下令党人五族内的亲人，不准当官，禁锢终生。直到公元184年，黄巾军起义，刘宏才意识到打击面过大，害怕被禁锢的人参与黄巾起义，才大赦天下，废除对党人远亲的禁锢。

公元189年，刘辨继位后，外戚何进执掌朝政大权。何进想杀掉乱政的宦官张让、赵忠等人，反被杀。为替何进报仇，世族门阀出身的袁绍率兵冲入皇宫，把宦官全部杀死，才结束宦官长期干政专权局面。半年后，董卓率军进入长安，废掉刘辨，改立刘协。

董卓施行暴政，民怨沸腾，各地诸侯起兵反他。后来，董卓中司徒王允的计，死于义子吕布之手。但此时士大夫、豪强早已经离心，群雄趁黄巾之乱崛起，汉朝已经名存实亡。宦官、外戚、党人相互争权夺利，强大的汉朝就这样灰飞烟灭。

第四章

从魏晋到南朝，迷蒙时代的奋斗与沉沦

汉朝灭亡，历史已经进入世族门阀占主导地位的时代，内乱外患相继爆发。天下从分裂走向统一，很快又陷入分裂，朝代频繁更迭。无数英雄各领风骚数十年。但是，历史走势始终掌握在世族门阀手中。奋斗？沉沦？令华夏儿女迷惑。

1. 豪门“寒族”挟天子令诸侯

汉朝后期，进取精神逐渐被奢靡腐败之风替代，宦官和外戚、士大夫斗争不断。不过，无论是宦官，还是外戚，或是士大夫，相互之间无论怎么斗，都会打着“忠于皇帝”这面旗帜，笼络人心。皇帝成为各方争夺对象。

何进被宦官杀死后，董卓率军进京控制皇帝，挟天子以令诸侯。董卓为人残暴，杀人不眨眼，民不聊生，激起天下人反抗。各路诸侯反董卓，没成功。不久，董卓被吕布杀死。天下大乱，各诸侯拥兵自立，占地为王。曹操政治灵感敏锐，抢先一步迎接皇帝，挟天子以令诸侯，笼络人才，发展经济，逐渐脱颖而出。

曹操身份复杂，是宦官曹腾养孙，费亭侯曹嵩儿子，属于豪门，又是宦官之后，还是时人眼中的“寒族”。曹操年轻时不被豪门待见，积极进取，酷爱读书，广泛涉猎经史典籍，深入研究军事著作，研习武艺、诗歌、书法、音乐等。最突出的是，曹操机智警敏，不拘泥传统世俗，随机应变能力强，“有实用主义倾向”。

曹操以文人士大夫身份——举孝廉进入官场，以武职——洛阳北部尉开始仕途。这对其未来影响巨大，举孝廉身份拉近他与士大夫集团的心理距离，而洛阳北部尉的经历，让他认识到社会堕落腐化的根源所在。

洛阳是皇亲贵戚聚居的地方，维持社会治安非常不容易。洛阳北部尉的职责就是管理洛阳城北部治安，官虽不大，但所管人群多是世族门阀皇亲国戚。曹操干得挺认真，也不怕那些权贵，一到职就申明禁令，严肃法纪：有谁违反法令，乱棍打死。

权贵们都将此当作一个玩笑。有一次，受宠宦官蹇硕的叔父蹇图违反禁令在晚上到处跑，被曹操抓住了。曹操毫无顾忌，毫不犹豫地将他打死。京城惊恐。权贵们去皇帝刘宏那里告状，曹操父亲曹嵩慌忙去皇帝那里求情。皇帝权衡利弊后，选择默认了曹操的行为。一时间，京城的皇亲贵族都收敛了很多，没人敢违反法令。曹操体验到治理天下的重点在于抑制豪强。当然，他也得罪一些当朝权贵，那些权贵不敢报复他，只好明升暗降，将他调到远离洛阳的顿丘当县令。后来，曹操因亲戚的牵连被免职。

闲居的曹操并未闲着，深入分析党锢之禁事件，并从中看出汉朝政治弊端所在。公元180年，他上书说，窦武等人为官正直遭陷害，导致奸邪之徒得势，忠良之人被压制。刘宏没搭理。他又多次上书。刘宏依旧没搭理。

公元184年，黄巾起义爆发。曹操因军功又当上了济南相。他到任后，打击贪赃枉法，迫使贪官污吏纷纷逃窜。因不肯迎合权贵，他很快托病回归乡里，读书观察天下局势。

公元188年，曹操被刘宏任命为典军校尉。次年，董卓进京，朝廷发生巨变。曹操见董卓倒行逆施，潜逃回老家，卖了家产招兵买马，并召天下英雄一起讨伐董卓。讨董卓失败，但作为首倡者和先锋的曹操却声名鹊起。随后，联军解散，诸侯割据，相互火拼。曹操审时度势，发展自身势力。

从公元191年起，曹操先后击败黑山军于毒、白绕、眭固等部及南匈奴於扶罗；设计追降青州黄巾军，收编其精锐；然后大败袁术多次击败猛将吕布，破定陶、庸丘，平定兖州。

这个时候，一个天赐良机被曹操抓住了。李傕和郭汜打起来了，被他们控制的皇帝刘协趁乱从长安跑回了洛阳，并诏令各路诸侯去救助他。曹操在刘协最危难时率先赶到，将刘协接到许昌，从此掌握“挟天子以令诸侯”的政治先机。曹操出任司空，兼任车骑将军，百官都听从他的命令。

从此，曹操打着天子名义讨伐不服的军阀，伐张绣，征袁术，讨李傕，灭吕布，并与当时门阀世族代表袁绍在官渡决战。袁绍的势力最强大。袁氏家族“四世居三公位”“门生故吏遍于天下”，是北方著名世族门阀。北方很多门阀世族也支持袁绍。袁绍的地盘包括了冀州、并州、幽州、青州，军队有数十万人。

曹操承认袁绍是统一北方最强大的敌人，但认为刘备才是最危险的敌人。在决战前夕，曹操先击败在徐州立足未稳的刘备。随后，曹操率军与袁绍决战。他深入精准分析客观条件，听取别人正确意见，扬长避短，采用正确战略战术，经过一番苦战，最终以少胜多，以弱胜强，赢得胜利。

袁绍残余势力被消灭后，曹操基本完成北方统一。公元208年，曹操下令恢复丞相制，自任丞相。他亲自率军逼降荆州刘琮，与刘备、孙权联军大战于赤壁。

赤壁战败，曹操便集中精力稳定内部。他加强中央集权，抑制地方豪强，用人唯才是举，打破世族门第观念，让庶族精英分子也参与朝政，给予中下层人发展空间。他推行屯田，兴修水利，实行盐铁官卖制，恢复和发展经济，改善治内百姓生活水平。

赤壁之战后，天下三分格局基本奠定。恢复实力的曹操，虽然平定了凉州，但始终无法彻底击败刘孙联盟中的任何一方，以致南征孙权无功而返，争夺关中失利，争夺襄阳惨败。不过，曹操的实力和威望无人能及。公元211年，曹操晋封魏王。此时，他名义上还为汉臣，实际上已是皇帝。不过，他拒绝称帝，说：“若天命在吾，吾为周文王矣。”

公元220年，曹操在洛阳病逝。他儿子曹丕取代刘协，称帝建魏，追封曹操为武帝。曹丕此举彻底结束名存实亡的汉朝，正式宣布进入新的历史时期。

2. 皇叔打起“忠义”大旗

在三国时，曹操是世族豪门中政治军事才干最杰出的、最善于笼络各阶层人才的人。他凭借北方世族豪门支持，统一北方。而曹操的劲敌刘备一无背景二无钱财，个人能力也算不上太杰出，却打着皇叔旗号，三分天下。

除皇叔旗号外，刘备提倡的义气也极具号召力。纵观刘备一生，义气始终伴随其事业。“不求同年同月同日生，只愿同年同月同日死”，刘、关、张一生奋斗生死相依，追求功名事业，对华夏族历史和文化都有深远影响。

刘备号称皇叔，却是地地道道的草根。刘备声称他的七世祖是中山靖王刘胜。刘胜有100多个儿子，时隔七世，刘备是否属于他的后裔，无法考证。刘备爱读书，性情宽和，沉默寡言，情商极高，能做到喜怒不形于色，喜欢结交天下豪杰，见人就介绍“吾乃中山靖王之后也”。

在群雄逐鹿中，要想号召天下人，成就事业，“中山靖王之后”的号召力有限。刘备便想到用仁义为号召，吸纳中下层出身的人，尤其是有能力的草根英雄。

天下英雄讨伐董卓前夕，刘备与张飞、关羽相识，发现彼此志向相同，资源互补，便备下乌牛白马祭礼，焚香而拜，宣读誓词，结拜为兄弟。从此，他们三人命运紧紧联系在一起。刘备走到哪里，身边总带着两兄弟，而在战场上遇到危险，三兄弟也相互救助。他们以忠义为纽带，生死相依，有难同当，有福同享，对时人以及后世影响深远。

公元184年，刘备镇压黄巾军有功，当了安喜县县尉。不久，朝廷有令：因军功而获得官职的，要优胜劣汰。刘备没背景支持，被划定到淘汰范畴。刘备得知消息，就去驿站找督邮求情。督邮拒绝见他。刘备怀恨在心，带着关羽、张飞一起猛打督邮后逃走。随后，刘备几次担任县令、县尉几次丢官，关羽、张飞都不离不弃跟着他。刘备的名声越来越大。

黄巾军余部进攻北海时，北海相孔融抵挡不住，在情势危急时刻派太史慈去向刘备求救。孔融是名人，世族门阀出身。刘备接到他求救，非常高兴，立即派3000精兵去北海救援。孔融得以解围。刘备也因此获得巨大名声和获得巨大收益。

曹操率军为父报仇，发誓要屠杀徐州。徐州牧陶谦既打不赢曹操，又投降不了，只好派人向青州刺史田楷求救。田楷带刘备一起去救援。陶谦将手下的兵调配给刘备，推荐他为豫州刺史，驻军小沛。第二年，陶谦病死，临终前指定刘备做徐州太守。

刘备凭空得到徐州，引来袁术、吕布率军来争夺。刘备丢了徐州，但借助曹操势力，消灭了吕布。刘备到许昌，被封为左将军。曹操曾与刘备一起喝酒聊天，说："今天下英雄，就是你跟我。"刘备意识到曹操对他不放心。曹操派兵攻打袁术时，刘备趁机攻占下邳，杀徐州刺史车胄，脱离曹操自立。东海太守昌豨以及诸郡县归顺刘备。刘备便联合袁绍抗击曹操。

公元200年，曹操击败刘备，刘备逃跑，关羽被俘，张飞在乱军中走散。刘备逃往青州，受到袁绍父子热情接纳。袁绍派刘备领兵和刘辟进攻许都以南州县时，关羽得知刘备还活着，放弃功名利禄，从曹操那里跑到刘备身边。而张飞得知消息，也迅疾归顺刘备。这种忠义令曹操都非常感动。

公元201年，曹操又攻击刘备，刘备不敢应战，跑去投靠刘表。刘表接纳了刘备，并将新野给刘备安身立地。荆州的英雄豪杰都慕名前往归附刘备。刘备也集中精力物色人才，并在公元207年三顾茅庐，请出诸葛亮辅佐自己。诸葛亮献上隆中对，刘备才有了发展的战略方向。

公元208年，曹操率军进攻荆州，时任荆州刺史刘琮闻风而降。刘备仁义的名声发挥巨大作用。很多荆州将士以及读书人都投靠刘备。走到当阳时，投靠刘备的人有10多万。那些人大多携带行李家当，每天只能走十几里路。刘备派关羽募集数百艘船，先到江陵去等他们。有人劝说刘备先撤走，去保住江陵要紧。刘备强调必须以人为本，坚决不能抛下他们。

刘备此举赢得极大名声。不久，刘备联合孙权，在赤壁打败曹操，夺得荆州四郡，并从孙权手中借得荆州的江陵，拥有了稳固的地盘，成为赤壁之战的最大受益者。

公元211年，欣赏刘备忠义的益州刘璋派法正邀请刘备入川，共同对付张鲁。刘备留下诸葛亮、关羽等人守荆州，亲自率兵入川。刘璋调配军队给刘备，令他率军进攻张鲁。刘备率军到葭萌后，就驻军不前，专门做以恩德收买民心和军心的事。

后来，刘备与刘璋反目，刘璋许多部下率众投降刘备。刘备命令诸葛亮、张飞、赵云等率军入川后，一起围攻成都。不久，刘备派人说降了马超。马超来到成都，屯于城北，城中军民惊恐。几天后，刘璋投降了。

经过几年恢复经济和积蓄实力，公元218年到219年，刘备率军与曹操争夺汉中，并获得汉中之战胜利，进位汉中王。镇守荆州的关羽得知消息，趁机率军北伐。在初期，关羽取得“擒于禁、斩庞德、围曹仁”的光辉战绩；但到后期，被东吴吕蒙偷袭夺走了荆州，自己还被吴军杀害。刘备的大好局势出现逆转。

刘备在成都称帝同年，发誓为关羽报仇，兴兵讨伐东吴。不久，张飞被部下所杀。正好孙权派人前来请和，连丧两位结义兄弟的刘备大怒不许，于第二年亲征东吴，发起夷陵之战。意气用事的刘备被吴将陆逊以弱胜强打败。刘备退至白帝城，于第二年3月死去。

刘、关、张三人没同年同月同日生，也没同年同月同日死，但死在同一件事上，义薄云天，着实感人。历史如烟云，但他们生死与共的精神却永久流传。

3. 做上司当如孙仲谋

论年龄，论功绩，孙权比曹操以及刘备都远远要小。要论智慧的话，孰高孰低就很难说。曹操曾经感叹：“生子当如孙仲谋。”孙仲谋即孙权。

孙权与曹操、刘备领导风格差异最明显。公元200年，孙权接管江东。当时，江东统一没多久，民心尚未归附，局势动荡不安。新首领的魅力和威望变得非常重要。孙权从笼络人才入手，拜张昭为师，重用周瑜、程普等旧臣，同时唯才是举，广招贤才，聘求名士。诸葛瑾、鲁肃等人陆续获得重用。

孙权能笼络人才，还善于征服属下的心，非常亲民。部将凌统的随从战死后，内心非常难过，禁不住哭泣。孙权用衣袖给他擦眼泪，劝他：“公绩（凌统的字），死的已然死了。只要有你在，还怕没有人吗？”见凌统受了伤，孙权亲自帮他更衣疗伤。

古人称呼姓名有严格身份区别，名是让上级和长辈叫的，字是让下级或者晚辈称呼的。平辈或者平级之间称呼字，都是一种尊重。孙权称呼凌统的字，亲自劝他，给他更衣，实在令他感动。

攻下荆州后，被俘的荆州将领纷纷表示归顺孙权。潘濬称病不见，也不表态。孙权派人将他抬来。潘濬遮着脸哭。孙权说：“承明（潘濬的字）啊，在古代，丁父当过鄀的俘虏，楚武王任用丁父为将。彭仲爽当过申的俘虏，楚文王任彭仲爽当令尹。他们都是贤人，也当过俘虏，但仍受提拔啊！你不肯投降，是不是认为我德行不如楚文王、楚武王呢？”孙权边说边给潘濬擦泪。潘濬被打动，从此死心归顺孙权。

由于善于打感情牌，江南局势迅速稳定。遇到困境，江东将领也都能团结一致，对抗外敌。公元208年，曹操率军南征，降刘琮，败刘备，写信威逼孙权投降。东吴虽有主战派和主和派之分，但在孙权决意联刘抗曹后，东吴军上下一心，用黄盖的苦肉计，以5万人在赤壁大破曹操。

曹操北逃后，留曹仁防御东吴军。曹仁将东吴将领甘宁包围在夷陵。孙权听从吕蒙的计谋，获得最终胜利。这一战后，孙权改变了对士兵出身的吕蒙的看法，认为他是可造之材，便有了劝他学习文化的念头。

有一次，孙权对吕蒙说：“你当官了，掌握权力了，需要多读书多掌握知识啊！”

吕蒙推辞说军务繁多，没时间去读书。

孙权说：“我不是让你研究儒家经典、成为学者。你粗略阅读，掌握大概就可以了。你事务繁忙，比我还忙吗？我经常读书，受益非常大。”

吕蒙听到这话，醒悟了，开始学习。经过日积月累，他读的书超过很多学识渊博的儒生。

周瑜病死后，鲁肃接任都督。鲁肃赴任时途经吕蒙的驻防地。鲁肃是一代儒将，内心多少有点轻视士兵出身的吕蒙。在随从劝说下，鲁肃才礼节性地去拜访吕蒙。吕蒙设宴招待鲁肃。

酒兴上来后，吕蒙问鲁肃：“您身受重任，防守关键地方，采取何种策略应对意外事件呢？”

鲁肃没想过这个问题，只好仓促回答：“看情况办。见机行事吧！”

吕蒙说："虽然现在孙刘是一家，但关羽是个如熊似虎一样的人，怎么能不预定计谋、预防意外发生呢？"随后，吕蒙详细分析当时形势，指出可能发生的意外。

鲁肃听了吕蒙的一番见解，惊得立即站起来，跑去亲切地拍着他的背，说："子明啊，子明，真没料到你的见解和谋略有如此高深的水平……我再也没资格叫你吴下阿蒙了！"

吕蒙笑着说："士别三日，即更刮目相待。您知道得太迟了啊！"

鲁肃尴尬地笑一笑，回到自己座席上。

从此，他们成为好友，经常交流。

吕蒙的才干被都督鲁肃发现后，孙权更加重用他。吕蒙也充分发挥才干，建立一次又一次战功。鲁肃死后，吕蒙任都督。关羽发动襄阳之战，战绩威震华夏。吕蒙向孙权献计，公开称病东归建业，麻痹关羽，然后趁机袭击荆州，最终袭占江陵，导致关羽败走麦城而被杀。

吕蒙一举成为名将。他能取得如此大功绩，与孙权密不可分。在那个时代，孙权能积极鼓励下属读书，帮助下属成长，这种胸襟和智慧令人拜服。

诚然，孙权能成为三巨头之一，还与他的其他才干有关。其中，他在海域方面的开拓，同时代其他人无法比。公元230年，孙权派卫温、诸葛直率军到夷州（今台湾岛）；公元242年，他又派聂友、陆凯率军到珠崖、儋耳（今海南岛）。他巩固了对交州的统治，与扶南、林邑诸国建立了友好关系，又派人出使南洋诸国。孙权将华夏文明传播到了东南亚广大地区。

与此同时，孙权还开辟江东直通东北的海上交通，加强与辽东的联系。通过贸易往来，孙权从东北得到马匹，提升了东吴国力。当然，他这些举动，在航海史上具有非常大的意义。

当然，三国相争的最终胜利者不是东吴，也是孙权一手导致的。他废孙和，赐死孙霸，改立孙亮，得罪了支持太子和支持孙霸的大臣，导致孙亮幼年继位，皇权旁落，内部血腥屠杀，严重消耗国力。

司马炎建晋代魏后，很快灭掉势力较弱的蜀汉，又经过几年筹划和准备，将国力严重衰退的东吴灭掉，统一了天下。

4. 三国中隐藏的第四家

经过近百年混战，天下形成曹、刘、孙鼎足之势，并分别建国。但三国最终统一的，不是曹、刘、孙，却是司马家族。司马家族的崛起，改变了历史发展方向。

司马家族崛起的关键人物是司马懿。司马懿是司马防的儿子，从小就胸怀谋略，“常慨然有忧天下之心”。曹操征司马懿做官，司马懿看不起曹操是阉官之后，假装患上了风痹病，拒绝出仕。第二次，曹操直接用强制手段征他做官。司马懿才勉强去当官。曹操曾提醒曹丕要防范司马懿这种不甘为臣下的人。不过，曹丕与司马懿关系亲密，很多事离不开他帮助，总是想方设法维护和保护他。

公元220年，曹操去世，司马懿负责葬礼事务，曹丕抽身策划建魏代汉的事。曹丕称帝，司马懿因功劳大和受宠信，被任命为尚书。司马懿推辞不受时，曹丕就对他说，我册封你，目的不是给你荣誉和享受，而是需要你为我分担一些事情。司马懿见此，就不再推辞。

公元225年，曹丕率军亲征东吴，命令司马懿负责留守都城，负责安抚百姓和为前线军队供应军资。临行时，曹丕对他说：“我深忧军队后勤和朝内大事，所以将这些都交给你去办。在历史上，曹参的战功虽然很显著，但不及在后方负责留守和后勤供应的萧何贡献大。如今，你留守后方，让我在前方无后顾之忧去作战，好吗？”

正因为充分信任司马懿，公元226年，曹丕病死，临终前将太子曹叡托付给司马懿、曹真、陈群、曹休共同辅佐。在曹叡继位初期，东吴军趁机来攻。司马懿不负众望，率军一举击败东吴军，为曹叡顺利继位做出了重大贡献。

由于能力突出，司马懿在接下来几年里，在四大辅臣中脱颖而出，成为对付蜀汉进攻不可替代的人物，这再一次提升了他的声望。

公元227年6月，新城太守孟达在曹丕死后失宠，想反魏归蜀。司马懿得知消息，先斩后奏，出奇兵将他包围，仅仅花16天就将他消灭，让诸葛亮派出接应的军队扑了空。不久，魏国准备进攻吴国。司马懿认为，攻打东吴需要从夏口（今汉口）进行突破，然后顺江而下。大司马曹休不听建议，下令军队进攻皖城，接应诈降吴国的周鲂。结果，魏军在石亭被吴军名将陆逊击败。曹休不久病死。

公元229年，诸葛亮率军北伐魏国，占领武都。公元230年，曹叡派司马懿和曹真一起率军反击。大军在途中遇到连连大雨，不得不班师回朝。次年，诸葛亮继续率军北伐。司马懿率领魏军主力西救祁山，要求诸将坚壁清野防守，不要主动迎战。魏国名将张郃不听劝告，主动出击，攻击诸葛亮所部，战死。司马懿坚决执行坚守不出战略，迫使诸葛亮因粮草供给不继，不得不退军。这一年，曹真病死。

公元234年4月，诸葛亮继续出兵北伐。司马懿事先预料诸葛亮会攻击北原和遂阳，提前做好坚壁清野准备。诸葛亮经不起持久战，过一段时间攻不下，粮草便出现供应问题，不得不遗憾地退军。诸葛亮多次北伐魏国，司马懿针对其粮草运输困难的弱点，采取“坚壁据守，以逸待劳，以待其变，伺机而动”战略，迫使诸葛亮多次北伐都因粮草问题不能持久，不得不无功而返。

经过长期交手，司马懿与诸葛亮成为“神交”，双方都非常了解彼此的想法。诸葛亮知道司马懿采用“拒战”战略，是看准了他的死穴，就设计故意激怒司马懿，让他失去理智后放弃“拒战”战略。诸葛亮派人给他送女人的衣服，暗示他不像个男人。他猜透诸葛亮意图，不生气，收下女人衣服并淡定地穿上，依旧坚决不出战。

司马懿也在密切关注诸葛亮。有一天，诸葛亮派人到司马懿军营中下战书。司马懿像招待贵客一样招待使者，但始终不谈战事，而是陪着对方闲聊。在喝茶谈心过程中，司马懿有意问到诸葛亮日常起居情况。“诸葛丞相可好啊？一顿能吃多少呢？”“三四升米。”使者毫无戒心地回答。司马懿又聊到日常事务。使者毫无戒心地说：“丞相很忙。军中诸事都是他亲自处理。”司马懿断定诸葛亮的身体支持不了多久。果然，诸葛亮当月就病死了。

历时七年的诸葛亮北伐魏国战争，在司马懿坚守不战战略指导下，以诸葛亮病死、魏国不战而胜结束了。解除蜀国威胁，司马懿在魏国声望进一步提升。

公元239年正月，皇帝曹叡死去，指定司马懿和曹爽一起受遗诏辅佐8岁的曹芳当皇帝，共同执政。曹叡是曹氏家族第二位短命皇帝。司马懿又受遗诏辅政。司马懿屡屡建立令人瞩目的功劳，在朝中声望无人能及。曹爽的官职和地位都是继承曹真的，也没建立过什么功勋，声望无法跟司马懿相提并论。不过，司马懿还是韬光养晦，不骄不躁，积极推行各种惠民措施，逐渐赢得人心。

曹爽能力不强，做事却相当自负。公元244年，为了树立威名，曹爽不听司马懿的劝阻，力主魏军攻打蜀国，结果遭到惨败。曹爽威信因此事被拉低。但他不顾及这些，将兄弟亲信安插到各要职上。司马懿看在眼里，却假装不知道。曹爽为所欲为，竟然在公元247年，在心腹何晏、邓飏等人怂恿下，强行将郭太后迁居到永宁宫。郭太后是曹叡的皇后，虽然在朝中没多大势力，但她的身份，并不是谁都可以随意让她搬家的。曹爽此举被朝野认为大逆不道。

一时间，曹爽兄弟专擅朝政，掌控禁军，多树党羽，屡改制度，给朝廷内外造成他们飞扬跋扈、想夺取皇权的景象。司马懿装病在家，不问政事。曹爽信不过司马懿，派亲信李胜借助拜访的名义去试探他。司马懿假装病重，骗过李胜，也骗过曹爽一伙。其实，司马懿一直在暗中谋划布局，等待时机除掉曹爽集团。

公元249年正月，大将军曹爽、中领军曹义、武卫将军曹训等人护卫皇帝曹芳离开洛阳去祭拜祖陵时，司马懿趁机请求郭太后下懿旨将曹爽兄弟撤职。郭太后对曹爽不满，也认为他危及皇权，支持司马懿。司马懿下令控制洛阳城后，派人去宣布曹爽的罪行，请求曹芳回洛阳。曹爽束手无策，只好先将曹芳送回洛阳。回洛阳后，司马懿拿着郭太后懿旨，以谋反罪杀掉曹爽兄弟以及亲信党羽。从此，魏国朝野完全落入司马懿控制中。

司马懿死后，司马师、司马炎相继承袭爵位。公元265年，司马炎不再愿意侍奉曹氏皇帝，建晋代魏。到公元280年，晋朝灭掉吴国，彻底结束三足鼎立的局面。三国四家，以第四家司马家族赢得最终胜利，完成天下统一的大业。

5. 一开国就腐化的王朝

魏国政治日益腐败，阶级矛盾尖锐，曹爽集团和司马懿集团明争暗斗。曹爽咄咄逼人，有威胁皇权倾向，而司马懿韬光养晦，忠心于皇帝，赢得最终胜利，在朝廷中一手遮天。司马家族拉拢世族门阀才实现长期掌控朝廷，最终建晋代魏。世族门阀掌控各级官府，是晋朝与生俱来的特性。

公元280年，晋朝消灭吴国，天下再次实现统一。皇帝司马炎声望空前提高。他意气风发，以洛阳为中心，采取一系列措施，鼓励垦荒，兴修水利，推行占田法和课田法，使农业迅速恢复并发展起来，"人咸安其业而乐其事"。

为了维护统治阶级利益和回报世族门阀，公元280年，司马炎下令实行官品占田、荫人以为佃户、衣食客制度。他将官品分为九品，每品占有不同数额的土地，一品获得50顷，二品获得45顷，以下每降低一品就减少5顷。此外，他们还可以按照品级高低荫其亲属，荫其客户。多的荫及九族，少的荫及三世。毫无疑问，这种措施给世族地主在政治经济上提供了更多优惠待遇，是统治阶层瓜分利益的举措，严重影响了庶族地主以及普通农民阶层的利益。尤其是，一个人的晋升空间一出生就被决定，严重抑制人增长知识和发掘潜能的积极性。

司马炎是世族出身，也具有世族子弟常有的特性。刚开始，为治理天下，他有奋斗动力，反对奢侈、厉行节俭，但随着经济恢复和发展，随着偏向世族政治措施颁布和实施，他也逐渐变得贪暴恣肆，奢侈成风。

司马炎纵情享受，生活豪华奢侈，荒淫无度。受其影响，社会风气败坏，公卿贵胄也跟着竞富争豪。

司马炎的舅舅王恺仗势作威作福，搜刮民财，明目张胆地与富豪石崇斗富，且矢志争冠军。

只要王恺家有的，受人关注的，石崇就做出高出一筹的东西。例如，王恺家做了20000米长紫丝布步障，石崇家就做25000米长锦步障，等等。

王恺自认为斗不过石崇很丢脸，向司马炎求助。司马炎不仅没有阻止，反而饶有兴趣地鼓励他去斗富，赞助他一棵二尺多高的珊瑚树。

那棵珊瑚树人世间罕见。王恺以为这回赢定了，向石崇炫耀。石崇看到那棵珊瑚树后，二话不说，挥起铁如意将它打得粉碎。王恺心疼不已，以为石崇忌妒他。石崇笑着对他说："别心疼了，我赔给你就是。"随后，石崇令人拿出六七棵三四尺高的珊瑚树，任凭王恺选。这些珊瑚光耀如日，让王恺自愧不如。

王恺和石崇斗富，是晋朝贵族奢侈之风盛行的侧面反映。这种风气导致人人都想方设法让自己富起来，人人都向别人展示自己富有，但晋朝政策明显偏向世族门阀，而他们又不是直接创造财富的人，只能导致他们更加残酷地剥削百姓。后来，晋朝党派乱起、宗室权力扩张以及外族内迁等，八王之乱随之爆发。而究其根由，这些都是晋朝建立者、太康之治开创者司马炎一手埋下的祸根。

6. 诸位宗王被激化了野心

世家门阀是司马氏政权的支柱。世家门阀完全控制朝政，是朝廷维持统治的阶级基础。司马炎制定的政治经济措施，都围绕保护世家门阀利益和巩固统治为前提。

司马炎也认识到，任由世族门阀势力扩大和膨胀，又会对司马氏政权构成潜在威胁。毕竟，他也是世族出身，通过“禅代”而取得皇位，其他世族权臣也可能模仿。

司马炎总结曹魏政权不长久的教训后，决定大封同宗子弟为王，作为藩屏保障。公元265年，他封了27个同姓王，以郡为国。后来，他又扩大宗王的权力，让其自选文武官员，收取封国租赋。公元277年，他又制定王国置军制度，将封国分为大、次、小三等，大国拥有上、中、下三军5000人；次国拥有上、下二军3000人；小国拥有1500人。

不仅如此，多数诸侯王还担任地方都督诸军事和地方刺史。这样，诸王有行政权力，又有数量可观的军队，实力便不容小觑。

司马炎嫡子是司马衷。根据嫡长子继承制，司马衷当上太子。司马衷近乎白痴。一些大臣主张废掉他，但司马炎不愿意破坏嫡长子继承制，且看到嫡长孙司马遹幼而聪敏，有君王之资，想日后让嫡长孙继承皇位，就没采纳大臣意见。

公元290年，司马炎死，司马衷继位，遗诏是由汝南王司马亮及外戚杨骏共同辅政。杨骏是皇太后杨芷的父亲。杨太后私自修改遗诏，宣布由杨骏单独辅政。司马衷的皇后贾南风不安分，秘密派人与汝南王司马亮、楚王司马玮联络，谋划除掉杨骏。司马玮带兵入洛阳，宣称杨骏谋反，将杨家诛灭。

事后，司马亮与卫瓘共同执掌朝政，司马玮出任卫将军兼领北军中侯，贾南风亲戚也担任了要职。贾南风想独揽大权，对这种安排极为不满。不久，她又假传密诏，让司马玮杀了司马亮与卫瓘。事后，她派中将军王宫宣布司马玮伪造圣旨，害死司马亮和卫瓘，将其处死。

朝政大权被贾南风掌控，她的亲戚党羽都出任要职。当然，为笼络人心，贾南风还重用了一些世族门阀，例如让张华出任司空，裴頠出任尚书仆射，裴楷出任中书令，王戎出任司徒。

贾南风掌权最初的8年，社会比较安稳，如果她不作的话，照此趋势，那么不会出现什么大乱子。但是，她没有儿子，与太子司马遹一向不和。公元299年，她伪造太子密谋登基文书。司马遹太子被废，被囚禁在金墉城。

赵王司马伦和孙秀等人密谋，先怂恿贾南风杀废太子司马遹，再假传圣旨，以杀太子罪名将贾南风一党杀掉。此举获得成功。司马伦制作了假诏书，宣布封自己为相国，任命孙秀等人掌兵权。

公元301年正月，司马伦废司马衷，自立为帝。司马伦一党没声望，也缺乏治国能力，而且内部钩心斗角。齐王司马冏、河间王司马颙、成都王司马颖起兵造反。司马伦、孙秀等人派兵去镇压，战败，损失10万人。不久，司马伦一党被消灭。

随后，司马冏拥戴司马衷复位，自任大司马，主持朝政。司马颙、司马颖也被封高爵。不过，司马冏没好好珍惜复兴皇位之功的好名声，独揽大权，不可一世，俨然自己是皇帝，且沉迷女色，政事荒废。其他有野心争权的宗王纷纷造反。

公元302年年底，司马颙兴兵讨伐司马冏时，在京城的长沙王司马乂先发制人，率领100多人先奔袭皇宫，控制皇帝，然后以奉皇帝命令的名义，率军攻打司马冏。司马冏战败被杀。司马乂独揽大权。

司马颙不满司马乂独揽朝政，多次派人刺杀他，都失败了。公元303年，司马颙派张方率军与司马颖一起攻打司马乂。司马乂兴兵迎击。双方连续作战几个月，最终司马颖、张方等不得不退兵。

第二年，在朝廷任司空的东海王司马越勾结禁军，发动政变，捕获司马乂，将其交给司马颙。事后，在朝野向来有威望的司马颖出任丞相，司马颙出任太宰，司马越出任尚书令。不久，司马颙出面上表，废除皇太子司马覃，册封司马颖为皇太弟，兼任丞相。

司马越不满司马颖专政，劫持司马衷，并率10多万人，进攻邺城，讨伐司马颖。司马颖派石超率5万人迎战。石超率军在荡阴打败司马越，并俘虏司马衷。

司马越兵败逃走后，司马颖下令宽恕他，召他回朝，他不愿意。东瀛公司马腾、王浚等人联合乌桓人、羯族人，一起反攻，不断获得胜利。

失败消息传到邺城，官僚士兵争相逃跑。司马颖非常恐慌，带领亲信连同司马衷连夜逃到洛阳。司马衷被张方截留。司马颖不久逃到长安，被废除皇太弟之位。司马颙自行选置百官，传皇帝命令，任命司马越为太傅，要求他回朝共同辅政。司马越不接受。

公元305年，司马颙逼迫司马衷下诏废黜司马越。司马越一边起兵，一边派人游说司马颙将皇帝送回洛阳，然后他们两人共享权力。司马颙继续顽抗。

司马越亲自率领3万精兵西征长安，范阳王司马虓派800精锐骑兵助战，击败司马颙大将刘佑所部，进驻到阳武。司马颙得知消息，非常恐慌，密令人杀张方，将张方的人头送到司马越军中求和。谁知，杀张方不仅没如期求和，还导致局势恶化。

鲜卑首领祁弘等率军攻破潼关，进入关中。祁弘是司马越的同盟者。司马颙非常惊恐，派人抵抗又遭惨败。他只好一个人骑马逃出长安，到太白山躲难。随后，鲜卑人抢掠屠杀了长安。

公元306年，司马越率军将司马衷护送回洛阳。司马衷下诏升司马越为太傅录尚书，司马虓为司空，下令逮捕司马颖。司马颖在逃亡中被抓。司马虓不想杀掉司马颖，但在一个月后，他暴毙。司马颖也被杀。

公元307年1月8日，司马衷突然死亡，司马炽继位，司马越辅政，掌握朝廷大权。司马炽诏令司马颙回朝出任司徒。在回朝途中，司马颙被司马模派人掐死。司马越成为这场争夺朝政大权的最终胜利者。

诸王互相攻伐，天下失控。氐人齐万年变乱，成汉李特割据蜀地，匈奴刘渊趁机复国等，给以晋朝致命伤害。面对刘渊势力迅猛发展，司马越无力控制，还不忘排除异己，杀害中书监缪播、散骑常侍王延等人。司马越大失人心，公元310年，他以讨匈奴汉国为名，率军及三公大臣离开洛阳。

公元311年，司马越病死，匈奴军第三次围攻洛阳，各地军队要么拥兵观望，要么象征性勤王。大批臣民在平城被石勒屠杀。不久，洛阳被攻陷，皇帝司马炽被俘杀。秦王司马邺虽在司马炽遇害后于长安继位，在公元316年被俘，成为晋朝亡国之君。只有没参与争权战争的琅邪王司马睿出任安东将军都督扬州诸军事，镇守下邳，后移镇建邺，在江左发展，奠定了基础。司马邺死后，琅邪王司马睿重建晋朝。

而率先崛起的匈奴人几乎统治了中原，羯族、氐族、羌族、鲜卑族也相继崛起，在中原建立政权。中原历史进入了“五胡十六国”。

7. 颠覆你印象的江南门阀

晋朝统一天下，出现过短暂的繁荣盛世。八王之乱后，中原一片混乱，晋朝皇帝被俘杀。没参与八王之乱的宗王司马睿在建邺重建晋朝，史称东晋。

司马睿建立晋朝，迅速稳定东南半壁江山，跟“南金东箭、世胄高门”共同支持他有极大关系。这影响当时局势走向，也影响了华夏族未来发展方向。

“南金东箭、世胄高门”指江南世族门阀中的名士，即顾荣、纪赡、贺循、薛兼等江南世家子弟中的优秀人才。

顾荣是江南世族门阀领袖，拥护司马氏政权南渡。在八王之乱中，顾荣辗转到各王手下任职，后担心被杀，辞职回江东。公元305年，右将军陈敏在历阳郡叛变，拉拢各世族门阀，意图趁乱割据江东。顾荣等人不服，于公元307年将其击杀。

司马越控制朝廷时，请顾荣去做侍中。顾荣等人在赴任途中听说北方局势越来越混乱，大为恐惧，与纪瞻、陆玩等人逃走，拥立这一年移镇建业的安东将军、琅邪王司马睿。

顾荣是世族门阀领袖，认定司马睿能给江东带来安稳，就替司马睿去说服世族门阀支持。司马睿经常咨询顾荣政务。顾荣认为应该重用江南有才干的人，就向他推荐陆晔、贺循及陶恭兄弟等人。司马睿一一授官，加以重用。这些人为司马睿在江南建晋朝奠定了坚实基础。

顾荣是江南世族门阀中有名望的人，但他没有门第观念，深得世族门阀的信赖，同时也得到了寒族人的支持。

顾荣推荐的人，为局势稳定做了大贡献。例如，另一个江南士族领袖贺循，出面管教不法世族豪强，做法令人称绝。

张闿是廷尉，也是江南世族门阀，住在小市。他私自在街道上修了一个大门，每天很早就关门，很晚才开门。附近百姓的生活生计都受到严重影响。

附近百姓到处告状，根本没人管这事。

司空贺循外出，到破冈时，老百姓拦着贺循告状。贺循说："我是礼官，这事不在我管辖范围内。"百姓请求贺循，说："如果您也不管，我们就没有地方申诉。"

贺循说愿意替大家讨回公道。张闿得知此消息，拆掉大门，并亲自去给贺循解释。

贺循不动声色地把状辞给张闿看，说："这本来不是该我过问的。我和您是世交，为了您的声望，才将它带给您的。"

张闿惭愧地说："我当初没了解到百姓的需求，现在门已拆。"

既帮老百姓解决问题，又不伤害世交张闿的颜面，贺循此举非常高明。

除了顾荣和贺循外，江南支持司马睿的世族名士纪瞻、薛兼等人也做出了重大贡献。这些人都是世族门阀出身，但他们在关键时刻做出了影响华夏族走向的贡献，相比同时代中原那些腐化的世族门阀，更值得尊重。

司马睿是由江南世族门阀拥立的。为稳定局势，司马睿不可避免受到江南世族门阀的影响。正因为如此，当时南迁的世族大家，对朝政的影响就比较小，以致很多利国利民的主张，由于不利于江南门阀利益而得不到重视。

八王之乱时，北方有些世族举家南迁避祸。他们想寻机回到北方，并没想长期住在江南。晋朝政局刚稳定，一部分南迁的世族便有强烈的北伐愿望，并为之努力奋斗。最有代表的是祖逖。

祖逖是北方世族门阀出身，他为人轻财重义，经常接济贫困的人。公元311年，洛阳陷落，祖逖率领家乡的人南下避难。公元313年，祖逖劝司马睿率军北伐中原，收复失地，司马睿不愿意，也不便公开反对，就给他奋威将军、豫州刺史的空衔，然后给一些粮食和布帛，让他自己招兵北伐去。祖逖率领老乡们从京口渡江北上北伐，取得一定战绩。

祖逖多次击败石勒，收复很多失地。石勒不敢继续南侵，并主动与祖逖保持友好关系。后来，司马睿命令戴渊都督司兖豫并雍冀六州诸军事。祖逖成为戴渊的下属。没多久，祖逖病死。

祖逖有爱国之忠，却难以获得重用，是与时代背景相关的。司马睿由江南世族门阀拥立，当务之急是巩固江南，而江南世族门阀不会尽力支持北伐，这是祖逖失败的根源。当然，这不能从根本上抹杀江南门阀世族在那个时代的特殊贡献。

8. 一次集会影响一个时代

公元317年，司马睿在江南世族门阀支持下重建晋朝。晋朝重建后，不仅无力北伐，而且内部矛盾重重。掌握晋朝政权的部分权臣也野心膨胀，图谋不轨。公元322年，江南最大世族门阀王家的王敦发生变乱，持续两年之久。虽然王家只是少部分人参与，但对当时影响巨大。公元327年，苏峻之乱又爆发。叛乱虽然被镇压，世族门阀权臣之间不和睦已经走向公开化。

当时，同一个世族门阀中，不同人政见都不同；至于世族门阀之间，南北世族门阀之间，政见不同更常见。

如何让晋朝长治久安，是当时迫切需要思考的问题。如何让南北世族门阀达成共识，是晋朝能安稳下来的基础。江南世族门阀出身的王羲之，是当时的名士。他以“修禊”为名，组织了一次南北世族门阀优秀子弟聚会。

公元353年农历三月初三，51岁的王羲之与34岁的谢安、40岁的孙绰等共计41位担任军政高官的名士，在山阴兰亭聚会。东道主王羲之是江南最大世族门阀王家的名士，谢安是江南与王家齐肩世族门阀谢家的名士，孙绰是北方南渡世族门阀的名士，其他38人也无一不是高官加名士。这是晋朝当时各大势力的一次聚会。

聚会后，王羲之一篇《兰亭集序》扬名天下，孙绰、谢安等人也为晋朝稳定和发展做出了巨大贡献。

孙绰少以文才称，中都人，后迁会稽，是南迁士族中很有影响的人。在兰亭聚会后，孙绰以保护晋朝安稳为己任。公元362年，江南世族门阀大司马桓温率军北伐收复洛阳后，想迁都洛阳，让南渡的人全部迁回北方。无人敢提异议。孙绰挺身而出，针锋相对地反对。最终，这事不了了之。

在思想文化领域，孙绰主张将儒家、佛教和道家融合在一起，避免南北世族门阀之间的思想对立。晋室南迁之后，南下的北方世族门阀把崇尚老庄和清谈之风带到江南，导致崇尚清谈的玄学盛行。许多佛教徒附会玄学，借以扩大佛教在本土的影响力。玄佛合流是一种时代趋势。孙绰不仅玄言诗写得好，还写成《喻道论》，以问答形式阐发佛和道、周孔之教与佛教的关系。他认为儒佛一致，“周孔即佛，佛即周孔”，佛教注重于内心教化，周孔注重社会治理，其出发点和目的都是一致的和相互补充的。这种观念对当时各大势力融合，对社会安定，起到积极作用。儒、佛、道一体，似乎也影射来自北方的人、南方世族门阀、南方寒族是一体的。

谢安是“中国历史上有雅量、有胆识的大政治家”“晋朝的擎天柱”。他多才多艺，性情娴雅温和，处事也公正，不专权，不居功，有气度，以儒道互补治国。非常可贵的是，作为世族门阀，他能顾全大局，无条件服从于朝廷的最高利益。

权臣桓温病死后，谢安全权负责吏部的事务。他实行“着眼于长远、以和谐安定为重”的执政方针，心存仁义，辅佐朝廷，劝导百官。北方前秦崛起，经常南侵，晋朝不断丢城失地。谢安镇定自若，专心国事，做长久打算，以宽仁安定内外，让百官同心同德，能一致对外。

前秦在苻坚的治理下日益强盛。晋朝处于南北对峙的劣势中。谢安让谢玄出任兖州刺史，率军镇守广陵，负责防守长江下游江北一线。他亲自都督扬州、豫州、徐州、兖州、青州军事，是长江下游防御的总负责。谢玄选拔刘牢之、何谦等人，训练出一支有战斗力的北府兵。

公元378年，前秦大军围攻襄阳，守将朱序死守近一年后战败被俘。公元379年，淮南之战爆发。谢玄率5万精兵迎敌。他四战四胜。公元383年，苻坚率领97万大军南下，意图吞灭晋朝，统一天下。

军情危急，建康城内外充满惊恐气氛。谢安镇定自若，自任征讨大都督，全权负责军事指挥，并派谢石、谢玄等人率军8万去抵御。事情安排后，谢安去山中别墅与张玄下围棋，像没发生任何事一样。

谢安的淡定消除了晋军恐慌情绪，使他们能放下包袱放开手脚殊死一战。在淝水决战中，谢玄、谢琰等人率领的7万晋军，一鼓作气，以少胜多，打败了苻坚和苻融统率的15万前秦军。

公元384年8月，趁前秦崩溃之机，谢安派兵北伐。谢玄率兵北上，桓氏家族也出兵北进，一起将晋朝的边境从淮河—汉水—长江一线，推到了黄河边。

第二年，谢安主动交权，不久死去。此时，晋朝国势达到顶峰。这是南北世族门阀团结一致努力的结果。此时，晋朝内部出现前所未有的和睦气象，各世族豪门之间势力达到平衡状态。

9. 令人遗憾的元嘉北伐

淝水之战后，晋朝趁机收复不少领土，但内部动乱也相继出现。寒族出身的北府军将领刘裕在镇压叛乱和打击割据势力中崛起。

随后，刘裕率军消灭南燕、后秦等国，降伏仇池，打败北魏，收复淮北、山东、河南、关中等大片土地，光复了洛阳和长安。公元420年，他建宋代晋，定都建康，史称南朝宋。

刘裕深知世族门阀控制朝政会挟主专横，威胁皇权，便加强中央集权，抑制豪强兼并土地，整顿吏治政风，重用寒族中有才干的人，还轻徭薄赋，废除苛法，全力去改善政治和社会状况，终结世族门阀专政政治格局。

公元422年，刘裕策划北伐北魏，尚未出兵，便病死，他长子刘义符继位，司空徐羡之、尚书令傅亮、中书令谢晦等人主持朝政。刘义符荒淫无度，任性妄为。北魏趁机发起战争，夺走边境一些州县。徐羡之、傅亮、谢晦与托孤大臣檀道济商议后，以皇太后名义，废刘义符，改立刘义隆为帝。

刘义隆在檀道济、到彦之等人支持下，诛杀徐羡之、傅亮、谢晦，牢牢抓住军政大权。他采取一系列措施，让百姓休养生息，促使社会经济的发展和文化的繁荣。

西晋灭亡后，南北分裂，中原地区陷入长期混战中。前秦短暂统一北方，迅速崩溃。到南朝宋建立时，北魏、北凉、西凉、西秦、夏、北燕在逐鹿中原，阴山以北是柔然汗国。夏和柔然是北魏劲敌。南朝宋只有半壁江山，但此时已繁荣复兴，可以全力北伐。

公元423年年底，拓跋嗣死，拓跋焘继位。第二年，北魏与夏爆发大规模战争。第三年，北魏与柔然爆发大规模战争。这是北伐北魏的机会，刘义隆却在公元429年写信要北魏归还河南各地。当时，拓跋焘已经打败柔然和夏，信心满满，对南朝宋丝毫不示弱。

公元430年，刘义隆派到彦之率5万人，走水路，由淮河进入泗水，到须昌，然后溯黄河西进。北魏军主动撤出。北伐军不费吹灰之力便收复四镇，进屯灵昌津南岸，先锋西进，直抵潼关。南朝宋军将士皆大欢喜，有轻敌情绪，导致防线漏洞百出。

到10月时，北魏军发起反攻，夺走了洛阳、虎牢。看到形势不利，刘义隆又命檀道济率兵支援北伐。到彦之丢掉洛阳、虎牢，成为惊弓之鸟，率军从水路撤退到历城后，烧掉船只，丢掉铠甲，徒步退往彭城。北魏兵追到历城。萧承之用空城计才吓住他们不敢进城。

公元431年正月，檀道济率军北上援救滑台，到达历城时，在20多天中打了30多仗，重创北魏军。北魏将领叔孙建派骑兵袭击檀道济的粮草补给线，焚烧了粮草。檀道济没有粮草，不能及时赶到滑台。滑台失守，守将朱修之被俘。檀道济粮草消耗光了，退兵时遇到北魏军一路追击，就以沙充军粮，骗过北魏间谍，才得以全身而归。北伐至此完全失败。

公元446年3月，北魏拓跋那等人率军侵扰兖州、青州、冀州。刘义隆询问北伐之策。何承天主张“宜安边固守”。王玄谟却迎合刘义隆，不顾北魏已经统一北方、休养生息已数年事实，多次上疏请求北伐。

公元450年2月，拓跋焘亲率10万大军，花了40天还没能攻克不足千人守卫的悬瓠。南朝宋援军到来，拓跋焘不得不撤围。这一战给刘义隆极大信心。刘义隆下令立即大举北伐。

东路军6万人，由萧斌、王玄谟、武陵王刘骏等人率领，目标是进攻碻磝、滑台等地；中路军10万人，由臧质、王方回、刘康祖、梁坦、南平王刘铄等人率领，目标是许昌、洛阳；西路军由随王刘诞率领，目标是弘农、长安，刘秀之率所部袭扰汧陇一带，负责配合。在彭城的江夏王刘义恭负责统一指挥。

三路大军进展顺利：东路军发起攻击后，北魏守军不战而逃，相继占领碻磝、乐安，水军也占领石济津，包围滑台；中路军攻克长社，在大索击败北魏军，合兵进攻虎牢；西路军从襄阳分头北进，占领弘农，攻克陕城，攻占潼关，使北魏关中震惊。

情况很快发生逆转，东路军多次失去战机，一直未攻下滑台，被北魏军反包围。拓跋焘先安排人切断南朝宋军退路，再联络滑台守军，然后于第二天，北魏军里外发起夹攻。王玄谟见势不妙，弃军逃跑。北魏军乘势进攻，大获全胜。

王玄谟只身逃回碻磝后，萧斌大怒，想先杀他再撤退。刘义隆诏书到了，不允许后退。萧斌只好重新部署，命令王玄谟负责守碻磝，申坦、垣护之负责守清口，自己在历城防守。

东路军失败已成定局。刘义恭认为碻磝是孤城，守不住，令王玄谟撤退。刘义隆的想法更荒唐，认为东路军败退，北魏军深入境内，西路军不宜独进，令西路军立即撤退。西路军所取得战果付之东流。

北魏发起全面进攻，一路不断攻城略地。彭城附近的萧城和留城被攻占后，刘义恭想弃城南逃。刘骏劝他留镇彭城。他才下决心坚守彭城。最终，北魏军没攻下，绕过去，继续南下。与彭城情况类似，寿阳也没被攻下。

北魏军绕过彭城、寿阳等地，渡淮南进，兵锋直指长江。他们不带军粮，沿途抢掠维持补给，最终到达瓜步，与建康隔江而对。

北魏军准备渡江器材，扬言要渡江作战。建康朝野震动，一片恐慌。刘义隆命令建康内外戒严，部署军队，严防北魏军渡江。不过，北魏军逞一时兵威，一路烧杀抢劫，各地纷纷以坚壁清野对抗。他们抢掠不到物资，导致粮草供应严重缺乏。他们前有长江天堑，且没强大的水师，后有6座坚城未破，一路征战，损失过半，根本就没渡江作战的能力。退兵成为形势所迫。

公元451年正月初一，拓跋焘在瓜步山上大会群臣，第二天下令军队抢掠一番便北撤了。公元452年，北魏发生政变，拓跋焘被宦官宗爱所杀。刘义隆不顾国力受损的现实，发起第三次北伐战争。战争结果是除恢复之前被北魏军占领的一些城池外，基本无功而还。

刘义隆前后发动三次北伐，没有实现战略目标，还使人力、物力遭受巨大损失，大片国土遭北魏军破坏，导致国力大损。北魏兵马也损失过半。南北双方都不敢再轻易动兵。南朝宋从战前的战略优势到战后的战略均势，成为事实上的输家。

10. 南朝这样走上不归路

南朝的政权更有规律而无奈地更迭着，南朝齐取代了南朝宋，南朝梁取代了南朝齐。南朝宋的刘义隆有梦想而没能力，以致在大好局势面前冲动发起北伐，劳民伤财而无所收获，导致大好时机失去。而南朝梁开创者萧衍才华横溢，在位时间长达48年，北朝出现内讧分裂，有机会领导南朝崛起，超越北方，但他丧失历史机遇，将治国希望寄托于宗教，还偏袒世族门阀和皇室宗亲，重用奸臣。最终，他本人遭叛乱被饿死，也导致南朝走上了不归路。

萧衍是竟陵八友之一，标准的世族文人，却抓住时机，顺应时势，受萧宝融禅让，登基称帝。这一过程，可谓顺势顺风顺水。

刚建国时，萧衍也有一番雄心壮志，也吸收南朝齐灭亡的教训，勤于政务，广泛纳谏，重视吏治，鼓励农业生产，甚至还带头节俭，为世族门阀子弟做榜样。经过一段时间，南朝梁有了新气象，经济迅速恢复和发展，朝政面貌也焕然一新。

但是，萧衍总结南朝齐灭亡经验教训时，无法脱离其阶级局限性。他本人是以权臣禅让形式建国的，所以特别防范开国功臣范云和沈约，而是喜欢重用宗教人士，想通过号召信仰宗教，实现长治久安、国家繁荣富强。他遇事就问主张儒、释、道三教合一的“山中宰相”陶弘景。

陶弘景给了萧衍很多有益建议，但一个王朝要强势起来，毕竟最终还是要依靠皇帝和所有官吏共同努力。在士族门阀占绝对优势的环境中，世族子弟不需努力就能得到高官厚禄，而寒族弟子以及农民终生努力也无济于事，但凭皇帝的努力和对宗教的痴迷，是无法真正长久强大起来的。

萧衍带头做世族门阀子弟的榜样，但在世族门阀子弟违法犯罪时，他却选择了偏袒。这一点，他比司马炎有过之而无不及。

萧衍六弟萧宏是标准世族门阀子弟加皇室宗亲。萧衍对他极其放纵。萧宏包庇杀人凶手，萧衍不仅不惩罚他，还奖励他，给他加封官职。萧宏没任何感恩之心，更肆无忌惮，甚至勾引萧衍的大女儿，谋杀他，想夺取皇位。事情败露后，萧衍跟没发生这事一样。萧宏的荣华富贵一切照旧。

萧衍还非常溺爱次子萧综。萧综生母以前是东昏侯萧宝卷的妃子。萧综得知真相后，非常叛逆，多次谋杀萧衍，多次被原谅。萧综投靠北魏，引领北魏军来攻击南朝梁。萧衍依然原谅了他。

萧衍原谅和宽宥不法皇室宗亲，精神却备受打击。此前，他儒、释、道都信，此后，他痴迷佛教，亲自去做和尚、给信众讲解经书。他的主要精力也不再是处理朝政，监管吏治，而是推崇佛教，礼佛，建佛寺。

不仅对皇亲宗室无底线宽容，对其他世族门阀，萧衍也是如此。东魏权臣侯景与高澄有矛盾，投奔西魏被拒，转投南朝梁。萧衍如获至宝，高兴地接纳侯景，并任命他为河南王、大将军。第二年，高澄率军进攻南朝梁，南朝梁不敌，被迫讲和。高澄要求遣送侯景回东魏。

侯景得知内幕，率军发动叛乱，攻入都城建康，大肆屠杀在朝为官的世族门阀。各地勤王军与叛军交战不利，就不再作战，坐观成败。平时受萧衍偏袒的世族大家和皇室宗亲要么被侯景屠杀，要么手中掌握军队自保，隔岸观火，待机而动。萧正德还打开城门，放进了侯景的叛军。侯景叛军将萧衍围困在宫里，把他活活饿死。

侯景称帝，不到一年，便被消灭。为争夺帝位，南朝梁的皇室宗亲纷纷引北齐（公元550年建立）和西魏为外援。曾经对北朝占据优势的南朝，此时却争相去讨好北朝政权。南朝梁的皇室宗亲令人唏嘘。

侯景死后，萧绎在江陵继位为皇帝。武陵王萧纪称帝于益州。萧绎于公元554年向西魏索要益州，被攻灭。西魏萧詧为皇帝，在江陵重建梁朝，史称西梁。而消灭侯景的将领陈霸先拥立萧方智登基，掌控了朝政。

此时，南朝梁两个皇帝并存，一个在江陵，一个在建康，都在争正统。局势更严重的是，北齐趁机发起两次大规模进攻，内部先后出现曲江侯萧勃叛乱、湘郢刺史王琳叛乱等。陈霸先先将江陵的皇帝萧詧晾在一边，集中精力抗击北齐，镇压萧勃、王琳。

局势稳定后，陈霸先接受萧方智禅让，登基称帝，改国号陈，史称南朝陈。陈霸先称帝的基础非常薄弱。陈霸先“号令不出建康千里之外”，只好笼络江东世族门阀稳固政权。他处理政务崇尚宽简，个人生活俭朴，克勤自律，不喜欢声色犬马，给当时带来天下兴旺的希望。

公元559年，陈霸先没消灭王琳就病死，陈蒨继位。王琳得知陈霸先死去，于公元559年10月，与北齐一起进攻南朝陈。陈蒨派人求助北周。北周同意出兵相助。公元560年，王琳率军与南朝陈军在芜湖决战时，北周出兵直捣王琳老巢。王琳战败，带着萧庄逃到北齐。北齐封萧庄为梁王，答应帮助他复兴梁朝，但没来得及实施，就被北周消灭掉。

公元566年，陈蒨去世，皇位之争爆发了。陈伯宗当皇帝两年，被陈顼夺取皇位。公元573年，陈顼力排众议，命令吴明彻率军10万北伐北齐，趁北周灭北齐的混乱之机争夺了淮泗地区，除掉了投敌的王琳等人。但不久，北周夺走淮泗地区。

此时，南朝陈内部比较稳定，政治比较清明，但天下大局对其越来越不利，原来南朝陈、北周、北齐三足鼎立，如今北周灭北齐，与南朝陈南北对峙。虽然北周不久被隋朝取代，但南北对峙依旧朝着南朝陈被兼并的方向前进。

公元582年，陈顼死，陈叔宝继位。此时，隋朝国力已远超南朝陈，且朝气蓬勃，君臣都在谋划统一天下。陈叔宝面对这种局势，既无可奈何，又毫不介意，最后干脆深信王气而任性妄为。

杨坚准备灭陈，十分注重攻心战。陈叔宝狂妄自大，不自量力，于公元588年正月下令陈军进攻隋朝峡州。杨坚令人送信给陈叔宝，历数他20条罪状，同时将此书信抄30万份，派人到南朝陈境内广泛散发。陈叔宝人心大失。同年10月28日，杨坚命令杨广、杨俊、杨素率领三路大军发起战略进攻。

此时，陈叔宝根本不重视，认为长江天堑可以阻挡隋军。他对近臣说："有帝王气数在，怕什么呢？齐军进攻了三次，周军进攻了两次，无一例外地惨败。隋军又能将我怎样呢？"

结果，南朝陈气数早已经尽了。隋军迅速突破长江，攻入南朝陈境内。公元581年2月，隋军攻入建康台城。没隔多久，南朝陈领土被隋军全部占领。隋朝增加30个州、100个郡、400多个县，最终完成天下统一。

天下再次实现统一。南朝在苦苦挣扎100多年后，最终走进了历史中。历史给了南朝数次崛起的机会，但南朝摆脱不了世族门阀控制，走上不归路成为它的最终归宿。

第五章

五胡十六国，北朝的统一与分裂

八王之乱导致少数民族纷纷建立政权，登上历史舞台。各种原因导致各民族政权持续时间不长，频繁更迭。此后，中原充满战火与鲜血，探索着天下一统的方向和道路。

1. 死灰复燃的匈奴复兴梦

刘庄当皇帝时，南匈奴再次归顺汉朝。刘庄安排南匈奴人在汉朝境内住下来，并设置中郎将监护他们。南匈奴人成为汉朝臣民。黄巾军起义时，南匈奴人还帮助镇压过。董卓之乱时，南匈奴人开始不安分，趁机抢掠了太原河东一带。曹操统一北方后，意识到南匈奴人是潜在威胁，便将南匈奴人分为五部，分别任命刘姓人为统帅，让五部匈奴人居住在汾水和涧水一带。其中，刘豹为左部帅。

刘豹死后，刘渊继任。刘渊严明刑法，爱好施舍，与他人相交推诚相待，在五部匈奴中赢得了声望。八王之乱后，刘渊叔父左贤王刘宣等人密谋趁乱复兴匈奴，独立建国，册立刘渊为大单于。一起谋划好后，刘宣派呼延攸去报告刘渊。刘渊让呼延攸回去告诉五部匈奴诸将，起兵响应司马颖，其他的相机而动。

公元304年，刘渊出任屯骑校尉。没多久，司马颖遭到司马腾和王浚联合攻击，形势比较严峻。刘渊趁机向司马颖请求回去率领五部匈奴人前来助战。司马颖答应了。趁此机会，刘渊脱离司马颖，回到左国城称大单于。刘宣等人拥护刘渊在晋朝诸位王爷混战之机复国，建国号汉。刘渊祭天称汉王，追尊刘禅为孝怀皇帝，以表明他们是汉朝之后。他们此举的目的，是打着恢复汉朝的旗帜反晋朝，增强自身的号召力。

刘渊以恢复汉朝为号召独立建国，遭到司马腾武力镇压。不过，匈奴人压抑几百年的战斗力爆发出来了，要比晋朝混战后的军队强得多。刘渊率领汉军不断攻城略地，不断获得胜利。刘渊实力越来越大，所到之处，州县纷纷投降。上郡四部鲜卑陆逐延的军队，东莱人王弥以及石勒起义的军队，都纷纷归顺刘渊。刘渊接纳他们，对其首领一一授予官职。公元308年，汉王刘渊称帝，迁都平阳，命令刘聪等人率军进攻洛阳。刘聪等人率军在洛阳与晋军作战失利。

刘渊有心想趁机复兴匈奴，但没想到寿命不长。公元310年，刘渊死，刘和继位。刘和没多久就被刘聪杀了。

刘聪当皇帝后，派刘曜、王弥、刘粲等人率军攻打洛阳。在石勒的支援下，刘曜占领洛阳周边各州县，还攻下洛阳，俘虏晋怀帝司马炽。他率军包围长安，久久不离开。晋愍帝司马邺在爆发饥荒两个月后献城投降。刘曜率军进入长安。西晋灭亡。

消灭晋朝后，刘聪就将国事委托给刘粲处理，自己尽情享乐去。他册立3个皇后，信任重用奸佞，打击忠良，闹得朝野对其极为不满。好在刘聪寿命也不长，于公元318年病死了。刘粲继位。

刘粲才能出众，文武双全，也建立过不少功勋，但他继位后，跟刘聪几乎一模一样。他沉湎酒色游乐，诛杀辅政大臣，处死晋愍帝司马邺，让靳准全权处理朝政。靳准发起叛乱，历数刘粲罪行，将其处死，并将刘家诸王杀尽。当年归顺刘渊的石勒见刘家数代皇帝一个比一个昏庸，没有成大事的希望，便有自立的想法。刘曜趁机杀死靳准称帝，改国号为赵，史称前赵，石勒也建国称赵，史称后赵。

刘渊率先起兵反晋，建立汉国，最终也消灭晋朝，但不久刘渊死了，其继任者一个比一个昏庸，根本无法取代晋朝统一天下，从而揭开中原近三百年混乱的序幕。其他少数民族先后效仿刘渊起兵，纷纷建立本族政权，也都因自身不足等，无力一统天下，最终不可避免地陷入长期征战中。这是北朝的主要特征，也是历史的不幸。

2. 武力篡位逃不出的宿命

刘曜改汉为赵时，羯族首领石勒顺势脱离汉国，也建立赵国，史称后赵。后赵重复了汉国后期的弊端，不断重复着杀戮，加重中原战争灾难。

石勒健壮有力，雄武好骑射，喜欢儒家文化，在八王之乱后，投靠他所崇拜的刘渊，并在战场上屡建奇功，为汉国建立巨大功勋。不过，刘渊早死，后继者一个比一个没进取心，让石勒看不到前途和希望。刘粲继位不久被靳准杀死。石勒率军进攻平阳，剿灭靳准集团。因为这一战功，新皇帝刘曜准备升石勒为太宰、大将军，晋封赵王。

不过，刘曜听信石勒的舍人曹平乐告密，杀了石勒的亲信王脩，搁置原计划晋封石勒的事。石勒得知消息，大怒："我替刘氏卖命，尽心尽力，远超过做人臣的本分了。他们的江山基本都是我们打下来的。如今得志了竟然想谋害我。赵王我也能给自己，哪里用得着他们赐予？"于是，公元319年11月，石勒自称赵王，也建立赵国，史称后赵。

随后，后赵石勒率军侵占前赵领土，吞并冀幽之地，夺去了豫州、青州，又攻占了徐州、兖州等地，成为中原实力最强大的国家。公元328年，石勒派石虎率军攻打前赵，失利。石勒率军去救援。随后，石勒派兵从前赵皇帝刘曜背后悄悄渡过黄河。刘曜想与石勒决战，下令军队撤围，在洛阳附近列阵以待。这正中石勒的下怀。石勒调整策略应对，让石虎、石堪、石聪各自率一路大军，分三路围攻刘曜。刘曜战败被俘虏。

留守长安的前赵太子刘熙得知皇帝被俘虏，惊慌之中放弃长安，逃亡上邽。关中各州县守将都放弃镇守地，跟随刘熙而去。关中一片大乱。长安城很快陷落。石勒派石虎率军进入关中，消灭关中残余力量，然后杀掉前赵皇帝刘曜，正式宣布前赵灭亡。

公元330年9月，石勒称帝，立石弘为太子。当时，石虎出任太尉、尚书令，掌握重兵和实权。徐光和程遐认为，一旦石勒去世，石弘是驾驭不了石虎的，便多次向石勒进言，请求强化太子石弘的权力，让太子亲近朝政，并削弱石虎的权力。石虎失势，心怀不满。石勒知道石虎心怀不满，但并未将他杀掉，而是不断安慰他。

石勒此举失策给后赵带来巨大灾难，也葬送了后赵统一天下的希望。石虎认为，后赵天下是他打下来的，对石勒给自己儿子加官封爵心里极度不平衡。石勒病重时，石虎挟持太子石弘，杀掉反对者。石虎册立石弘为皇帝后，逼迫石弘封他为魏王、大单于，总领朝政大小事务。

在打败宗室内其他不服者后，公元334年10月，石虎废石弘皇帝位。石虎称大赵天王后，册立石邃为世子。石虎沉湎于声色犬马，欢喜无常，在处理政事时与石邃发生冲突。石邃纵容部下刺杀石虎，失败被废。石宣被立为世子。没多久，石虎后悔了，想改立自己更宠爱的石韬为世子。石宣与石韬、石虎的矛盾逐渐积累起来。石宣派人杀死石韬。石虎怀疑是石宣所为，设计诱捕石宣，对其用极刑，最终杀死了包括石宣在内的300多人。事后，石世被立为世子。

公元349年正月，石虎称帝。4月，石虎病情恶化，下令石遵、石斌、张豹三人辅佐太子石世处理朝政。刘皇后假传圣旨杀掉石斌，修改遗诏，令张豹仿照霍光辅政。

不久，石虎病死，石世继位，刘皇后和张豹掌握后赵朝政大权。石遵得知相关消息，非常不服气，率军攻入都城，杀死张豹，废掉石世皇帝位，自称皇帝。石遵此举引发了其他宗室诸王不满，也引发猛将冉闵不满。

冉闵自认功高，想专擅朝政。石遵召集石鉴等宗王商议除掉冉闵。石鉴故意透露消息，让冉闵知道。一场血腥政变后，石遵被杀，石鉴被册立为皇帝。冉闵成功实现专擅朝政。石鉴当皇帝后，依然将杀冉闵当作重中之重的事。结果，石鉴谋划失败，被冉闵杀死。石氏家族人人想当皇帝，一个个野心勃勃，没想到一个个为此而死，最终没完成天下统一，丢掉了后赵江山。

公元350年正月，冉闵宣布即皇帝位，改国号为魏，改元青龙。随后，冉闵派大军消灭石鉴残余势力。一个月后，冉闵消灭后赵残余势力，将石虎38个孙子以及石氏家族其他人全部杀掉。此时距石虎称皇帝只有1年多时间，皇帝就已经换了4个。后赵就这样在石虎篡权引发的杀戮中灭亡。

3. 功败垂成的统一梦

无论是前赵（汉），还是后赵，初期势力发展都锐不可当，但开国帝王死后都无一例外地出现争夺皇权的血腥事件，出现权臣篡位，从而丧失一统天下的良机，陷入灭亡中。

冉闵建立魏国后，采取“杀胡”政策——“六夷凡敢动用兵器者，一律斩杀”“斩杀一个胡人，首级送到凤阳门的，文官升三级，武官直接出任牙门”。“杀胡”政策激起羯族遗民的激烈抵抗，也引起中原其他少数民族的恐慌。青州、雍州、幽州、荆州等各州迁徙百姓，氐族、羌族、匈奴等其他少数民族数百万人，不得不成群结队地回归故土。这些人在道路上相遇，相互杀戮抢掠，再加上饥饿、瘟疫等，十之八九的人死在回归故土路上。中原各地一片混乱，根本无法进行农业生产。

公元352年，冉闵向前燕发起战略进攻。在与慕容儁对阵中，冉闵寡不敌众，被擒杀。随后，前燕出兵全力夺取冉闵的地盘。冉闵在中原近三年的“杀胡”政策就此结束，胡人再次兴旺起来。

就在这一年，氐族首领苻洪的儿子苻健在长安称帝，关中氐族人纷纷响应。苻健没活多长便死了，苻生继位。苻生可以力举千斤，徒手格斗猛兽，跑起来比奔马快，击刺骑射，绝冠一时，是做武将的天然好材料，却偏偏当了皇帝。苻生暴虐至极，用残忍手段杀了无数人，杀顾命大臣，杀宗室兄弟等。在准备杀苻坚时，苻坚先发制人，将他杀掉。

苻坚是苻健侄子，从小非常刻苦学习，潜心研读经典，有经世济民、统一天下的大志，结交了许多当地豪杰，在朝臣中享有盛誉。不仅如此，苻坚还能超越民族局限，结识其他民族才能杰出的人物。从某种程度上说，苻坚是那个时代格局最高的人。由于苻生残暴，苻坚在朝臣中颇有声望，杀苻生众望所归，苻坚被群臣拥戴为大秦天王。苻坚下令改元永兴，大赦天下。

当时，前秦内部一片混乱。各民族仇杀此起彼伏。再加上前秦法律不健全，水灾、旱灾频频发生，老百姓苦不堪言，渴望有圣君出现。熟读经书的苻坚决心安定社会，与民生息，实现民族和解。他下令整顿吏治，惩处不法豪强，平息内乱，提拔和重用清明廉洁的人，唯才是举，英雄不问出身，其他民族有才有德之人也可重用。寒族知识分子王猛获得重用，苻坚也因重用王猛获得巨大政治收益。

王猛为人严谨，博学多才，执法严明，雷厉风行，是治理乱世的干才。姑臧侯樊世是前秦元老，居功自傲，当众羞辱王猛，被王猛反讥得无地自容。在一次进宫议事时，樊世又与王猛争吵起来。樊世当众动手殴打王猛。苻坚当即下令杀掉樊世。氐族豪强们见此大惊，纷纷到苻坚面前诋毁王猛，请求杀王猛。苻坚很生气，下令将他们打了一顿，喝令他们必须遵纪守法。经过弹压不法贵戚豪强，前秦内部，尤其是京城社会风气迅速变好起来。

社会风气好转后，苻坚又大力办教育，提高民众素质、培养治国人才。他偃甲息兵，大力发展生产，开发山林矿产河流湖泊渔业，使国家之利与民共享，还组织人修建水利设施，为农业发展提供保障。几年后，前秦出现国泰民安的繁荣景象，成为混战中原中的王道乐土。

苻坚宽待异族有才干的人而尝到甜头，使前秦实力大增。但是，他在此后过于迷恋宽待异族有才干的人，导致他在淝水之战中惨败，前秦统一天下大业功败垂成，他本人也死在被信任的异族人之中。

公元369年，前燕吴王慕容垂投降前秦。苻坚敬仰慕容垂威名，非常高兴，亲自到郊外迎接，不顾王猛等人劝阻，封慕容垂为冠军将军，仍然统率其部众。第二年，王猛、梁成、邓羌等人率军攻下前燕首都邺城，吞并前燕。苻坚将前燕残部交给慕容垂统管。

公元370年，前秦正式吞并仇池，逼降前凉张天赐。吐谷浑首领碎奚、陇西鲜卑首领乞伏司繁等人，都主动向前秦称臣。苻坚都一一优待，授予相应官职，让其管理原部兵马。公元373年，前秦军攻占益州和梁州，于四年后又灭前凉、灭代国，成功统一北方。

苻坚统一北方，结束中原长期混战局面，为一统天下奠定了坚实基础。不过，中原长期混战，各民族之间有历史纠葛，前秦统一中原后，需要较长的时间磨合才能让各民族真正归心。苻坚高估了他的民族融合政策，来不及花时间融合，就迫不及待地发起统一天下的战争。

公元378年，苻坚派苻丕等人率军进攻襄阳，由慕容垂、姚苌率军负责配合。数月后，彭超请求出兵彭城，攻占淮南。苻坚派彭超率军进攻淮南。激战一年后，苻丕才艰难攻下襄阳，而彭超先胜后败，遭到晋朝将领谢玄反击后损兵折将。此时，前秦后方又发生叛乱。苻坚亲自前往镇压，经过几场大战，才将其消灭。这些事表明，灭晋朝条件并不成熟。

公元382年，苻坚又谋划消灭晋朝的事。包括太子苻宏在内绝大多数大臣都反对伐晋，但苻坚统一天下心情太急迫，不愿意放弃伐晋计划。慕容垂趁机大力支持伐晋。苻坚决定消灭晋朝，完成天下统一。

公元383年8月，苻融率张蚝、梁成、慕容垂等部共25万人为前锋，苻坚率领87万人为主力，攻打晋朝。大军出发后，千里相望，非常壮观。

晋朝此时内部清明，积极抵抗，派出谢石、谢玄等人率军御敌。刘牢之击杀洛涧的前秦守将梁成。前秦先锋军败退，谢石等人率军水陆并进。双方隔淝水对峙。苻坚赶往前线，与苻融一起登上城墙观察时，有些胆怯，误认为对岸八公山的草木都是晋军。

晋军要求前秦军后撤腾出决战战场。苻坚答应了。前秦军一后撤，就出现混乱。有人趁机喊：“秦军败了。”混乱局面一发不可收拾，各族士兵纷纷丢下武器，拼命往后退。晋朝军趁机发起猛击，取得全胜。

苻坚败逃后，收集散兵，企图重整旗鼓，但前秦军中的鲜卑人、羌人纷纷举兵反叛，趁机复国。慕容垂带头率部逃跑，到燕国故地重建燕国；拓跋珪逃回北方复国；羌族首领姚苌趁机建立后秦。慕容冲率军围攻长安。苻坚不敌，突围后被姚苌围困在五将山。不久，姚苌杀死苻坚。

前秦一统天下的大好局势就这样随苻坚的死去而灰飞烟灭。前秦分裂成几个国家，中原又陷入混战之中。

4. 鲜卑人崛起于中原

前秦崩溃，中原又陷入混战。一番厮杀后，又一个国家崛起，迅速实现中原统一。这个国家就是北魏。

公元386年，拓跋珪重建代国。拓跋珪复国后，制定向南北发展战略。当时，代国北部是高车和柔然，南部是慕容垂建立的后燕。后燕是代国在中原发展的主要竞争对手。拓跋珪审时度势，采用灵活战略战术，一步步将强敌后燕消灭。

公元395年，后燕军大规模进攻代国。针对后燕军恃强轻敌的特点，拓跋珪主动示弱避敌，待敌疲惫而出击，同时设法瓦解后燕军军心。待到战机成熟后，拓跋珪率军与后燕军在参合陂决战。这一战，后燕军损失四五万人，一举改变代国与后燕之间力量对比。

公元396年，拓跋珪亲率40万大军乘胜追击，对后燕发起了战略进攻。他先后攻下马邑、晋阳，夺取并州，转向东攻下井陉关，直逼常山城。后燕常山太守率众守城，拓跋珪率军攻下常山，并一口气占领周边十多个县，包围中山、邺城、信都。

后燕军据城死守，拓跋珪在中山城下作战失利，不得不转而攻下信都，围攻邺城。这时，代国并州监军丑提率军作乱。拓跋珪欲求和解，结束远征，但后燕皇帝慕容宝不答应，亲自率军13万人，到滹沱河北岸柏肆坞，声称要与拓跋珪决战。

在决战中，后燕军先发制人，险些抓到拓跋珪。因后燕将领乞特真指挥失误，后燕军出现混乱。拓跋珪抓住机会发起反攻，一举打败后燕军。慕容宝收拾残兵逃走了。拓跋珪率军紧追不舍，一举消灭后燕。

此后，代国进行休整。公元398年，代国改名魏国，历史上著名的北魏正式诞生了。北魏积蓄足够实力后，太武帝拓跋焘在公元432年攻打北燕，致使北燕于公元436年灭亡；又在公元439年灭掉北凉。拓跋焘重新统一中原，与南朝宋形成南北朝格局。

如何巩固统治呢？如何避免重蹈前秦覆辙呢？北魏统治者充分吸取前秦的教训，不急于南下统一天下，而是着手解决内部问题，进行改革，力图将蛮夷的血腥野蛮变成华夏的文雅。

拓跋焘死后，拓跋余、拓跋浚、拓跋弘、拓跋宏相继登基为帝。他们逐步推行改革，将北魏从游牧国家转变为农业国家。在改革过程中，各类社会矛盾被激发。拓跋宏继位后，在冯太后的支持下，继续进行社会改革，以图消除和解决各类社会矛盾。

冯太后是拓跋浚的皇后，北燕皇族冯朗的女儿，世族大家出身。拓跋浚当皇帝后，北魏的局势稳定，经济持续发展，社会矛盾也变缓和了。拓跋弘继位后，冯太后临朝听政。

后来，拓跋弘禅位给5岁的儿子拓跋宏，冯太后继续临朝听政。此时，北魏面临危机，冯太后一边处理危机，一边进行社会改革，让拓跋宏尽可能参与。由于冯太后悉心培养，拓跋宏逐渐成熟起来，变成颇有才学的皇帝。

冯太后听政期间的改革涉及官吏俸禄制、均田制、三长制等，促使鲜卑人从奴隶制走向封建化，推动了鲜卑人逐渐适应汉化生活方式和礼仪制度，为拓跋宏进一步改革奠定基础。

拓跋宏亲政后，推行汉化改革。为了更有效地推行汉化，他决定迁都洛阳。

拓跋宏担心大臣反对迁都，先提出进攻南朝齐。这一主张提出后，很多大臣鉴于前秦的教训，纷纷反对。任城王拓跋澄还因此事与拓跋宏争论。退朝后，拓跋宏向拓跋澄单独讲明原委，拓跋澄才恍然大悟，表示支持。

公元493年，拓跋宏亲率30万人南下，从平城出发，向洛阳进军。当时遇到阴雨，拓跋宏准备率军继续南下时，大臣们纷纷出来阻拦。拓跋宏说："兴师动众南伐，半途而废，总得给天下军民一个说法啊！我认为，如果不能南进，就把国都迁到这里吧！"

大臣们面面相觑，不知道说什么。拓跋宏说："同意迁都的人，站到左边；不同意迁都的人，站到右边。"任城王拓跋澄说："只要停止南征，迁都洛阳，我同意。"随后，他率先站到左边。许多大臣纷纷效仿。

迁都洛阳后，拓跋宏进行文化改革。他规定鲜卑贵族要穿汉服说汉话，将鲜卑姓氏改为汉姓，修建孔庙祭祀孔子，鼓励鲜卑贵族子弟学习汉文化经典书籍。

经过改革，北魏阶级矛盾有所缓和，社会经济文化有所恢复和发展，出现民族融合，但也因为学习到世族门阀制度，导致鲜卑化世族大家崛起，并迅速腐化起来。而鲜卑贵族腐化导致北魏迅速由盛转衰，失去了一统天下的资格。

5. 北方世族门阀的灾难

世族门阀制度是魏晋南北朝时期汉人政权始终无法实现复兴的重要原因。因为世族门阀制度，世族大家掌控权力后，不仅上进动力不足，而且非常容易出现社会风气奢侈腐化。北魏改革学到世族门阀制度，导致北魏短暂繁荣后迅速腐败。改革后的北魏与晋朝初期有惊人的相似之处。

高阳王元雍富兼山海，其住宅园囿像皇宫一样豪华，童仆就多达6000人，侍女多达500多人，吃一餐饭花费多达1万钱。鲜卑贵族的物质生活高度丰富，然而精神领域却极度贫乏。读书提升格局和境界太慢太辛苦。既然钱多，那就在钱多方面展示自己，让别人自愧不如。元雍听说晋朝时王恺、石崇斗富的事经常被人提起，就挑选一个富豪河间王元琛，并以超越王恺、石崇竞奢华的规格，进行一次斗富。

晋朝王恺、石崇斗富不久便爆发八王之乱，这次斗富会有什么不良影响呢？执掌朝政的胡太后根本就不想那个，也对斗富乐此不疲。

拓跋宏死后，元恪继位。元恪死后，元愉继位。元愉死后，元诩继位。胡太后是元恪妃子，元诩生母，以皇太后身份专政朝廷。她专政期间是北魏极盛时期。胡太后奢侈任性，挥金如土，崇尚佛教。她下令各州营建庙观。在洛阳城内，诸王、贵人、官宦、公主等，但凡有点钱有点地位的人，都建寺庙，互相攀比。

有一次，胡太后亲自带领王公、大臣、嫔主100多人，去巡视皇宫的仓库。仓库里有很多绢布。胡太后一高兴，大手一挥：“依你们各自力气大小，一个人能扛多少就赏赐多少。”这些人不顾身份，丑态百出，使尽力气去扛绢，争先恐后地往家里搬。尚书令李贤和章武王元融贪得无厌，一下子扛了数匹绢，扛不动，扑倒在地，一个伤了腰，一个扭了脚。胡太后见此，笑得前俯后仰，下令卫士将他们赶出仓库，一匹绢都不给。这件事在当时传为笑话。

胡太后带头爱钱财，斗富，给那些在斗富中失败的一方极大刺激。整个北魏统治阶层都拼命地捞钱、斗富，追求享乐，为自己挣面子。元晖有个绰号叫饿虎将军。他当吏部尚书时，利用手中职权，明码标价地卖官。百姓戏称吏部是“卖官的市场”，而称官吏是“白昼的窃贼”。不仅如此，地方官也公开聚敛财物，尤其是征收租调时，使用长尺、大斗、重称搜刮百姓的粮食。

过于繁重的兵役和沉重的徭役导致大量农民破产。破产农民或者投靠豪强，沦为家奴，或者出家为僧尼。北魏统治者除了继续压榨未逃的农民，还搜捕逃亡农民，导致阶级矛盾激化，各地起义爆发，例如北方边镇起义，河北起义，山东起义，关陇起义等。起义军在战斗中杀死许多王公贵族、州郡牧守、各地地主富豪，参与人员涉及汉族、鲜卑族、氐族、羌族、敕勒族等各民族。

公元523年4月，怀荒镇的军民强抢官府粮仓，举行起义。北魏派兵进行镇压，一再失利。随后，北魏收买柔然军，一起镇压了起义。在此期间，边镇豪强势力迅速发展壮大。契胡首领尔朱荣收集北镇的豪强和流民，迅速形成强大军事集团。

北魏面临严重危机，执政的胡太后不仅未采取有效措施去缓解社会矛盾，还做了一件人神共愤的事。公元528年，胡太后为了实现长期专政，过荒淫奢侈的生活，毒死皇帝元诩，另立3岁的元钊为皇帝。尔朱荣以为皇帝元诩报仇为名，率军进攻洛阳，册立元子攸为皇帝。

胡太后急忙调集军队对付尔朱荣。北魏官军与尔朱荣决战时，遭到惨败。洛阳被占领后，尔朱荣逼迫胡太后和元钊一起随他撤出洛阳。走到河阴时，尔朱荣下令将胡太后和元钊投入黄河，并将随行2000多文武官员全部杀死，史称河阴之变。

在河阴之变中，尔朱荣将迁都洛阳的汉化鲜卑贵族消灭殆尽，也将出仕北魏的汉族世族门阀杀了一大半。这是北方世族门阀的一次巨大损失。事后，尔朱荣下令将元子攸送到洛阳，派亲信在洛阳监督，自己坐镇晋阳遥控指挥。

尔朱荣一系列举动引起人神共愤。一度非常强盛的北魏从此陷入混战和分裂中。北魏一统天下的希望再也看不到了。

6. 势均力敌的终极对阵

河阴之变，尔朱荣成为皇族集团和一部分世族大家的死敌。尔朱荣要保全自己，唯有称帝建国。他按照传统，让人造金人，结果四次不成，便认为上天暗示他不宜称帝。此外，各地农民起义愈演愈烈，越来越多强大军事集团出现。尔朱荣只好暂时放弃称帝打算，将皇帝元子攸送回洛阳严加看管，自己先去镇压各路起义军。

尔朱荣聪慧机敏，遇事有决断，是借替朝廷镇压农民起义崛起的。他喜欢招降起义军，也喜欢从降将中挑选优秀将领，例如高欢、贺拔岳、侯景、宇文泰等人。尔朱荣主要对手是葛荣。葛荣起义后，通过战斗和兼并，实力快速坐大，占有燕、幽、冀、定、瀛、殷、沧7个州，号称百万军队，有推翻北魏的潜力。尔朱荣能征善战，在一次战斗中，率领7000精锐骑兵，以少胜多，打败葛荣号称30万的队伍。此战后，尔朱荣在河北镇压各路起义军越来越顺利。

河阴之变后，北海王元灏跑到了南朝梁。南朝梁册立他为皇帝，并派大将陈庆之率军北伐北魏，想帮助他夺回皇位。尔朱荣率军击败南朝梁军，抓获了元灏。公元530年，尔朱荣又派尔朱天光、贺拔岳、侯莫陈悦、宇文泰等人率军进入关中，扫平关中趁乱崛起割据的势力。至此，尔朱荣基本控制北方。

尔朱荣入朝，想进一步控制皇帝元子攸，为篡夺皇帝位做准备。他提前接到元子攸想杀他的密报，却深信元子攸没那个胆量，因为他女儿是皇后，对元子攸一举一动紧紧掌控着，没女儿送来的密信，说元子攸想杀他，那是有人想冒功领赏。事实证明，尔朱荣为忽略这份情报付出了生命代价。

公元530年11月1日，元子攸在明光殿东埋伏了杀手后，派人飞报尔朱荣，说尔朱皇后生了个儿子，文武百官络绎不绝地进宫道贺。尔朱荣女儿确实怀孕到了预产期。尔朱荣丝毫不怀疑有诈，非常高兴，迫不及待地入宫去。元子攸埋伏好的士兵一举将尔朱荣及随从30多人杀了。尔朱荣一死，洛阳军民雀跃欢呼。

尔朱荣侄子尔朱兆和尔朱世隆在外地统率军队，得知消息，合兵一处，册立北魏宗室元晔为皇帝，出兵讨伐洛阳的皇帝元子攸。洛阳再次沦陷，元子攸被俘，后被尔朱兆带回晋阳勒死。

尔朱荣部将高欢没参与这场战争。高欢骗过尔朱兆，去统率原六镇起义的降兵。这些降兵大多曾遭尔朱集团官兵的欺凌，高欢骗到统帅权后，立即率领这些降兵与尔朱集团决裂。公元532年，高欢率军与尔朱集团进行大决战。尔朱兆部将斛斯椿等人趁他们决战之机，率兵杀回洛阳，将留守洛阳的尔朱集团成员一网打尽，另立元修为皇帝。公元533年，尔朱兆兵败自杀，余部投降了高欢。

高欢势力坐大，对斛斯椿以及皇帝元修造成很大威胁。元修策划除掉高欢，但事情很快败露。无奈他们又没实力战胜高欢，只好出逃，到关中投靠不服高欢的宇文泰。元修封宇文泰为尚书左仆射，并向天下昭告高欢的罪恶，号召天下人讨伐高欢。高欢派兵追击元修等人，遭到挫败后，又多次请求元修回洛阳，都没得到回应。高欢干脆撤军回洛阳，另外册立元见善为皇帝，不久又带元见善迁都邺城。从此，北魏有两个皇帝，两个朝廷，分别以都城位置称东魏和西魏。

高欢另立皇帝后，发动了一系列旨在灭掉宇文泰的战争。公元536年，高欢与宇文泰第一次交手，略败；公元537年，高欢与宇文泰在沙苑决战，惨败，宇文泰从此稳定关中局势；公元538年，高欢与宇文泰在河桥决战，宇文泰惨败，高欢损失大将高敖曹。

高敖曹哥哥高慎投降西魏，献上虎牢关等地当作投名状。宇文泰亲自率军去接应，到洛阳后，包围了河桥南城。高欢亲自率军10万渡过黄河，在邙山扎营。宇文泰想袭击高欢，高欢得知消息后，将计就计摆阵待敌。两军交战时，高欢派出偏师彭乐部反过去袭击宇文泰大营。宇文泰用金钱财宝收买彭乐，才换得一条生路。

第二天，东西魏军再战。宇文泰得知高欢的位置，率军直取他的营帐。高欢险些被俘虏，仅一人逃走。宇文泰派贺拔胜率骑兵猛追，在即将刺死高欢时，被东魏将领段韶一箭射死。等其他西魏兵赶来，高欢已经逃得不见踪影。

高欢逃到安全处，立即收集散兵，亲自率军大肆反攻。宇文泰等人没料到高欢这一招，军阵被冲散，士兵纷纷逃散，几乎全军覆没。此时，只要高欢一鼓作气，率军进攻，便可势如破竹攻进关中。不过，高欢手下将领都没有斗志，士气衰竭，不愿意再战。高欢只好放弃这个机会，趁机收兵。高欢和宇文泰一场生死战就这样离奇结束。

三年后，高欢又率军进攻西魏。此时，宇文泰因主要精力都放在内部改革上，没亲自迎战。玉璧守将韦孝宽坚守不出，以抵挡高欢进攻。韦孝宽非常善于守城。高欢使用掘河道、堆土城、挖地道等方式进攻，都被韦孝宽及时一一破解。他率军苦攻50天没破城。正好赶上瘟疫暴发，高欢军队战死病死的超过7万人。他忧愤发病，不得不撤军。

高欢死后，长子高澄继承他的爵位和官职，后被家奴刺杀。次子高洋继承爵位和官职后，宇文泰趁机率军攻打东魏，但看到高洋治军布阵不亚于高欢，意识到无法短时间打败东魏，撤军回到关中，继续改革自强。就这样，高欢与宇文泰对阵数次，最终势均力敌，魏国再次统一不可能实现。

公元550年，高洋建齐代魏，史称北齐。宇文泰继续为西魏效忠。宇文泰死后，他侄子宇文护废掉元廓，册立宇文觉为帝，建周代魏，史称北周。至此，统一北方强大一时的北魏寿终正寝。历史又进入南北三足鼎立时期。

7. 任性丢了逐鹿天下的优势

高欢三番五次出兵消灭宇文泰，但始终无法消灭不如他的宇文泰，忧郁而死。高欢死后，其长子高澄又遭不幸。次子高洋袭爵后，干脆取代皇帝元见善，建立北齐。

高洋创建北齐后，挫败了宇文泰趁火打劫企图，又趁南朝梁内乱机会，抢夺了梁州、义州等地。而在公元552年至555年，高洋集中力量对北方少数民族用兵，先后击败柔然、突厥、契丹等，修筑4000里北齐长城，设置25个边镇，大大改善北齐北方边防环境。此外，北齐农业、盐铁业、制造业都快速恢复发展起来。北齐成为北齐、北周、陈三足鼎立中最富有、最强盛的国家。

不过，北齐的强盛昙花一现。从公元555年起，高洋开始由勤勉变荒淫暴虐。他有些令人难以理解的嗜好，喜欢“一览众山小”的感觉，常常爬上建筑物最高处，也喜欢在大街上赤裸身体行走，穿女人衣服涂脂抹粉逛街，还喜欢抢掠良家妇女进宫，然后和亲信一起调戏她们，等等。

见高洋沉湎酒色，娄太后大骂：“什么样的老子生什么样的儿子！”高洋喝得醉醺醺的，当即顶嘴：“你个老东西，还敢骂我？明天，我将你嫁给胡人当老婆去！”娄太后当场气晕。高洋略有点清醒，想逗娄太后开心，一伸手却将她推倒，脚摔伤了。酒醒后，高洋又为此事痛苦流泪。

公元559年，高洋问元韶汉朝为何会出光武中兴。元韶不怀好意地说因为王莽没杀干净姓刘的。高洋突然想到自己建齐代魏，故魏皇族元氏家族还有不少人活着。于是，他下令将故魏宗室的721个男性全部杀死，连婴儿都不放过。

高洋整天喝酒，为所欲为，身体很快虚亏，于公元559年11月25日暴亡，年仅34岁。高洋死后，弟弟高演继位。高演当皇帝不到一个月就因坠马重伤而死。弟弟高湛继位。高湛比高洋更荒淫。他宠信奸臣，淫乱不堪，肆意诛杀宗室大臣。一时间，北齐朝政混乱，大臣人人自危，社会动荡不安。就这样，高氏几代皇帝白白丢失逐鹿天下的优势。

形势更为不利的是，北齐死敌北周的势力却蒸蒸日上，开始了灭齐战争。公元563年冬，北周名将杨忠联合突厥军一起进攻北齐。高湛率军抵抗，在第二年正月于并州挫败北周军，但自身兵力也受损严重。这一年冬天，北周军又来攻，占领豫州，并差点攻下洛阳。

面对严峻局势，高湛令人意料地选择逃避，禅位给儿子高纬，自己当太上皇。高纬更不是北周皇帝宇文邕对手。他同样昏庸好色，在面临巨大军事压力下，杀死名将斛律光。结果，北齐不仅被北周攻城略地，还被南朝陈趁机夺走淮南地区，最终于公元577年被北周灭掉。

8. 杀“屠龙专业户”而崛起

高欢实力和基础都比宇文泰强。他活着时没征服宇文泰，死后，其子孙却被宇文泰后代征服了。这并不是因为宇文泰后代比高欢后代强多少，而是因为宇文泰后代“低开高走”，高欢后代却是“高开低走”。

宇文泰后代“低开高走”是北周历史特色。宇文泰死后，在宇文护辅佐下，宇文觉建周代魏。宇文觉是历史上“独具一格”的开国皇帝。他从登基到死，都是傀儡。不仅如此，北周第二任皇帝、第三任皇帝都是傀儡。朝政大权控制在宇文护手里。

宇文泰与高欢对峙，对内搞改革自强，对外搞防御自保，很快成为西魏实际控制者。宇文泰死时，他儿子年龄偏小，威望不足以继承丞相之职。于是，他委托宇文家族中战功威望能力最强的宇文护辅佐他儿子。宇文护出任西魏丞相后，扶植宇文泰嫡子宇文觉建周代魏。

宇文觉不甘心当傀儡皇帝，与赵贵等人谋划除掉宇文护。事情败露，参与此事的赵贵等人被满门抄斩。宇文觉没多久也死了。此时，宇文觉登基还不到一年。宇文护册立宇文泰庶长子宇文毓为皇帝，还杀鸡吓猴，杀了故西魏废帝元廓。宇文护当上大冢宰，总管北周的左右十二军。

宇文毓继位时已经成人，还当傀儡皇帝，心有不甘。在宇文护试探性还政时，宇文毓毫不犹豫地收回部分权力。此举让宇文护心里不舒服。结果，宇文毓登基三年后莫名其妙中毒死了。接下来，谁当皇帝呢？宇文邕被册立为皇帝。

公元560年，宇文邕登基为帝。他吸取教训，将所有权力和政事都交给宇文护。他深知宇文护心狠手辣，党羽渗透到朝廷和地方，自己稍有不慎就可能丢命，就采取韬光养晦策略，一步步将其捧杀。宇文护三年换三个皇帝，引起部分鲜卑贵族不满。侯莫陈崇公开声明要杀宇文护。宇文邕将他召到朝廷里，当着满朝文武官员的面痛骂他。他诚惶诚恐谢罪。宇文邕没杀他，但侯莫陈崇被宇文护派出的人逼着自杀了。宇文邕下诏："宇文护对皇帝兄弟们好，为国尽心尽力，以后各种文书里，都要尊重他，不能直接称他的名字。"

宇文邕讨好宇文护远远不止如此。宇文护非常孝顺，宇文邕便去成全他孝顺。宇文护母亲被北齐俘虏。宇文邕便通过军事加外交手段，迫使北齐放回她，并亲自率领皇亲国戚向她行家人之礼。她一高兴，宇文护对宇文邕也就多了几分好感，少了几分警惕心。

公元564年，宇文邕精心策划了一场晋国公代替皇帝亲征北齐的战争。宇文护代替皇帝亲征，心里非常高兴，以为能趁机加强权威，但北周有些贵族内心却认为宇文护此举僭越，过分，便在出征中出工不出力，导致宇文护风风光光出征，惨败而回。宇文护本来想长脸，没想到脸丢尽，声望大大下降。宇文邕不仅不追究战败责任，还一如既往地尊重他、安慰他，即使自己到了亲政年龄，按照规定宇文护必须归还权力，也还坚决请求他继续摄政。

宇文邕如此跪舔宇文护，真正目的是让他放松警惕，同时让他在群臣心目中僭越印象加深，再寻机一举干掉他。公元572年，宇文护从外地回长安后，想去拜见一下皇太后。宇文邕亲自陪他去。他一边走一边向宇文护吐槽："太后年事已高，还天天酗酒。虽然我多次劝谏，但她根本不听。您是我大哥，待会儿见到太后时，一定要帮我劝谏劝谏。"说完，宇文邕拿出一份写好的《酒诰》，让他以此劝谏皇太后。当时，天下臣民随便喝酒是违法的。宇文邕提出要求皇太后禁酒于情于理说得过去。宇文护在朝廷上是大冢宰，在宇文家族里是族长，请他出面劝说皇太后戒酒，也是合适的。宇文护爽快答应了。

当宇文护拿《酒诰》要求皇太后戒酒时，宇文邕突然猛击他的脑袋。宇文护被击晕倒地。宦官何泉趁机拿刀刺杀他，躲在一旁的宇文直也上去帮忙。最终，他们将宇文护杀死了。随后，宇文邕宣布宇文护对皇太后不敬，被杀，同时下令捉拿宇文护儿子及其亲信爪牙。就这样，平时跪舔宇文护的宇文邕一个袭击，消灭了权臣宇文护集团。

诛杀宇文护是北周历史转折点。它使宇文邕摆脱傀儡皇帝身份，可以尽情发挥才干治理国家，也将北周从内乱倾轧中解放出来。宇文邕掌权后，继承先父遗志，继续进行改革，领导北周由弱变强，很快具备消灭北齐的能力。北周摆脱弱势地位，争夺到主动权，成为最有实力一统天下的一方。

9. 北朝最大幸运与遗憾

诛杀宇文护后，宇文邕趁机将大冢宰改成一个象征荣誉的虚职。他还改诸军军士为侍官，取消限制兵源的民族属性，限定地方行政长官与其僚属的关系，防止地方权力私人化。

公元573年，宇文邕下令规定儒、道、佛的地位：儒为先，道次之，佛为末。第二年，他下诏禁佛。各地的大量佛寺被拆除，僧尼被强迫还俗去种田。于是，大量人口重新成为国家编户，北周兵源和财力大大增强。

在经济方面，宇文邕意识到世族门阀对社会进步有巨大阻碍，因而打击世族豪强毫不含糊。当时，世族豪强占有大量土地和人口，这严重影响了朝廷掌握的兵源和财源。宇文邕制定严法，规定包括世族门阀在内的人，隐藏人口和土地不上报官府，最高判处死罪。对于普通百姓，宇文邕下诏各贵族地主释放奴婢，鼓励开垦农田，兴修水利。

在军事上，宇文邕也进行了重大改革。他下令吸收均田的汉族农民当府兵，当兵本人可以免除租调和徭役，原先地方豪强所控制的农民，现在改为由朝廷直接管控。在军队上，他改变过去府兵专属于某一将领的传统，使所有府兵直接听命于皇帝。

在搞好内政的同时，宇文邕时刻惦记的是消灭北齐，统一北方，进而统一天下。公元575年，宇文邕亲率18万人进攻北齐，一口气攻取了30多个城池。宇文邕中途病倒，不得不撤军。两年后，宇文邕再次发起战略进攻，攻下了邺城，俘虏北齐皇帝，统一北方。

北周统一北方，令在北周、北齐间玩平衡的突厥惊恐。公元578年，突厥军大举进攻抢掠幽州。柱国刘雄在抗击突厥军过程中兵败身死。宇文邕大怒，亲自率领北周主力军，北伐突厥，但在行军途中病死，年仅36岁。皇太子宇文赟继位。杨坚等人负责辅佐。

宇文赟登基后，并没继承宇文邕一统天下的遗志，而是执政风格大变，转向奢侈享受。与宇文邕孝顺父母不同，宇文赟在父亲死去第二天登基，第十天其父亲下葬后，他脱下孝服，大搞庆祝活动。按照礼制，新皇帝登基，至少要为先君王守孝一个月，才可以搞庆祝活动。

宇文赟迫不及待地享受皇帝生活。他沉湎酒色，一口气册立5个皇后，同时大肆装饰皇宫。此举引起一些朝臣不满。他非常不自信，喜欢滥施刑罚，派亲信去监视担任要职大臣的一言一行。连奉命辅政的国丈杨坚也不例外，处处受到监视。

宇文赟也知道臣民们不喜欢他，在当了一年多皇帝后，禅位给儿子宇文衍，自称天元皇帝，全身心投入后宫美色享受。因过度放纵，宇文赟的身体早早被耗垮。在一次夜游时，宇文赟遭遇雷电交加，一病不起。在宇文赟荒淫无度混日子时，朝政在杨坚等人努力下，尽力坚持着宇文邕时代的治国方略。大臣们经历过宇文邕时代的欣欣向荣，也经历宇文赟时代的荒淫颓废，内心倾向杨坚执政的人越来越多。

公元580年，宇文赟病危时，刘昉、郑译伪造诏书，杨坚受遗命摄政。杨坚掌控北周朝政，消灭一些反对者，于第二年建隋代周。华夏族一统天下的梦想再次被激发。

第六章

隋唐五代两宋，文治武功交相使用

乱世崛起的汉人杨坚统一天下。随后，盛世一个又一个到来。隋唐五代两宋，以武功崛起，以文化复兴，但历经盛世却找不到长治久安良策，盛世和混乱相互交替，文治武功交相使用。历史在此期间留下太多遗憾和惊喜。

1.他实现了华夏族的梦想

五胡闹中原270多年，各族军事势力相继建立政权。在连年混战中，天下统一和平成为各族人的心声。一个汉族地主杨忠在混战中崛起了。他儿子杨坚顺势夺取北周天下，统一天下，实现了华夏儿女近300年的梦想，并迅速开创开皇盛世。

公元541年，杨坚出生。因父亲杨忠是西魏、北周随国公，杨坚14岁就进入官场。当时，社会急剧变化，宇文泰死后，宇文护挟持宇文泰儿子建立北周，控制朝廷一切大权。北周皇帝与宇文护关系非常微妙，杨忠虽然颇有声望，但从不介入他们之间的事。杨坚采取父亲的策略，与双方保持同等距离。

宇文护被杀后，杨坚协助宇文邕伐北齐，建立巨大功劳，声望和地位进一步提升。他也从宇文邕那里学到不少治国要诀。

天不假年，宇文邕在统一北方一年后去世。北周一统天下事业中断。杨坚受遗命辅佐宇文赟当皇帝。宇文赟荒淫暴虐，不仅没继承父志，还处处为难大臣。杨坚是宇文赟重点监视的对象。杨坚忍辱负重，继续宇文邕的治国政策，施政宽和，精简苛严，赢得大部分朝臣好感。宇文赟死后，杨坚在刘昉、郑译协助下，清除北周宗室反对力量，击败其他反对大臣，拉拢鲜卑贵族，于公元581年建隋代周，登基为帝，改元开皇。

杨坚当皇帝后，继续进行内政改革，让隋朝富裕起来，并准备一统天下。当时，隋朝已经统一中原，但江南还有南朝陈，江陵还存在一个西梁。公元587年，杨坚下令兼并西梁，并于公元588年派杨广、杨俊、杨素分三路，率领共计51万隋军，向南朝陈发起全面进攻。第二年2月10日，隋军攻入建康，灭掉南朝陈。一年后，隋军降伏岭南诸州，天下完全统一。

天下统一，开皇之治的成就也举世瞩目。中原长期战乱，民生疲敝困苦，杨坚采纳苏威的建议，大力推行均田制，废除盐酒专卖以及入市税，多次减免农业税，鼓励百姓进行农业生产，稳定和发展经济。当时，关中粮食短缺，需要依赖关东漕运接济，杨坚下令在洛州等地设立官仓，储存粮食，还鼓励民间设立义仓，防止出现凶年。为便利关中的漕运，他还下令疏通广通渠。

公元589年天下统一后，杨坚以国富为首要目标，亲自带头勤俭节约，轻徭薄赋，以解民困。同时，为确保国家赋税收入，稳定民生，他下令调查全天下户口，给予没户籍的人户口。前朝酷刑苛法多，影响民生，不利于经济发展，杨坚就命令苏威等人编纂《开皇律》，修订刑法，使百姓有法可依，又减少不必要的刑罚。

不过，杨坚有两个致命弱点：惧内和猜忌苛察。这对隋朝走向产生严重负面影响。公元593年，杨素负责督建仁寿宫，督役严急，死了数万人。杨坚看到宫殿华丽与勤俭治国理念不同，呵斥杨素。但是，独孤皇后对宫殿非常满意，杨坚态度立即发生改变，在第二天又赏赐了杨素。事后，杨素办事察言观色，千方百计讨好独孤皇后。独孤皇后反感太子杨勇生活奢侈，宠爱小妾，忌恨左仆射高颎不接受她安排的女人，说他们坏话，想扳倒他们，杨素积极附和，认真配合。最终，杨坚撤高颎一切职务，废除太子杨勇，改立独孤皇后宠爱的晋王杨广为太子。

杨坚滥杀大臣，常常因小过错严惩大臣。刘昉、郑译、王世积、虞庆则、史万岁等人的死，都与严苛刑法有关。因皇帝杨坚猜忌苛察，臣民越来越诚惶诚恐，而一些投机分子靠察言观色获得宠信。

晋王杨广矫情饰诈，内谄被杨坚畏惧宠信的独孤皇后，外结察言观色的大臣杨素等，逐渐取得了杨坚的信任，成为新太子。杨广当上太子，逐渐架空杨坚，导致他不明不白死去。开皇之治迅速消失在历史长河之中。一个疯狂的历史时期来临。

2. 一个疯狂的皇二代

隋朝一开国便创建盛世，但只经历两世皇帝就灭亡。其转折点是换太子。公元600年，杨广成为太子后，逐步掌握权力，架空皇帝杨坚，消除潜在威胁。公元604年，杨坚死，杨广当了皇帝。

杨广不当皇帝，他将是流芳百世的名将；他当了皇帝，丢了隋朝江山，便是遗臭万年的暴君。事实上，杨广并非真正意义的暴君，而是历史上少有的狂君，从坚信自己无所不能到发现自己无能为力，最终丢掉了江山。这里包含着被捧杀的因素。

公元588年，年仅18岁的杨广统率大军渡江伐陈，并于第二年赢得胜利，完成一统天下的历史性任务。如此功勋，古今少有。总体战略杨坚早已经拟定好，战争中具体谋划由长史高熲负责，战术上由韩擒虎、贺若弼等人去执行，隋军伐陈时具备压倒性优势，谁担任主帅结果都一样，但作为主帅的杨广，依然坚信一统天下是他的功劳，坚信自己是古今少有的军事将才。在争夺太子位时，更多是由宇文述、杨素等人在背后出谋划策，但成功夺得太子位，杨广依然深信是自己谋略超群。

当皇帝后，杨广自信心膨胀，开始一系列旨在超越秦皇汉武功绩的举动。公元605年，杨广征调200万人修建东都洛阳，同时派人修建运河、建造龙舟等。龙船高45尺，宽50尺，长200尺，船面上有4层，第4层是供皇帝妃子住的正殿、内殿、东西朝堂，中间两层是120间房，第一层是内侍住的地方。如此壮观豪华的船，令当年秦始皇南巡的船队大为逊色。杨广下令修建的运河，范围涉及河南、淮北、淮南、河北、江南诸郡，规模之大，里程之长，也远远超越前代。

公元607年，杨广下令修缮长城和修建直道，还提前派裴矩去游说西域诸国，鼓动他们派使者朝见隋朝天子，获得天子赏赐。在草原上，一场万国来朝大聚会如期进行了。参与者除了杨广和随行官员外，还有从高句丽到西域一带大小各国各部落首领或者使者，包括突厥启民可汗在内，有的是君主亲自来朝拜，有的是派使臣来朝拜。

面对万国来朝，杨广大肆赏赐，命令裴矩带领那些人去长安见识隋朝的富有。为向外国使者展示富有，杨广下令各馆舍酒肆，一律不准收各国使者的钱，全程免费招待，各阶层人一律要穿丝绸，全力将隋朝最富有的一面展现出来。

北方霸主东突厥启民可汗亲自跪拜杨广，杨广赏赐启民可汗两千段帛，外加一套规格高于诸侯王的马车，连其手下都各有赏赐。随行老臣高颎、贺若弼、宇文弼等人认为不妥，进行劝解。杨广处死了这些扫兴的人。

在接见中，有一件事令杨广非常生气。原来，参与朝觐人中的高句丽使者，并不是来朝觐他的，而是被启民可汗带来的。高句丽使者找启民可汗，目的是联合东突厥对付隋朝。万国来朝，唯独高句丽王建不来，还想联合突厥攻打隋朝。杨广气愤至极，下决心要征服高句丽。

万国来朝结束，西域有些使者带着大量赏赐回国，在途中遭到吐谷浑人抢掠。那些使者或者被抢光，或者被杀死。这明显是不给隋朝面子。杨广下令隋军教训吐谷浑。战争进行三年后，隋朝才彻底征服吐谷浑。

杨广认为，只有灭掉高句丽，才能长久维持万国来朝。征服吐谷浑后，杨广就准备征服高句丽。公元611年，杨广下令向高句丽发起进攻。隋军有113万，供给粮草的民夫有200多万，但结果是失败。杨广不服气，在公元612年再次发兵征伐高句丽。杨素儿子杨玄感在黎阳督运粮草，发现“百姓苦役，天下思乱”，趁机造反。杨广震怒，被迫撤军，赶回国内镇压杨玄感造反。公元614年，杨广第三次命令隋军向高句丽大规模进攻。高句丽王建请求投降。第三次远征高丽结束。

攻打高句丽后，万国来朝并未维持下去。此时隋朝到处都是农民起义，统治出现空前危机。突厥人也在图谋攻打隋朝。公元615年，杨广依例北巡长城时，被突厥始毕可汗趁着前来朝觐的机会，包围在雁门。杨广派人私下向始毕可汗的阏氏义成公主求救。义成公主谎报军情，加上隋朝各路勤王军赶到，杨广才解围逃脱。

这件事后，杨广意志消沉。他不愿意正视农民起义坐大而自己无力控制天下的事实，身边佞臣也从不实情相告，报喜不报忧，声称造反农民在减少。公元616年7月，杨广离开洛阳，去江都后，越发荒淫混乱，沉湎酒色。公元617年，李密造反，宣布杨广十大罪状。李渊起兵攻入长安后，杨侑登基，杨广被遥尊为太上皇。

杨广得知皇帝被撤掉，心灰意冷，无心回北方，令人修丹阳宫，准备在江都长住下去。杨广随从都是关中人，想回关中，在宇文述儿子宇文化及领导下发生兵变。杨广被杀后，宇文化及率军西归。

杨广遇害后，天下巨变，洛阳群臣拥立杨桐为帝。不久，王世充称帝。各部起义领袖也纷纷称王称帝。李渊逼迫杨侑禅位建立唐朝，开始新的征战，努力再次统一天下。轰轰烈烈的隋朝消失在历史中了。

3. 再次统一天下的门阀

隋朝轰然倒下，天下进入群雄逐鹿时期，但并未分裂太久。关陇集团另一个大贵族李渊崛起，经过几年南征北战，建立一统天下的唐朝。

李渊与隋朝皇室有千丝万缕的联系。李渊母亲与隋朝的独孤皇后是亲姐妹。李渊7岁丧父，袭爵唐国公。他性格开朗，待人宽容。无论贵贱的人，都很喜欢他。隋朝建立后，姨夫杨坚非常器重和亲近他。他小时经常进出隋朝皇宫，对隋朝内争心知肚明。

在隋朝，李渊大多数时间是当闲散国公。直到公元613年6月，杨玄感造反，李渊奉命镇守弘化郡，兼督关右诸军事，才开始涉足军事。这期间，李渊跟天下豪杰广交朋友，遭到杨广的猜忌。杨广曾经问宫中女官李渊外甥女王氏："你舅舅为什么迟迟不来觐见？"王氏回答说病了。杨广接着问："病得要死了吗？"李渊得知此消息，非常恐惧，开始贪酒好色，收受贿赂，以消除猜忌，保全性命。

公元615年，李渊出任河东抚慰使，负责镇压河东起义军。李渊为人宽厚，并不将那些起义军往死里逼，往往是"先将其击败、再将其收编"，然后以预防突厥进攻为名，挑选善骑射的人模仿突厥骑兵进行训练。突厥侵犯边境时，李渊多次将其击退。

公元617年，李渊出任太原留守、晋阳宫监，负责防御突厥和镇压辖区内的起义军。李渊儿子李世民参与过雁门解围，见过皇帝杨广，预料隋朝必亡，暗中招纳逃亡之人，网罗各种人才，与裴寂等人秘密策划起义。

公元617年2月，李渊辖区内的鹰扬府校尉刘武周发动兵变，杀死马邑太守王仁恭，自称皇帝。不久，刘武周率军攻破了娄烦郡，占领汾阳宫。王仁恭是杨广安排协助李渊防御突厥的人。杨广得知消息大怒，召李渊去江都解释。李渊不愿意去送死。李世民趁机说："事情紧急，可以举事了。"李渊打着防御刘武周和突厥的旗号，派李世民、刘文静、刘弘基等人到各地招兵买马。太原副留守王威怀疑李渊父子要造反，密谋将他们骗到晋祠杀掉，被识破。李渊先发制人，以勾结突厥的罪名将王威杀掉。

公元617年7月，李渊以"匡扶隋室"为名宣布起兵，率军直捣关中。与此同时，李渊向各地发文书，控诉皇帝杨广听信谗言、杀害忠良、穷兵黩武等罪过，争取各地世族门阀和官僚的支持。李渊率军挺进关中，攻下长安，拥立代王杨侑为皇帝，自己加封唐王，担任大丞相、尚书令，与儿子李建成、李世民、李元吉一起，完全控制了关中。

在杨广被害两个月后，李渊建唐代隋，改元武德，定都长安。为统一天下，他派李世民、李建成、李元吉等率军去消灭各地的割据势力。公元618年，唐朝消灭薛举、薛仁杲父子；公元619年，兼并李轨，消灭刘武周、宋金刚；公元621年，李世民俘获窦建德、逼降王世充；公元623年，消灭刘黑闼；公元624年，收编张金树、辅公祏。经过六年的战争，唐朝结束隋末群雄并起局面，再次统一天下，开创了一个新时代。

4. “君臣公治”创盛世

建立唐朝后，李渊在政治上采用三省六部十三司制，经济上实行均田制和租庸调制，文化上实行科举取士制，军事上实行府兵制，基本上承袭隋朝治理体系。唐承隋制，历史将走向何方呢？

李渊开国后，遇到类似当年杨坚的困境：太子威望相对弱，次子军功太大。李渊还没想到解决之策，就爆发了玄武门之变。

公元626年，突厥兵入侵，太子李建成趁机推举齐王李元吉为统帅，调秦王李世民手下将领，出征抵御突厥兵。李世民不能忍受借助突厥入侵之机削弱他的实力，便率领亲信卫队，先发制人，发动政变，在玄武门袭杀太子李建成和齐王李元吉。

玄武门之变后，李渊被迫将军政大权交给李世民，册立他为太子：“从今天开始，军事政事，无论大小，都先交给太子处理，然后再告知皇帝。”不久，李世民登基，改元贞观，李渊做上了太上皇，退休养老。

李世民亲历隋末战争，目睹隋朝灭亡，登基后常以杨广做反面教材，警诫自己以及下属，调整和纠偏政策。

唐朝实行三省六部十三司制。按分权原则，李世民明确三省职权：中书省的职责是发布命令，门下省的职责是审查命令，尚书省的职责是执行命令。要形成一个政令，先由宰相们举行议事形成决议，上报皇帝批准后，在发布诏书前送门下省审核，门下省审核通过并附署，诏书才形成正式法令，然后由中书省以皇帝名义发布诏书。

李世民重视人才，能得人善任，能虚怀纳谏，也能从谏如流。他十分重视官吏清廉，省并冗员，考察吏治。同时，他让五品以上官员轮流到中书省值夜班，以便垂询民间疾苦和施政得失，同时促使百官自励。

此外，他不断完善各种政治制度、减轻刑罚，稳定社会秩序。

李世民多次对外用兵，经略四方，解除周边威胁，先后灭掉突厥、吐谷浑、高昌、焉耆等国以及薛延陀部，将漠南、漠北、西域、青海全部纳入国土，还打败高句丽、吐蕃，让吐蕃臣服。加上李世民胸怀开阔，尊重各民族风俗，设置都护府，他成为当时世界共主，被尊称为天可汗。

李世民还非常重视百姓生活状况，轻徭薄赋，爱惜民力，关注农业生产，实行均田制和租庸调制，奖励垦荒，使农民能安心生产，衣食有余，安居乐业。他还紧缩政府机构，以节省开支，通过互市换取大量牲畜，用于农事，及时救灾恤贫，鼓励发展对外贸易。

由于国力强盛，唐朝对外关系无比自信，高度开放，陆上、海上丝绸之路贸易都非常兴盛。丝绸之路再次变成世界黄金走廊。在丝绸之路上，来来往往的商旅络绎不绝，各种货物在东西来往中进行着交易。而李世民加强对西域等地的管辖，加强了与亚洲各国往来，使唐朝成为当时世界最强国家，长安成为世界大都市。

5. 武周是"出轨的盛唐"

李世民是伟大的，但册立太子一事有遗憾。太子李承乾遭人诬陷，被迫造反被废。为争夺太子位，几个皇子展开了激烈斗争。仁厚的李治成为太子。李治当皇帝后，宫内充满血雨腥风，武则天当上皇后，逐渐参与朝政，到后来还建周代唐，成为历史上第一个女皇帝。

武则天是荆州都督武士彟女儿，14岁进宫，当过李世民的才人。她才智过人，明察善断，擅长谋略和用人，顺利赢得李治宠信，当上皇后，还清除了关陇贵族集团对朝政的控制，帮助李治实现君主集权。从李世民时代的君臣共治到李治时代君权独揽，武则天起了不可替代的作用。

李治声望不如其父，没足够自信与大臣共商政事，迫切想集权独断。但武则天帮助他实现这一目标后，尤其是挫败上官仪废后图谋后，权势进一步扩大，"天下大权，悉归中宫"。多病的李治只好睁一只眼闭一只眼，因为武则天确实有治国才干。

公元674年，武则天将施政纲领写成12条，给李治看。李治悉数采纳。公元675年，李贤被册立为太子，五年后被废，李显继任太子。公元683年，李治病死，李显继位，武则天以皇太后身份临朝称制。武则天权力欲望迅速膨胀，于第二年废掉李显皇帝位，降为庐陵王，改立李旦继位。她继续临朝称制，独自专权。公元690年，在镇压反对者后，武则天废李旦皇帝位，建周代唐，自称皇帝。

武则天掌权，对历史发展产生巨大影响。魏晋以来，无论中原政权，还是江南政权，朝政都深受世族门阀影响。隋唐以来，世族门阀虽收敛了些，但依然是朝廷中最关键的力量。武则天执政后，打击世族门阀，将关陇集团利益的代表长孙无忌、褚遂良等人赶出朝廷，同时扶植庶族知识分子，或者通过制举策问考试各地推荐的人才，或者通过科举取士选拔人才。此外，她下令明确规定“皇朝得五品者皆升为士流”，打破原来以血统划分社会地位的传统，提升庶族官僚地位。

武则天特别注意吏治问题，严惩贪官污吏。对贪赃枉法的官吏，不论其职位高低，不论其出自世族还是庶族，一律严惩不贷，反之，对于贤良之才，也破格提拔，为己所用。在武则天眼里，没有世族门阀和寒门庶族之分，只有忠臣和叛逆之别。谁反对她，她打击谁。当时反对武则天的人，大多是世族门阀。为了镇压反对者，武则天还不惜起用酷吏。等到政权稳定后，她又及时杀掉酷吏以平民愤。

武则天重视农业生产，采取“轻徭薄赋，与民休息”政策。掌权后，她令人编写《兆人本业记》，发给各州县的守令，作为他们引导农业发展的参考书。农业发展后，手工业和商业也随之发展起来，人口也多起来，整个社会继续走向繁荣富强。

后世对武则天诟病比较多的是军事方面。武则天的军事成绩比不上李世民，但也取得巨大成就。吐蕃和唐朝争夺西域控制权，战火不断。西域四镇时而被吐蕃占领，时而被唐朝夺回，到公元692年，唐朝才绝对控制西域，结束反复争夺局面。为了巩固对西域统治，保障丝绸之路畅通，公元702年，武则天在庭州设北庭都护府。东突厥于公元679年反唐复国。武则天杀死抗击东突厥的大将程务挺，与东突厥时战时和，关系时好时坏，造成了很大隐患。公元686年，契丹起兵反周，武则天三次派兵讨伐，损兵折将，最终在奚族和东突厥帮助下才平定契丹叛乱。此后，契丹成为唐朝的边患。这些成为武则天人生的败笔。

对传统治理天下模式来说，武则天建周代唐是一个巨大冲击。虽然她才干突出，能治理好天下，摆平国内外反对者，但皇位传承问题让她始终无法解决。皇位传承一直是“传男不传女”，女皇帝武则天面临困境：将皇位传给武氏子弟，她死后无法进入宗庙；传给儿子，她建周代唐终将会变成复唐代周，而她也会成为“篡逆者”。

一时间，皇储成为武则天的心病，但又不能不面对。公元698年，武承嗣派人劝武则天早定太子。武则天对册立谁为太子犹豫不决，便问狄仁杰。狄仁杰说：“姑侄关系相比于母子关系，哪个更亲近呢？您立儿子为太子，那么，您将来老去了，会当作祖先被祭祀；立侄子为太子，那么，我从未听说侄子供奉去世姑姑的。”武则天权衡利弊后，最终还是重新立李显为太子。

没有了后顾之忧，武则天志得意满，耽于享乐。张易之、张宗昌兄弟恃宠弄权，引发朝野愤怒。公元705年，宰相张柬之等人趁武则天生病的机会发动政变，杀死了张易之兄弟，武则天被迫退位。在大臣们拥护下，再次登基的李显宣布恢复唐朝。当年，武则天病死。唐朝历史上女皇帝武则天建周代唐插曲完美谢幕。

6.两次政变改变了局势

韦皇后曾与李显在被贬黜时共过患难。恢复唐朝后，李显非常纵容她。韦氏家族掌握朝政大权。不仅如此，她还有野心，想模仿武则天当皇帝。武氏家族子弟也并未因武则天退位而权势削弱，依然占据朝中要职。在韦皇后协助下，武三思还当了宰相。武三思害怕被清算，打击张柬之等功臣，挑起皇族宗室各种矛盾，从中渔利。武韦结盟，在朝廷中无法无天，想除掉他们的障碍太子李重俊。

太子李重俊不是韦皇后亲生的。安乐公主才是韦皇后亲生的。安乐公主丈夫是武三思儿子武崇训。她经常侮辱李重俊，想取代他做皇太女。李重俊忍无可忍，被逼发动兵变，杀死武三思父子。李显不知情，派兵镇压。李重俊兵败被杀。韦皇后和安乐公主成为最大受益者。因为太子没了，安乐公就有机会做皇太女。不过，李显在册立皇储问题上犹豫不定。

公元710年6月，李显暴死。朝野传闻，韦皇后和安乐公主母女毒死了皇帝，人心惶惶。韦皇后扶植李重茂登基，自己则以皇太后身份临朝听政，安排韦家子弟统率禁军。宗楚客、武延秀等人还劝说她依武则天惯例称帝。她担心相王李旦和太平公主反对，决定先除掉他们。

李旦的儿子李隆基联合太平公主、薛崇简等人，决定先发制人发动政变，铲除韦氏集团。李隆基等人先深夜闯入禁卫军军营，杀掉韦太后安排的统领，然后号令禁卫军，攻入宫城，杀死韦太后、安乐公主、上官婉儿、武延秀以及韦家人以及韦太后信任重用的人。

事后，李旦再次当皇帝，李隆基成为太子。太平公主受皇帝宠爱，封邑万户，掌握朝政大权。李旦经常同太平公主商量朝政，即使太平公主没上朝，也会派宰相到她府上征求意见。太平公主提的要求，李旦都会尽力满足。太平公主一句话就能决定朝中宰相以下文武官员是升迁，还是降免。

太平公主也想当皇帝，想废掉李隆基太子位，谋求皇储地位。李旦左右为难，于公元712年8月禅位给李隆基，当上太上皇。太平公主依旧倚仗太上皇专权朝廷，不将新皇帝李隆基放在眼里。在朝廷里，7个宰相有5个是太平公主一手选定的，其他文武百官有一半依附他。李隆基见皇位受到威胁，以皇帝身份指使郭元振等人发动兵变，将太平公主集团一网打尽。

通过两次政变，李隆基稳定了局势。他勤于政事，拨乱反正，任用姚崇、宋璟、张说、张九龄等贤相，励精图治，最终开创唐朝终极盛世——开元盛世。

7. 盛唐被撞了一下腰

开元盛世形成后，李隆基日渐满足，沉湎享乐。他既没有年轻时的励精图治精神，也没有当初改革时的节俭之风，讨厌逆耳忠言，专喜甜言蜜语。张九龄等人先后被罢官，口蜜腹剑的李林甫当上宰相，长期恃宠专权。

当时，府兵制早已经遭到破坏，实行不下去，被迫实行募兵制。招募来的职业军队极其容易被收买笼络，与将领形成特殊利益关系。开元年间，为了加强边防，李隆基下令实行节度使制度。节度使权力也越来越大，最终集辖区内政权、军权、财权于一身，俨然是一方土皇帝。当时，天下太平，唐军集中部署在西北和东北边境，且中央禁军人数少，训练差，毫无作战意识。

李林甫当宰相后，为巩固地位，实行长期专权，阻止边将入朝为相，鼓吹胡人忠勇无异心、淳朴单纯，用胡人做镇守边境的节度使更安全、更放心。李隆基不仅采纳此建议，还放任各节度使拥兵自重。武则天时期对契丹策略失当，契丹成为唐朝边患。胡人安禄山打击契丹积极，表现优秀，不仅当上节度使，还一人兼平卢节度使、范阳节度使、河东节度使，独掌18万多人的军队。

安禄山善于卖萌献媚，善于扮忠扮傻，深得李隆基和杨贵妃喜欢。在一次觐见时，安禄山只朝拜杨贵妃，不朝拜皇帝。李隆基问他为何。安禄山说胡人只认母亲，不认父亲。李隆基觉得挺有意思，不仅没有定他罪，还让他做了杨贵妃的干儿子。

李隆基对内宠信李林甫、杨国忠，对外宠信安禄山，引起李隆基一些亲信担忧。有一次，李隆基对高力士说："我现在老了，朝廷的事交给宰相，边境的事交给节度使们，还有什么担忧呢？"高力士说："节度使拥兵太重，您将怎么控制呢？我担心，一旦祸乱发生，就不可再救。怎么见得无忧呢？"李隆基置之不理。李隆基养子王忠嗣屡建奇功，也曾上书说安禄山会作乱。李隆基根本不听，更加宠信安禄山。

李林甫当宰相时，安禄山有些畏惧他，每次见到他都流冷汗。李林甫死后，杨贵妃的哥哥杨国忠凭着杨贵妃受宠，当上了宰相。杨国忠想专权，但没足够本领和声望，不懂得处理政事技巧，只会搜刮民财。杨国忠妒忌安禄山太受宠，安禄山指责杨国忠太无能，两个人关系恶劣。李隆基对两人交恶保持中立，乐见看戏。

公元755年12月16日，安禄山以"奉密诏讨伐杨国忠"为借口，在范阳起兵造反。当时，唐朝享有和平的时间太长了，百姓有几代人没见过战争，听说安禄山造反远近震惊。叛军所经过的州县，其守军基本都无力抵抗，要么直接开门投降，要么直接弃城逃跑，要么被叛军消灭。叛军很快控制河北，但地方官奏报安禄山谋反的事，李隆基居然不肯相信。

在确定安禄山造反后，李隆基找杨国忠商议，并做了部署。封常清、高仙芝率军抵抗叛军失败。李隆基将其斩首，派哥舒翰领兵作战。哥舒翰准备据险固守，挫败叛军锐气，再徐图进取，但李隆基逼哥舒翰进攻潼关东的敌人。哥舒翰又惨败。叛军攻破潼关，直指长安。李隆基带着杨贵妃等人，在杨国忠、陈玄礼等人护送下，慌忙逃离长安。

李隆基一行到马嵬坡时，禁军将士们饥饿疲劳，带有非常大的情绪。

大家认为杨国忠是导致安禄山谋反的罪魁祸首。吐蕃使者拦住杨国忠抱怨没食物时，有士兵大喊："杨国忠与胡虏谋反！"士兵们蜂拥而上，杀死杨国忠。随即，他们又杀死杨国忠的家人及其亲信。

事后，陈玄礼代表禁军去见李隆基，要求下令杀死杨贵妃，给将士们一颗定心丸。经过一番思量，李隆基忍痛下令吊死杨贵妃。史称马嵬之变。

马嵬之变后，唐朝内部矛盾暂时得到缓和。李隆基率领禁军入蜀避难，太子李亨北上武灵，负责组织和领导唐军抗击叛军，收复失地。公元756年7月，李亨在武灵登基为帝，尊李隆基为太上皇，成为新领导核心，开始平叛复唐之路。但是，唐朝高峰也从此过去了。

8. 皇帝沦为宦官傀儡

太子李亨北上武灵称帝后，身边缺乏可信任的大臣，便将宦官李辅国当作心腹重臣。李辅国大权独揽，出任元帅府司马，掌握兵权。归都长安后，李辅国又与张皇后勾结，更加飞扬跋扈，不仅干预政事，还公开排除异己。

李豫继位，李辅国拥立有功，权势进一步变大了。他对李豫说："你只管待在宫里享乐，外面的事由我处理就行了。"李豫听了此话，对李辅国深恶痛绝，便借助另一个宦官程元振撤掉李辅国，后又将他秘密杀死。不过，李豫反感的是李辅国本人，而不是宦官。程元振不仅出任行军元帅司马，还专管禁军，加官镇东大将军、骠骑大将军、邠国公。

后来，程元振被处置后，宦官鱼朝恩统率神策军。不过，鱼朝恩表面风光无限，但本质依旧是皇权附庸。皇帝一句话，宰相元载带两个宦官就将他除掉了。

李适继位，对宦官专权非常警惕和不满，一度让司农卿白志贞统率神策军。白志贞的表现非常令人失望，不仅堕落腐化，还让皇帝担惊受怕。在泾原兵变中，李适逃出长安时，神策军竟然没有一个人跟随护驾，倒是宦官窦文场和霍仙鸣一直不离不弃地护卫着他。他非常生气，认为文臣武将都是假大空，关键时刻为了保命比谁跑得都快，不如宦官对皇帝忠诚。李适回长安后，对禁军统帅们非常不满，对武将们也不满，将其一一撤职换掉，其中禁军一分为二，交给窦文场、霍仙鸣两人分别管理。宦官统率禁军开始成为一种制度。

宦官没有后代，没任何顾虑，掌权后，有时对皇帝极度忠诚，有时做事毒辣无比。唐顺宗李诵时，王叔文大力推行永贞革新，想收回宦官的军权，限制宦官的权力。宦官远远比士大夫们善于政治斗争。他们利用监军的机会，与各地方节度使形成利益共同体，一起迫使永贞革新失败。李诵被迫退位，王叔文被杀，刘禹锡、柳宗元等8人遭贬。

李纯时期，宦官的权势进一步扩大，不仅掌握了枢密院、京城防务体系，还深入到文官体系，侵蚀相权，彻底形成宦官治国局面。不过幸运的是，李纯神武，能震慑住宦官，还能大力推行削藩政策。他对宦官威慑过火，不高兴就杀宦官出气，导致宦官联合郭皇后发动政变，将他杀死。

唐敬宗李湛沉迷于丹药，任凭宦官专权。唐穆宗李恒沉迷于打猎，最终被宦官杀死。从此，宦官表面上是皇帝的奴仆，实际上已经控制了皇帝，挟天子号令朝野。

唐文宗李昂继位后，重用宋申锡，希望借助他的手除掉宦官。宋申锡被宦官反咬一口，遭贬官。李昂利用宦官内部矛盾，让仇士良统率神策军，借他的手除掉独揽大权的宦官王守澄。不过，李昂初战告捷后有些急躁，想彻底结束宦官干政局面，与李训、郑注密谋将宦官集团一网打尽。李训和郑注才能不足，又心怀鬼胎，导致计划一改再改，且彼此合作不紧密。

公元835年11月11日，百官上朝时，有人上奏，昨天夜里出现甘露。李昂派仇士良、鱼弘志等带宦官们去核实情况。仇士良在途中发现情况不对，带上李昂退入宫里，调神策军镇压叛乱分子。双方一场血战后，李训一党被杀掉。甘露之变彻底失败。

甘露之变后，宦官恼羞成怒，对皇帝和群臣不再幻想，不再保持基本尊重，软禁皇帝李昂，大权独揽，视朝中大臣如草芥，让宰相变成盖章签字的文书。此时，地方有藩镇割据，朝廷内有宦官一手遮天，唐朝往昔的强盛和繁荣再也不可能出现了。

9. 为反对而反对的牛李之争

安史之乱后，唐朝数代皇帝都努力争取中兴，但都无法实现目标，也无法真正削藩。究其原因，不是皇帝不努力，而是数代皇帝都受到宦官之祸或文官集团党争的制约。唐文宗李昂曾经认为，朋党比藩镇割据更难以解决。

唐朝最典型的朋党问题就是牛李之争，而牛李之争加速了唐朝灭亡。

隋唐科举取士后，读书变成一种职业，成为进入官场的最佳途径。经过长时间探索，科举取士分明经科、进士科两科，每科都分配录取的名额。由于传统，世族门阀出身的读书人，在明经科考试中占据绝对优势，而庶族出身以及农民出身的读书人，在进士科考试中占优势。

武则天称帝后，进士科出身的人更受重用，获得晋升和重要职务机会更多。这引起世族门阀出身的读书人对进士出身的读书人极度敌视。两种出身的读书人和官员渐渐相互攻讦起来，逐渐形成朋党之争。

随着社会发展，参加科举考试的人越来越多，录取概率和做官机会却越来越少。世族门阀读书人和庶族读书人都认为对方挤占了政治资源。不仅如此，在唐朝科举考试中，主考官对录取与否的权力非常大。考生考前会拜见主考官，考取后称主考官为恩师，各考取者之间也相互称同年。主考官和中举者之间容易形成利益集团。党争的产生有了土壤。一场科举考试引爆了影响唐朝国运的牛李之争。

唐宪宗李纯时期的一次科举考试，举人牛僧孺、李宗闵在考卷中抨击朝政，主考官和李纯都认可其文章，但宰相李吉甫认为是在诽谤朝政，就咬定他们与主考官有私人关系，早已经形成利益共同体。科举舞弊是大事。几个主考官被革职查办。牛僧孺、李宗闵也没得到任用。这件事引起朝野哗然，一些进士出身的大臣叫冤，谴责李吉甫妒贤嫉能。为平息此事，李纯免去李吉甫宰相之职，但没想到朝廷中大臣从此分成两派。

公元821年，科举考试又被人告发营私。李吉甫儿子李德裕明确支持揭发实情的前宰相段文昌。复试后，主考官杨汝士被罢官。从此，李德裕和李宗闵分别成立朋党，互相倾轧，打压对方，为自己一方谋利益。

公元823年，牛僧孺当上宰相，牛党得势。李德裕被贬为地方官。公元825年，牛僧孺被贬出京。四年后，李德裕回京任兵部侍郎。裴度推荐他出任宰相，失败。李宗闵却通过宦官协助当上了宰相，将李德裕贬为地方官。公元830年，李宗闵引荐牛僧孺为宰相，将裴度贬为山南节度使。公元833年，李德裕升任宰相，立即将牛党的杨虞卿、张仲方等人贬为地方官。李宗闵也被贬为山南西节度使。第二年，为了排挤李德裕，李训、郑注又一次推荐李宗闵出任宰相。李德裕出任镇海节度使。公元840年，李炎继位，牛党失势，李德裕出任宰相。李党开始独掌朝政。其间，李德裕在讨伐平泽路叛乱、破回鹘、废佛教等方面做了贡献，但依旧排斥牛党。李忱继位，李德裕被撤职。白敏中出任宰相。此时，李宗闵已经病故。公元847年，牛僧孺病故。两年后，李德裕病故。牛李党争才彻底结束。

牛李党争，皇帝成为最大输家，而宦官成为最大赢家。两党在执政时执行的政策，都不是为了解决国家问题，而是为了反对对手，为了扶植党羽，为了打击对手。在朋党之争激烈时刻，宦官走上台前执政，而他们为了党争，竟然对宦官专政持默许态度，甚至听从宦官指挥，讨好宦官。

自古以来，士大夫阶层与宦官是宿敌，唐朝中后期的士大夫讨好宦官，不仅是士人的耻辱，且作为文人集团堕落如此，出现武将专权、藩镇割据，就不难以理解。士大夫阶层无法让天下百姓看到希望，唐朝也迅速日落西山了。

10. 兵强马壮者称王

藩镇割据，宦官专权，牛李党争是安史之乱后阻碍唐朝复兴的毒瘤，一点点耗费着唐朝的精力。唐朝中后期，农民起义爆发得非常频繁。其中，黄巢起义动摇了唐朝的根基。

黄巢起义军流动作战，绕过半个天下，攻破洛阳，占领长安，建立大齐，但最终还是被唐朝各藩镇联合镇压。从历史角度看，黄巢灭亡跟朱温有密切关系，而后唐朝灭亡跟他有直接关系。

朱温是黄巢部将，后来投降唐朝，成为镇压起义军先锋。他镇压起义军，打击不服的藩镇，逐步累积功劳，最终被唐朝封东平王、检校太尉兼中书令。

公元900年11月，刘季述等宦官发动政变，废黜皇帝李晔，改立李裕为帝。公元901年，与朱温关系密切的宰相崔胤与宦官孙德昭等人刺杀刘季述，迎接李晔复位。事后，崔胤想借助朱温的势力杀掉宦官，清除宦官干政。宦官韩全诲等人则依仗凤翔节度使李茂贞、邠宁节度使王行瑜等人为外援，与崔胤等官僚形成对峙之势。

公元901年10月，崔胤假传皇帝的圣旨，命令朱温率军到京城护卫。朱温率领7万精兵，一路攻下同州、华州，来到长安。韩全诲等宦官见势不妙，劫持李晔，跑到凤翔节度使李茂贞那里去了。朱温率军攻打李茂贞，逼他交出皇帝。李茂贞敌不过，向鄜坊节度使李同彝求救。李同彝率军来救时，被朱温截击，被迫投降。李茂贞被朱温包围很长时间，城中粮食吃完，冻死饿死很多人。他没办法，于公元903年杀韩全诲等宦官，将皇帝交给了朱温，并与朱温达成和解。

朱温将李晔挟持回长安，并率军在长安长期驻下来。李晔从此成为朱温的傀儡，对朱温的要求唯命是从，无不满足。他曾对朱温说："江山社稷是你再造的，我与亲属的生命是你给的。"

自安史之乱以来，唐朝政局是武将在地方镇守，文臣党争，来往于朝廷和地方，宦官在朝廷控制皇帝。朱温是武将，常驻长安，打破传统的朝廷格局。朱温认为宦官集团阻碍了其权力进一步变大。为了彻底清除长期专权的宦官势力，为自己专权扫清道路，他下令杀掉第五可范等宦官700多人。事后，朱温以功臣自居，出任太尉兼中书令、宣武等军节度使、诸道兵马副元帅，晋封梁王。

公元904年，朱温想将皇帝迁到洛阳。他担心宗室大臣们反对，假传圣旨杀了宰相崔胤、京兆尹郑元规等人，然后以皇帝命令长安百姓拆毁长安宫殿，搬往洛阳。在搬往洛阳途中，朱温发现李晔身边还有200多个宦官，一口气将他们全部杀光，然后派亲信去护卫照顾李晔。

朱温的暴虐行为引起朝野的不满。他将皇帝迁到洛阳后，河东节度使李克用、凤翔节度使李茂贞等地方实力派组成联盟，以复兴唐室为名，一起讨伐朱温。朱温毫不畏惧，决定举兵西征，但对李晔不放心，干脆就杀了他，另外立李柷为帝。朱温又诱杀了唐朝宗室诸王，在白马驿一举屠杀以裴枢为首的30多个大臣。公元907年，朱温称帝，建国号梁，建都开封。史称"后梁"。

朱温建梁后，开始率军征战，消灭各藩镇，但尚未成功就被其子杀掉。朱温儿子们开始混战。朱温老对头李克用的儿子李存勖却趁机崛起，灭掉后梁，建立后唐。李存勖后来被部属杀死。石敬瑭在契丹人扶植下建立后晋。后晋只传了两代皇帝，被契丹灭掉。契丹撤走后，后汉建立。后汉大将郭威在部下拥护下建立后周。后周二世皇帝柴荣率部南征北战，有一统天下趋势，但不幸英年早逝。赵匡胤发动陈桥兵变，建宋代周。

在朱温杀宦官打破唐朝原有格局后，武将的势力独大，兵强马壮的武将称王称帝，在50多年间，改朝换代六七次，皇帝频繁更替，天下陷入分裂和战乱之中。

11. 杯酒改变历史方向

赵匡胤建宋代周，有乘人之危嫌疑，但历史证明他是顺应时代而为。因为他不仅统一天下，消除各地割据局面，还开创文臣治国模式。

唐朝末，文人集团堕落腐化，武将势力崛起。唐朝灭亡后，武将当国，王朝更迭频繁。赵匡胤黄袍加身后，努力消除各割据势力和武将当国的土壤，重树文人的形象，激发文人的责任和担当。

公元960年年末，赵匡胤成功镇压地方势力造反后，问赵普："从唐末以来，不到50年就换了8姓12个皇帝，常年战争不断。这到底是为什么呢？"赵普说因为"藩镇太重，君弱臣强"，必须想办法"削夺其权，制其钱谷，收其精兵"。赵匡胤也认为是这样的，开始酝酿解决方案。

公元961年的一天，赵匡胤特意在退朝后留石守信、高怀德等禁军高级将领喝酒。喝到微醉时，赵匡胤大吐苦水："我若没有诸位支持，也当不了皇帝。虽然我现在当了皇帝，但过得还不如做节度使时快乐啊！当了皇帝，我整晚整晚不敢安稳睡觉。"

石守信等人大惊失色，说："您为什么这样说呢？如今天命已定，谁敢再有异心？"

赵匡胤说："谁不想当皇帝呢？如果有一天，有人拥戴你当皇帝的话，即使你不想当，也身不由己啊！"

石守信等人意识到被皇帝猜疑，会有杀身之祸，惊恐得哭起来，请给他们留一条生路。赵匡胤趁机暗示他们放弃兵权，说："人生苦短，如白驹过隙，你们不如多积累钱财，购买田地，活着能尽情享受，死后还能传给子孙后代。你们在家里喝酒看歌舞，快乐过一生，而且君臣之间没猜忌，上下关系也和睦，不也过得很惬意吗？"

石守信等人见此，便说："您能告诉我们这些，是我们的再生父母啊！"

第二天，石守信、高怀德等人都称病辞职。赵匡胤一一批准。

后来，赵匡胤又将禁军统领权一分为三，选三个名位较低的将领统军，他们都直接听命于皇帝。这样，皇帝对军队的控制力度大大加强。

为了彻底消除藩镇割据，赵匡胤进行了根本性改革。

赵匡胤下令将调兵权和领兵权分离，由枢密院主管调动全国军队，由三衙统率军队，调兵的无权统兵，统兵的无权调兵；内外军队也互相制约，一半军队驻在京城，一半军队戍守各地，双方实力相当，都有能力镇压另一方发动的叛乱；下令各地禁军都必须定期轮换驻扎地，实行兵将分离。

为了铲除藩镇割据土壤，赵匡胤强干弱枝，削弱节度使的权力。他规定，节度使不得兼领驻地以外的州郡，驻地以外的州郡收归朝廷管辖，然后给各州县派出文官当知州、知县。实行流官制度，各地方官三年换一次地方。各州另外设通判，协助知州处理军事事务。地方经济权都归朝廷。朝廷在各路设转运使。转运使掌管各州县财赋权，负责将当地日常经费外的结余部分及时送到京城。而各地要挑选军队中的精壮力量，送到京城补入禁军。皇帝掌握的禁军是精锐军队，而地方军队只剩下老弱病残。这些措施使地方不可能形成与朝廷对抗的实力。

在朝廷内部，赵匡胤也进行军、财、民三权分立改革。枢密院负责掌管军政权，三司使负责掌管财政权，宰相仅仅掌管民政权。赵匡胤还设置参知政事作为宰相副职，枢密副使作为枢密使副职，三司副使作为三司使副职，而且副职还不止一个，以削弱各部门长官的权力。

这一系列措施，铲除了藩镇割据，加强了中央集权，为经济、文化高度发展创造了良好条件，但是，也带来明显的弊端，例如“冗官”“冗兵”“冗费”，又如宋军战斗力削弱，在与周边少数民族政权对峙中积弱，还使宋朝亡于社会制度落后的游牧民族。从历史角度看，赵匡胤杯酒释兵权及此后一系列措施，纠正了唐朝后期以及五代的政治弊端，改变了历史方向，对社会发展有巨大推进作用。

12. 读书人以天下为己任

自杯酒释兵权和“半部《论语》治天下”后，重文轻武一直是宋朝的基本国策。宋朝军队数量虽然多，但军队由文官统率，作战时“将不识兵，兵不识将”，很难发挥军队战斗力。在对辽朝、西夏、金朝以及元朝作战中，宋朝一如既往是败多胜少。

宋朝文人孱弱，但文人出身的名将名相多。为了天下安危，他们赴汤蹈火，全力以赴去奋斗。寇准抗辽为文人治国树立典范。

寇准是进士出身，因大胆进谏，受宋太宗赵光义器重。赵光义死后，赵恒当皇帝。辽朝趁机发起大规模进攻，边境告急文书频传。在危急时刻，寇准出任宰相。

边境警报不断传来，朝廷高官大多惊慌恐惧。有人主张迁都避敌，而且还争权夺利。例如，家乡在江南的参知政事王钦若主张迁都到金陵，家乡在四川的枢密副使陈尧叟主张迁都到成都。赵恒惶恐不安，无心抗敌。寇准驳斥王钦若、陈尧叟等人，鼓励赵恒“进则士气倍增，退则万众瓦解”，并陪赵恒一行到澶州。宋军士气大振，击杀辽军先锋萧挞览。辽军遇到挫折，兵锋锐减。

宋辽议和，签订澶渊之盟。澶渊之盟解决辽宋之间的边境问题。宋辽边境再没发生大规模边境战争，边境的贸易却发展起来了。

范仲淹曾经积极评价过寇准在澶渊之盟中的独特贡献。事实上，范仲淹也是宋朝文人典范。看到重文轻武带来社会弊病，他不畏惧守旧派反对，以“先天下之忧而忧，后天下之乐而乐”激励自己，举起革新大旗，改革图强。

范仲淹博通儒学，有慷慨兼济天下的抱负，长时间做地方官，对社会弊端一清二楚。1028年，范仲淹因《上执政书》，主张改革吏治，裁汰冗员，受到宰相王曾欣赏，被调入朝为官。不过，他秉公直言，得罪了吕夷简。他与吕夷简之争逐渐由政见不同演变成党派之争。

范吕之争，牵连非常广泛，也非常激烈。范仲淹被罢黜，吕夷简也被免职。赵祯下诏禁止结朋党。后来，范仲淹因在边境立大功，再次受到赵祯重用，当上参知政事。范仲淹再次请求针对社会弊病改革，又遭人指责朋党。朋党是皇帝的死穴，不能触及。范仲淹被贬黜，直到死去。

范仲淹改革得到王安石推崇。王安石称范仲淹是“一世之师”。1069年，王安石任参知政事，提议变法，第二年正式推行新法。新法有均输法、青苗法、保甲法、保马法等。

新法颁布后，王安石还提拔支持新法的吕惠卿、章惇、蔡确等人，让他们一起参与实施新法。王安石变法目的在于富国强兵，但是，新法也触犯了保守派利益。于是，改革派与保守派展开了激烈论辩及斗争。

王安石变法弊端显现，加上灾害频繁，社会出现动荡局面。反对派趁机上书论新法过失，请求撤掉王安石。皇太后也被保守派鼓动出来，向皇帝哭诉“王安石乱天下”。赵顼动摇了，免除王安石相位。变法派内部随后出现分裂，新法很难继续推行下去。

赵顼死后，赵煦继位，高太后听政，任用司马光当宰相。司马光全面废除新法。司马光著《资治通鉴》流传青史，不过在认识宋朝弊端以及改革精神方面，始终不及王安石。

当然，寇准、范仲淹、王安石、司马光等，都是宋朝文人精英。他们都为宋朝安危和前途在努力奋斗。只不过，他们的角度有所不同，面对社会弊病看法不一而已。

13. 坚定抗金武将的悲剧

宋朝重文轻武，内部相对稳定，经济文化高度繁荣，但周边少数民族相继崛起。通过给“岁币”，宋朝实现了与辽朝的和平，与西夏的和平，但辽朝被灭，金朝崛起，一下子打乱历史发展进程，也在客观上给宋朝造成改变文人治国体制的外部环境。只不过，宋朝皇帝仍然固守祖制。

1115年，女真人建金朝。1125年，金朝灭掉辽朝，吞并天下信心暴增，随即大举侵宋。宋朝皇帝惊慌失措，李纲主张坚守京城，但宋朝最终还是选择求和，给金朝大量金银，割让太原等三镇。金朝见宋朝软弱可欺，直捣开封。1126年，金军南下围困开封，于第二年攻占开封，将开封洗劫一空，带着大量金帛珍宝北上，同时带走徽宗、钦宗以及皇室成员、大臣等3000多人。

各地形势也发生了变化。1126年，金军围困开封时，康王赵构受命为河北兵马大元帅，征召各路兵马勤王。武将岳飞积极投身抗金斗争。赵构在应天府继位后，同时起用抵抗派和主和派，准备避战南迁。岳飞因“上书数千言”，被逐出军营。

时代呼唤武将肩负起历史责任。宋朝尚有半壁江山在，唯有抗击金军，才能图生存。岳飞又投靠抗金派张所部下。张所被害后，岳飞率孤军转战太行山区。后又归顺主战派宗泽旗下。

1128年，金军入侵孟州汜水关。岳飞率军击败金军。不久，金军兵分三路，围攻开封。宋金展开拉锯战，金军进攻数月无果，不得不撤退。宗泽准备北伐，24次上陈恢复大计的奏章，没得到赵构支持，最终含恨而死。宗泽的北伐计划终告夭折。主战派武将遭遇挫折。

1129年，金军占领了徐州、淮阳、泗州，长驱直入攻向扬州。赵构惊慌之间逃到杭州。完颜兀术领军攻向杭州，企图一举消灭赵构，占领整个宋朝。宗泽继任者杜充率部南下勤王。诸将战死，杜充降金，唯有岳飞收集散兵，严肃训诫，独立成军，继续抗金。他在广德境内六战六捷，深得当地抗金军民拥护，所部迅速扩大。

1130年，完颜兀术没追到赵构，带着所掠金银财宝北撤。岳飞率军截击后撤的金军，四战四捷。赵构得知岳飞抗金，传令他率军配合韩世忠，从左翼攻击金军，寻找机会恢复建康。

韩世忠在水路与金军作战，在黄天荡围困金军48天，岳飞率军在陆路截击金军，先后在清水亭、牛头山大破金军，率军追到靖安，消灭来不及渡江的金军后成功收复建康。三年后，岳飞因战功升任神武后军统制，与韩世忠、张俊等人成为镇守一方的诸侯。

1134年，岳飞率军从武昌乘船渡江北上，收复襄阳六郡。这是宋军主动进攻取得的一个巨大胜利。岳飞升为清远军节度使。第二年，岳飞奉命征讨洞庭湖杨么率领的农民军。岳飞瓦解和征讨相结合，很快镇压杨么起义军。赵构非常满意，给他加检校少保，晋封武昌郡开国公。

此时，主战派占上风。1136年，宰相兼都督诸路军马张浚命令岳飞率军进攻襄阳。岳家军开始北伐，一路攻到洛阳附近。岳飞请求率军渡黄河，与太行忠义军配合作战，收复河北的失地。赵构不支持。岳家军“孤军无援”，不得不退到鄂州。

1137年，岳飞与赵构发生一些误会。他气愤而辞职。赵构派人请他复职，请了6天，他才同意。复职后，他又向赵构提议立赵瑗为皇储。武将干预立皇储，严重刺痛赵构的软肋。赵构从此感到岳飞等武将势力坐大是威胁。

金朝皇帝完颜亶向宋朝呼吁和谈后，赵构重用秦桧，与金朝和谈。岳飞坚持“戮力练兵”“日夜训阅”，并和韩世忠一起坚决反对和议。赵构决心议和，罢免宰相赵鼎、枢密副使王庶、枢密院编修胡铨等人。

1138年，宋金议和后，岳飞坚决不趋附和议，誓要“唾手燕云，复仇报国”，拒不接受朝廷加封的开府仪同三司官衔。次年，金军又南下侵宋。在顺昌城下，岳飞率军大败金军。局势稍微稳定下来，赵构就令岳飞“宜且班师”。收到诏令后，岳飞挥师北上，先后收复蔡州、淮宁府、颍昌、陈州、郑州和西京河南府。随后，岳飞率军与完颜兀术进行决战，先后赢得郾城大战、朱仙镇大战，金军全线崩溃，完颜兀术不得不放弃开封府，准备渡河北遁。

岳飞频频违背皇令，不断取得抗金战争，令赵构非常害怕。主和派秦桧鼓动赵构下令岳飞撤军。结果，岳飞连获胜利时收到12道班师诏，非常气愤地说：“十年之力，废于一旦！”

1141年，宋金重新议和。金朝提的和谈条件是“杀岳飞”。岳飞不听调令，让赵构深感威胁。于是，赵构下令解除岳飞、韩世忠等人兵权，将其调入枢密院任职。

韩世忠交权后，赵构念及其对己有救命之恩，放过了他。岳飞被解除兵权，担任枢密副使后，遭到秦桧、张俊、万俟卨等人陷害，被以莫须有罪名杀死。事实上，岳飞作为武将，功勋突出，不听诏令，已经挑战到文人治国根基，威胁到皇权。

岳飞死后，绍兴和议达成。其他大多主战派将领受到打压，虽然他们纷纷为岳飞不平，但不得不顺从文人治国的现实。此后，主战派与主和派斗争依旧存在，只不过武将靠边站，转移到文人之间的争斗中。

14.政风士风是非颠倒

岳飞死后，主战派与主和派之争渐渐演变成党争，即思想领域的争论。

宋朝在学术领域非常活跃，各类大家人才辈出。道学领域非常繁荣。二程理学创立后，广为流传，相继出现朱熹、张栻、吕祖谦、陆九渊等道学宗师，形成理学和心学思想体系。道学在民间繁荣，但当权派却不喜欢道学，屡屡压制和打击道学。因为民间道学推崇道德、喜欢清议，而朝中当权派多为干吏型，反感别人对其指指点点。两派文人相互看不顺眼。

随着道学的社会影响日益扩大，逐渐向朝廷渗透，引发朝廷官员之间的党争。

1194年，太上皇赵昚死去，皇帝赵惇生病，知枢密院事赵汝愚发动政变，拥立赵扩登基，尊赵惇为太上皇。韩侂胄参与其事，希望论功行赏，当上节度使。由于赵汝愚反对，韩侂胄希望落空，非常怨恨他。

赵汝愚非常尊崇道学，把著名理学家朱熹找到临安，请他做皇帝赵扩的老师。赵汝愚的目的是逐渐引导皇帝认识道学，对道学产生好感，以便重用推崇和喜欢道学的大臣。韩侂胄痛恨赵汝愚，却又不敢与之直接对抗，便从排斥打击朱熹开始。

1194年10月，朱熹被免职。第二年，赵汝愚被免右丞相。一些官员认为不公平，为他们罢官鸣不平。韩侂胄趁机以“道学”的罪名将他们打成“逆党”，党争从此兴起。

1195年6月，刘德秀重提道学之争，希望皇帝赵扩能“效法孝宗，考核真伪，以辨邪正”。何澹上书请求禁止道学。赵扩不知道怎么处理，下令将这两封奏疏张榜朝堂，让大家看后提出意见。大多数官员要求“考真伪，辨邪正”。几天后，道学被宣布为伪学。赵汝愚以及朱熹门下所有名士都遭牵连。

1196年是科举之年。科举开考后，考生试卷只要稍涉义理就遭到淘汰，连引用《论语》《孟子》语句的，都不允许。

赵汝愚死后，韩侂胄一伙将朱熹作为下一步攻击的对象，造谣玷污朱熹的名声。1197年，禁伪学达到高峰。韩党鼓动赵扩下令信奉道学的人不得当京官，禁止被科举录取。在官僚荐举、进士结保时，必须写明“如是伪学，甘受朝典”。朝散大夫刘三杰的上奏，对道学的声讨书，集以往谴责道学言论大成，把道学士罪名升级为“逆党”，从而把道学之禁推向高潮。赵扩下令编写《伪学逆党籍》，将赵汝愚、留正、周必大等59人列入伪学逆党。这59人，罢官的罢官，被贬的被贬，被捕的被捕，充军的充军，死的已死，他们的共同点并不是推崇道学，而是得罪过韩侂胄。

1200年春，朱熹死在福建建阳。尽管党禁严酷，但吊唁朱熹的人过千，也没借参加葬礼闹事。韩侂胄等人诬蔑朱熹等人是逆党，被活生生的事实打脸。越来越多的人意识到，所谓伪学之党根本不存在，只不过是韩侂胄打击异己的借口。后来，不断有人上书请求杀奸臣韩侂胄。韩党中有人担心将来遭报复之祸，提醒韩侂胄要适时开党禁。

1202年，韩党有人上奏“真伪已别，人心归正”，韩侂胄趁机奏请“弛伪学之禁”，为赵汝愚平反，全面废除党禁，给活着的“伪学逆党”复官。

这次党禁以发动者韩侂胄主动示好结束。

韩侂胄执政后，也做过一些有意义的事。他起用被排斥的主战官员，推行崇岳贬秦，下令各军密做北伐金朝准备。1206年5月，宋军北伐金朝。但是，韩侂胄长期搞党争，得罪了不少官僚，任命几个人做统帅，对方都拒不赴任。再加上西线主将吴曦叛变，宋朝北伐军接连失败，相继丢掉江北的光化、枣阳、江陵、信阳、襄阳、随州、德安等地。东线丘崈主和，悄悄与金朝议和。面临空前压力的韩侂胄密令安丙杀掉吴曦，杨巨源、李好义等请求趁势收复四州。遗憾的是，宋军内部自相残杀，耗费了实力，丧失了良机，白白浪费大好局势。

此时，金朝已不再有继续作战的能力，派人提出“斩元谋奸臣，函首以献，增加岁币，出犒师银，方可议和”。韩侂胄大怒，决意再战。但是，主和派杨皇后与杨次山、史弥远等人密谋，袭杀了韩侂胄。

韩侂胄被杀后，朝政被杨皇后等主和派操纵。他们遵照金朝的要求，把韩侂胄、苏师旦的头派人送过去，全盘接受金朝提出的条件：每年30万两银子的岁币，赔款300万两银子。金军从侵占的土地上撤走。

韩侂胄挑起庆元党禁，导致士人普遍受害，搞得人人自危。党争以道学之争面貌出现，扭曲了道德规范、价值观念、是非观念，一切为了反对对手而反对，导致政风士风发生明显转折。韩侂胄力主北伐，以他被杀死以及宋朝巨大损失结束。史弥远等主和派当政，宋朝不可阻挡地走向没落。

15. 留取丹心照汗青

庆元党争给宋朝造成巨大精神打击，导致宋朝不可避免地走上没落道路。信奉理学的人出现分化，在宋朝灭亡时，那些理学名儒，像许衡、吴澄等人，都向元朝俯首称臣；只有文天祥、张世杰、陆秀夫、谢叠山等人不肯向元朝称臣，为宋朝殉葬尽忠。但是，“崖山多忠魂，后先照千古”，文天祥、张世杰、陆秀夫、谢叠山等人，在宋朝历史上留下浓墨一笔。

宋朝与辽朝、西夏、金朝、蒙古（元）前后共计对峙了300多年，虽然对外战争败多胜少，但民族英雄特别多，例如岳飞、韩世忠、文天祥、张世杰、陆秀夫等人。文天祥、陆秀夫、张世杰都是文人，最终都为宋朝文人治国悲壮殉葬。

1259年，元军发起大规模进攻后，宦官董宋臣提出要迁都避敌，没人敢提出异议。文天祥挺身而出，请求斩杀董宋臣，统一和安定人心。没被采纳，他便辞职回乡。

文天祥豁达豪爽，年轻时衣食丰厚，喜欢声色歌舞，到国家危难时，他却变卖家产作军费，力挽狂澜。1275年，形势告急，朝廷诏令各地兵马去勤王。文天祥捧着诏书流涕哭泣，派人率领郡里的志士，同时联络各方英雄豪杰群，聚集兵众万人，入卫京师。朋友劝文天祥不要去送死，文天祥坚决率军去勤王，为皇帝效忠。

1275年8月，文天祥被任命为平江知府。他到平江时，元军已攻到常州。文天祥派去援助常州的士兵全部战死。元军攻入常州后，文天祥率军退守余杭。没多久，余杭守军投降，陈宜中、张世杰等人都走了。文天祥出任右丞相兼枢密使，去谈判，与元朝丞相伯颜针锋相对。伯颜扣留了文天祥，带他到镇江。文天祥等人在夜间逃走了。

文天祥劝请益王即帝位，拜右丞相。1276年7月，文天祥召集士兵防守汀州。次年正月，元军攻占汀州。文天祥移师到了漳州。潭州赵璠、张虎等人在邵州、永州等地起兵反元，收复了数县。抚州何时等人也起兵响应。分宁、武宁、建昌三县的豪杰，都心甘情愿接受文天祥的调遣。

元军江南西路宣慰使李恒亲自率兵攻打文天祥。文天祥率兵撤退，到方石岭时，被打败溃散。

文天祥召集残兵驻扎在南岭。1278年11月，在五坡岭，文天祥被俘。他被押至潮阳。张弘范高规格接见他，带他一起到崖山，让他写信招降另一个抗元名将张世杰。文天祥说："我不能保卫父母乡亲就算了，还教别人叛离父母乡亲，这是人做的事吗？"后来，文天祥写下《过零丁洋》给他们——"人生自古谁无死？留取丹心照汗青"成为千古名句。

1279年，张弘范等人率元军进攻崖山。张世杰担心军队长时间在海上有离散之心，决定与元军决一胜负，下令烧毁皇帝临时驻地的集市，将1000多艘大船连接起来做成水寨，做最后的拼搏。

张弘范派兵控制了海口的要塞，堵死了宋军打柴、汲水的路。宋军只能啃干粮，喝海水，极度困乏。张世杰与苏刘义、方兴等人每天都要率军与元军大战。

形势越来越危急，一天晚上，张世杰派小船到皇帝赵昺那里，想接赵昺到他的船上，策划乘机突围。陆秀夫担心被人出卖，或被俘虏，不肯带赵昺上张世杰派来的小船。

张弘范等人率军攻打崖山，张世杰战败，退到赵昺那里。元军接近宋军中军时，张世杰才割断拴船的绳子，带着11艘大船冲出港口，突围而去。其余人收军回到崖山。元军将领刘自立击败了他们。

崖山被攻破，陆秀夫带着小皇帝赵昺一起逃走了。张世杰、苏刘义各自逃生去了。陆秀夫考虑到难以逃脱，便背着赵昺赴海而死。

逃脱后的张世杰想侍奉杨太后寻求皇室的后代，准备东山再起，继续抗元。杨太后得知赵昺死后，赴海自杀。张世杰将她埋葬后，溺死在平章山，为投海的赵昺殉葬。

崖山之战后，张弘范劝文天祥："你的忠心孝义都尽了，如果能侍奉大元皇上，将来也可能当宰相的。"文天祥流着泪，说："我不能挽救国家危亡，死有余辜，哪里有脸苟且偷生呢？"张弘范派人护送他到京师。文天祥在京师被关押了3年，于1282年被处死。

"擎天者，文天祥。捧日者，陆秀夫。"宋朝在蒙古铁骑冲击下亡国，最终能有这样忠贞的文人殉节，也算是对文人治国的一种安慰。

第七章

辽夏金元，刀锋之下的霸权

宋朝时期，辽夏金元政权崛起，相继争霸天下。因其文化底蕴不足，除西夏被强力消灭外，辽金元都陷入“马上安天下”“腐败亡国”的循环之中。马上天下，刀锋之下的争霸，血雨腥风的历史，给华夏族输入了新血液。

1. “一国两制”的王朝

唐朝藩镇割据、牛李党争、宦官专权，导致实力大大衰落，给了周边少数民族崛起空间。契丹率先崛起，契丹可汗耶律阿保机趁唐朝灭亡，建立了地跨长城内外的帝国。

耶律阿保机是契丹迭剌部的一个贵族的儿子。当时，契丹八部贵族为争夺部落联盟首领打得不可开交。他祖父耶律匀德被杀，父亲叔叔们被迫逃亡。耶律阿保机聪明才智过人，身材魁梧，胸怀大志，武功高强。耶律释鲁掌权后，耶律阿保机深得信任，组建亲卫军，并在四处征战中积累声望，扩大实力。最终，他当上于越，掌握契丹军事和政务。公元906年，契丹首领痕德堇可汗死去，耶律阿保机受遗命出任可汗。公元907年，他被选为可汗。

耶律阿保机想当上终身制和世袭制皇帝。契丹可汗是在八部中选出的，每三年选一次。当时，契丹可汗由迭剌部贵族中选举产生。耶律阿保机当契丹可汗，三年之后，按规定要交出来，在迭剌部再选出一个人当可汗。耶律阿保机弟弟们理论上都有机会当可汗。

三年后，耶律阿保机不肯交出可汗之位，他的弟弟们首先跳出来表达不满。权力远胜亲情，他的弟弟们先后发动了三次叛乱。为了实现当皇帝的梦想，耶律阿保机采取攻心为上策略，反其道而行，始终将亲情放在第一位，以武力为基础，先镇压，后赦免，并于公元911年再次举行可汗继位仪式。

他的举动赢得了民心，在成功镇压诸弟三次反叛后，又设计除掉7个部落首领中的反对者。公元916年，耶律阿保机当上了终身制和世袭制的皇帝，国号契丹，后改为辽。

辽朝是契丹趁唐朝灭亡中原混战在长城外建立的政权。在治国方面，耶律阿保机积极学习唐朝治理经验，促使契丹民族封建化。他改革官制，制定法律，颁定官爵位次，并逐步改革部落制度。他长期南征北战，辽朝统治范围逐渐扩大，有农耕的汉族人、渤海人，也有游牧的契丹人、奚族人、女真人、室韦人等。如何巩固统治成为一大难题。

他命令统属的各部落和州县因俗施法。因俗施法指根据不同传统习惯，采取不同法律制度。他设置两套平行的行政机构，北面官“以国制治契丹”，保留契丹、奚族、室韦、女真等游牧民族的用人习惯；而南面官采用三省六部制管理汉族、渤海族等境内的农耕民族。一个皇权，两套制度，相存相依。为了有效管理，他还实行“四时捺钵制”，即皇帝在春夏秋冬巡查不同地区，检查当地治理情况。此外，他还参照汉人治理模式，改造契丹部落制度，加强皇权，确立皇位继承世袭制，建立法律制度和民族政策。

耶律阿保机非常重视韩知古、韩延徽等汉族知识分子，建立城郭，定赋税，招募逃亡汉人垦荒耕作，恢复农业生产。这是一项具有极大吸引力的政策。当时，中原混战，民不聊生，逃亡农民能遇到这样一片乐土，也是求之不得的生存机遇。政策实行下去后，辽朝境内的汉人不仅没有成为危及统治的火药桶，还成为推动社会发展的力量，发展了经济，上交了赋税，为辽朝提供强大物质基础，使辽朝与中原政权争夺时能保持强势。

耶律阿保机本着中央集权的统兵原则，改革军事制度，建立直接听命于皇帝的军队。他重视笼络中原的人才，重用汉族的谋臣战将，严格治军，赏罚分明。在作战方面，他强调避实就虚，舍城邑而过，靠骑兵优势袭扰获胜，先弱后强，避免两线作战，发挥两翼包抄的战术优势，同时吸取中原火攻、穴地攻城等战法。

经过多年努力，耶律阿保机成功将北方各民族统一，建立“一国两制”帝国，密切了各民族政治经济文化交流，促进了民族融合和日后统一。辽朝地跨农耕区和游牧区，两类民族和谐相处，为统一多民族国家的稳定做出了独特贡献。

2. 她奠定辽朝繁荣基础

耶律阿保机建立世袭制辽朝，但世袭制的完善和巩固经历了漫长而血腥的过程。耶律阿保机死后，耶律德光继位。耶律德光死后，耶律阿保机长子耶律倍的儿子耶律阮夺回本属于他父亲的皇位。耶律阮被杀死，耶律德光的大儿子耶律璟又夺回“本属于他的皇位”。耶律璟虐待近侍被杀，耶律阮次子耶律贤夺得皇位。皇位继承如此混乱，导致辽朝内战时不时发生。耶律贤继位后，为了结束辽朝血腥争夺皇位的局面，模仿中原传统制度，确立嫡子继承制。

耶律贤体弱多病，这给了皇后萧燕燕发挥才干的机会。萧燕燕协助耶律贤处理朝政，领导辽朝走出混乱，并辅佐儿子耶律隆绪创建辽朝最鼎盛辉煌的时期。

萧燕燕从小聪明伶俐办事利索，做事不达目的不罢休。她父亲是四朝元老萧思温。耶律璟被杀，萧思温封锁消息，抢先册立耶律贤为帝。耶律贤登基后，将萧思温女儿萧燕燕召进宫，册封为皇后。不久，萧思温被政敌杀死。17岁的萧燕燕迅速成熟起来，发挥才干，协助体弱多病的耶律贤治理国家。在耶律贤默许下，萧燕燕独裁辽朝一切政务。她遇事召集汉蕃大臣共商，然后做出裁决，告知耶律贤。耶律贤也不做任何干预。在萧燕燕努力下，辽朝军事日益强势，经济和政局进入正轨。

公元982年，耶律贤病死，长子耶律隆绪继位，萧燕燕以皇太后身份临朝听政。她依靠耶律斜轸、韩德让、耶律休哥等人，削夺耶律家族宗室诸王的兵权，巩固政权，并对制度和风俗进行一系列改革，使辽朝呈现兴旺景象。

趁着辽朝皇帝年幼，公元986年，宋太宗赵光义发起雍熙北伐，旨在收复当年石敬瑭割让给辽朝的幽云十六州。三路宋军向辽朝发起进攻，并取得一系列胜利。面对这次危机，萧燕燕果断命令耶律休哥率军抵抗宋军主将曹彬率领的那路大军，命令耶律斜轸率军抵抗宋将杨业率领的那路大军，亲自带着皇帝耶律隆绪、谋臣韩德让等人，统率20万辽军作为后援，决意与宋军在幽云地区决战。宋辽高粱河一战，宋军惨败，赵光义在混乱之中只身骑牛逃走。曹彬那路大军全线失利。杨业率军殿后时被俘，最终被杀。辽朝收回被占土地。从此，宋朝再也没勇气图谋幽云十六州。

1004年，赵光义死，赵恒当皇帝。萧燕燕趁机发起伐宋战争。萧燕燕、耶律隆绪、韩德让等人率领20万精锐辽军，对宋朝发起战略进攻。辽军一路势如破竹，只用两个月就攻到澶州，距离宋朝都城开封仅仅一河之隔。

宋朝宰相寇准坚决要求皇帝赵恒亲征。赵恒亲自赶到澶州。辽、宋两国皇帝直接对决，一场生死大战即将爆发。此时，宋朝援军不断会聚，辽军先锋大将萧挞凛在视察地形时被宋军射死，军队士气受到影响。萧燕燕审时度势，在韩德让建议下，接受宋朝的阵前求和。

辽宋约为兄弟之国。辽朝皇帝耶律隆绪叫宋朝皇帝赵恒哥哥，赵恒叫萧燕燕叔母，辽宋之间的旧有疆界保持不变。宋朝每年给辽朝30万岁币。双方结束多年不息的领土纠纷，进入长达百年的相对和平时期。在不利局势下，萧燕燕争取到有利条件，为辽朝接下来的发展繁荣创造了条件。

萧燕燕死后，耶律隆绪继续她制定的政策，重用贤臣韩德让等人，将辽朝带入最鼎盛的40多年繁荣时期。

3. 一个帝国轰然倒塌

耶律隆绪死后，耶律宗真继位，耶律宗真死后，耶律洪基继位。耶律洪基在位46年，忠奸莫辨，重用耶律重元，耶律重元叛乱；重用耶律乙辛，耶律乙辛害死了他的皇后和太子，甚至差点处死唯一的亲孙子耶律延禧。强盛的辽朝在耶律洪基手中变得危机四伏，矛盾丛生。

耶律洪基的皇后萧观音相貌娇艳动人，个性内向纤柔，才华横溢，精通诗词，常常自制歌词，自己弹琵琶和唱，是当时引人注目的女才子，辽朝著名女诗人。起初，耶律洪基非常宠爱她，她劝谏耶律洪基不要沉湎狩猎，失宠。

萧观音失宠后，专心创作诗词，写了十首《回心院》。《回心院》词情意绵绵，情真意切，非常感人。她叫宫廷乐师赵唯一谱曲。赵唯一竭尽全力，用音乐把《回心院》中的情感发挥得淋漓尽致，余音绕梁。两人一起演奏唱词，一支玉笛，一曲琵琶，一丝一竹相互应和，让人听后怦然心动，感觉到演奏者心心相印，将一手情词唱到人心坎儿里了。后宫就渐渐有传言，说皇后和赵唯一情投意合，一起演奏唱词余音绕梁。

专权误君的耶律乙辛、张孝杰等人想打击太子耶律浚，得知此消息后，决定从他失宠的母亲萧观音入手。他们找到忌恨萧观音的宫女单登，串通一气，一起谋害萧观音。他们先写成淫词《十香词》，交给单登，骗取萧观音抄写一遍。单登骗取萧观音写了《十香词》后，还向她索要她的七言绝句《怀古》：“宫中只数赵家妆，败雨残云误君王。唯有知情一片月，曾窥飞燕入昭阳。”

随后，耶律乙辛等人大做文章，曲意解释。单登以此指控赵唯一与萧观音有奸情。耶律洪基看了有萧观音笔记的淫词，大怒，当场用铁骨朵击打萧观音，并派张孝杰和耶律乙辛一起审理。审理结果是，赵唯一被逼供认罪，萧观音自杀。

萧观音自杀，这事并没有完。趁着耶律浚非常悲伤的机会，耶律乙辛和张孝杰又指使人诬告耶律撒拉等人阴谋拥立耶律浚登基。他们让萧讹都斡等人到耶律洪基面前自首：“耶律查剌所告并非胡说编造的，我也参与了这件事的谋划，想杀死耶律乙辛等人，然后挟立太子为皇帝。我现在自首，是想获得赦免。”耶律洪基下令囚禁太子耶律浚，派耶律燕哥去调查。耶律燕哥是耶律乙辛的同伙。结果出来后，耶律浚被废。不久，他被人暗杀了。

皇后死了，太子死了，耶律乙辛、张孝杰等人专权无所顾忌了。数年后，耶律洪基才察觉，将耶律乙辛等人处死，但辽朝再也无法回到往昔的繁荣安宁之中。危害更为严重的是，耶律洪基没能培养一个合格的继承人，导致辽朝局势不仅没缓和，还加速了灭亡速度。

耶律洪基死后，他唯一的孙子耶律延禧当皇帝。耶律延禧不仅不思振兴辽朝，还生活荒淫奢侈，重用奸佞。他重用萧奉先、萧得里底等奸佞之徒，沉湎游玩打猎，生活荒淫奢侈，荒废国政，导致宗室贵族之间斗争愈演愈烈，各民族起义此起彼伏。

契丹原本开放平等的民族政策，由于耶律延禧处理不当，到此时变成民族仇恨，直接导致女真金朝崛起和契丹辽朝灭亡。

1112年二月初一，耶律延禧巡察到春州。按照惯例，他召集附近女真酋长来朝觐。这本来是缓和民族矛盾的机会，是威慑女真人，加强统治的机会，但他喝醉后，做了一件荒唐事，激化了民族矛盾，给辽朝灭亡埋下炸弹。在筵席中，耶律延禧突然命令女真各酋长给他跳舞表演节目助兴。这显然不合适，有欺压之嫌。多数女真酋长慑于辽朝皇帝威势，纷纷离席跳舞助乐。一个叫完颜阿骨打的女真酋长，认为此举是羞辱女真人，坚决拒绝跳舞助兴。这种公然抗令举动，按照常规，是要受到处罚的，但耶律延禧居然不以为意，他不跳就不跳吧，不了了之。

这次朝觐，耶律延禧皇威荡然无存，完颜阿骨打一下子成为女真族英雄。从此，完颜阿骨打不再朝拜辽朝皇帝，公开征服女真那些朝拜辽朝皇帝的部落，武力统一女真各部，逼迫女真人都服从他的统治。耶律延禧得知此消息，不以为意。结果，完颜阿骨打花两年时间就统一女真各部。此后，反辽朝的不再仅仅是女真完颜部，而是整个女真族。1114年，完颜阿骨打代表女真族宣布反辽。

女真宣战了，辽朝必须做出反应。1115年，在萧奉先等人鼓动下，没有任何作战经验的耶律延禧居然率领百万大军亲征，想与完颜阿骨打决战。事后历史表明，这是一场草率发起的决定辽朝生死存亡的决战。决战还没开始，辽朝上京发生了耶律章奴叛乱。耶律延禧一边亲征，一边调出精锐军队去镇压耶律章奴。结果是，耶律章奴叛乱被镇压，耶律延禧率领的亲征大军却被女真人打得惨败。辽朝与金朝第一次正式大规模战争的结局，导致辽朝的败亡发生了雪崩效应。金朝军队攻城略地如入无人之境，辽朝很快处于崩溃状态。

1120年，金军攻打上京时，守将萧挞不也望风而降，根本不愿与金军作战。1121年，金军又攻到中京，耶律延禧没有交战勇气，直接率军逃到夹山。其间，耶律大石等人因皇帝失去联系，在辽朝南京拥立耶律淳为皇帝，以拯救危局。几个月后，耶律淳得知耶律延禧的下落后，主动宣布取消自己的帝位。耶律延禧得知耶律淳在南京称帝的消息，不顾当前最重要任务是团结内部力量抗击女真人，逼迫耶律淳自杀。耶律大石对此感到愤怒，率领部下以西征名义离去。

没过多久，耶律延禧就被金军抓住，辽朝正式灭亡。耶律大石率部西去后，一路征杀，发展力量，在东征复国无望情况下，在中亚建立哈喇契丹，史称西辽。西辽在雄霸中亚100多年后，被蒙古西征军灭掉。

强大的辽朝，经过耶律洪基祖孙的统治，就这样轰然倒塌了。而耶律大石远行万里而建立一方强国，成为一方霸主。这又不禁让人思考：辽朝灭亡的原因究竟是什么?

4. 夹缝中生存的西夏

在契丹崛起100多年后，党项人也崛起，建立了西夏。西夏虽然没契丹强大，先后称臣于宋朝、辽朝、金朝、蒙古，但与宋辽鼎足，与金蒙并存，前后延续190年，给历史留下了不可忽略的一笔。

西夏是一个独特的存在。在唐朝时，党项人因参与平乱有功，被封为夏州节度使。他们先后臣服于中原历代王朝，到1038年独立建国。其本质是唐朝藩镇割据遗留。

西夏建国后，先后经历夏宋战争、夏辽战争，都是“先获胜，后称臣求和”，从宋辽两国索要好处。虽然实力不强，但西夏成为宋辽之间关键少数，陪着宋辽一起维持三足鼎立局面。金朝灭掉辽朝后，攻占了宋朝大半领土，成为北方的新霸主。西夏顺势向金朝称臣，建立金夏同盟，共同防御西辽和蒙古诸部。西夏获得一段难得的和平时期。西夏抓住机遇改革自强，在天盛年间出现盛世局面。

西夏实力相对邻国要小，国运极其容易受到外界影响。宋辽对峙，双方势均力敌，西夏能从中游刃有余地获取利益。金朝崛起后，西夏与金朝结盟，也能获得一段和平时期。不过，蒙古崛起改变了此前对西夏有利的战略局面。

起初，蒙古诸部是向金朝称臣纳贡的。蒙古建国后，发誓要灭掉金朝。受盟国金朝牵连，西夏成为蒙古要灭掉的对象。1203年，铁木真吞并克烈部时，克烈部王子桑昆战败后逃到西夏。1205年，铁木真率军入侵西夏，大肆抢掠一番而去。

1206年，铁木真建立大蒙古国，确定灭掉金朝战略目标。破坏夏金联盟，灭掉西夏，砍断金朝左臂，是成吉思汗的重要目标。成吉思汗率军攻破西夏要塞斡罗孩城。西夏聚集全国之兵，才将其击退。1209年，蒙古征服高昌回鹘，然后从西北夹攻西夏。西夏连战连败。斡罗孩城被攻破，国都中兴府被包围。西夏派人向盟国金朝求助。金朝皇帝完颜永济害怕蒙古军，竟然拒绝救助。绝望中的西夏只好向蒙古称臣求和，协助蒙古军攻打金朝。

附蒙攻金战略给西夏带来多年战争，经济损失巨大，国力大衰，社会经济凋敝，民变不断。成吉思汗依然不满西夏，因为西夏没听命令派兵随蒙古军西征。1216年，成吉思汗又一次率军攻打西夏。西夏王子李德旺被迫结城下之盟。

1223年，李德旺继位。他认为，蒙古迟早会灭掉西夏的，不如早改策略，联金抗蒙。他派人到金朝修好，趁成吉思汗再次西征机会，派使者去联合漠北诸部，准备夹攻蒙古。蒙古将领孛鲁发现这一意图后，于1224年率军攻入西夏，占领银州。第二年，成吉思汗西征东归，又兴兵攻打西夏。西夏被迫同意蒙古提的一切条件，才躲过一劫。

1226年，成吉思汗找借口，派出两路大军进攻西夏。这次，蒙古军旨在灭掉西夏，占领西夏许多州县，李德旺忧郁而死。他侄子李睍继位，率军继续抵抗。到1227年，西夏国都中兴府被蒙古军包围半年后，李睍外无援兵内无粮草，只好率军投降。

此时，成吉思汗已病死在六盘山，只是秘不发丧，西夏人不知道。李睍投降后，拖雷遵照成吉思汗遗命，将西夏人全部杀光，毁掉西夏所有建筑，包括历代王陵。至此，西夏作为一个王朝消失在历史长河中。他们活动留下的印记也被蒙古军人为破坏和消灭。

5. 东亚名副其实的霸主

金朝存在时间比辽朝短，其影响力却丝毫不亚于辽朝；比西夏时间短，其影响力却远胜西夏。金朝主张华夏一统，民族平等，不分夷夏，其各项政策模仿并超越辽朝。

女真是靺鞨一部，先依附于渤海国，后依附于辽朝，在完颜阿骨打时独立建金朝，并取代辽朝，攻占宋朝大片领土，俘虏宋朝两个皇帝。金朝与西夏结盟，让西夏将原先进贡辽朝的进贡给金朝。金朝崛起后，信心空前暴涨起来，一心想彻底灭宋朝，一统天下。

靖康之乱时，康王赵构逃过此劫，在大臣拥护下，重建宋朝，史称南宋。在北撤前，金朝曾建张楚、刘齐等傀儡国。此外，金朝还多次派完颜兀术等猛将率军追杀赵构。这些举动激起宋朝军民强烈反抗。在宋将岳飞、韩世忠、张浚等人努力下，金军屡屡受挫，宋朝转危为安，将局势稳定下来。

金朝皇帝意识到灭掉宋朝时机不成熟，改变策略，武力迫使宋朝称臣纳贡。1137年，金熙宗完颜亶听从完颜挞懒建议，同意宋臣秦桧议和请求。完颜兀术不满议和，率军进攻宋朝，但被宋朝主战派挫败，最终被迫同意议和，但要求宋朝杀死岳飞。赵构和秦桧急于求和，就杀死岳飞，与金朝签订绍兴和议，确定双方边界。此时，金朝周边高丽、蒙古诸部、西夏，宋朝都向其称臣，成为当时东亚名副其实的霸主。

绍兴和议后，完颜亶和完颜兀术集中精力进行汉制改革，建立以尚书省为中心的三省制，并命令完颜宗磐、完颜宗干、完颜宗翰共管军政大事，并领三省事。完颜亶被架空，便不理朝政，滥杀无辜，搞得朝野愤怒。左丞相完颜亮弑君称帝，进一步进行改革，加强中央集权，同时准备南下灭宋。

为了彻底消灭宋朝，统一天下，完颜亮迁都燕京，改名中都。他将金朝划分为14路，把上京会宁属于金太宗完颜晟、权臣完颜宗干与完颜宗翰辖下的军队全部收归朝廷。为推行政令，他猜忌杀戮宗室，尤其是将完颜晟后代全部杀光。其他宗室，稍有反抗之意，他就毫不犹豫杀掉。

完成一切准备后，完颜亮便策划侵宋。1161年，完颜亮派使者到宋朝，要求重新划国界，寻找战争借口。见金朝如此无礼，宋朝也只好积极备战。1162年，完颜亮命令金军分四路攻击宋朝。金军陆路进攻比较顺利，但东路水军惨败。这时，此前归顺金朝的契丹人发动叛乱。葛王完颜雍称帝，并从东京移居到中都。

后院起火了，完颜亮竟然不放在心上，执意要渡江作战。更不利的是，在采石之战中，金军先锋军被宋将虞允文击败，金军的船舰全部被毁掉。金军已经彻底失去渡江作战条件，但完颜亮依旧想渡江作战，率军到扬州，准备从那里渡过长江。部下发动政变，杀死完颜亮。宋军趁机收复淮南地区。完颜亮雄心勃勃的灭宋计划，随着他被杀而灰飞烟灭。

金朝新皇帝完颜雍下令金军停止进攻宋朝。他也是个主战派。在1162年底，他以宋朝不称臣为借口，命令仆散忠义率军进驻汴京，命令纥石烈志宁率军赶往前线，做好夺取淮南地区的准备。这时，宋朝主战派当政，张浚率军发起隆兴北伐，陆续收复淮北各地。宋金在符离决战，宋朝主将张浚败给金军主将纥石烈志宁。

1164年，完颜雍又准备南征。这时，宋朝主和派抬头，前来求和。完颜雍同意求和，然后集中精力进行内政改革，发展经济，很快创造金朝盛世——大定之治。

完颜雍死后，他孙子完颜璟继位。完颜璟继续祖父的政策，再创造明昌之治。明昌之治后期，完颜璟宠爱李师儿，重用李氏外戚以及宠臣胥持国，任由他们干预朝政，导致金朝国势由盛转衰。

经过几十年和平，宋朝国力有一定恢复和发展。宋朝权臣韩侂胄趁金朝国势衰退的机会，在1206年发动了开禧北伐。不过，由于宋朝内部矛盾重重，宋金对峙时，宋朝又处于劣势。1207年，宋朝主和派又占上风，向金朝求和。韩侂胄被杀。1208年，宋金达成议和。

议和当年，金朝皇帝完颜璟死去，他叔叔完颜永济继位。完颜永济无能，金朝盛世在他登基后一去不复返，国力急剧下降，从东亚霸主沦为被动挨打的弱国。

6. 君臣喋血蔡州城

金朝崛起迅速，灭亡也同样迅速。

完颜永济继位后，清除李氏外戚势力，国力在一定程度上被耗损。但金朝衰落更大责任在于完颜永济昏庸无能、缺乏战略眼光。蒙古建国后，立志灭掉金朝，先发兵攻打西夏。金夏是联盟，完颜永济居然坐视不救西夏，导致西夏投降蒙古，与金朝为敌。处于战略优势的金朝一下子转为劣势。

1211年，成吉思汗率领7万军队，与金朝丞相完颜承裕和名将独吉思忠率领的40万大军，在野狐岭决战，取得胜利。随后，蒙古军进入金朝境内肆意抢掠，并一度包围中都。第二年，蒙古军卷土重来，包围大同，再次进攻中都。与此同时，契丹人耶律留哥在东北起义，率军归附蒙古，讨伐金朝。面对危机，完颜永济束手无策，无力应对，连主动出击都不敢。

1213年，胡莎虎杀掉完颜永济，册立完颜珣为皇帝。胡莎虎独揽朝政大权。没多久，中都守将术虎高琪杀死了胡莎虎。成吉思汗趁着金朝内讧机会，派出三路大军攻打金朝。蒙古军到处攻城略地，抢掠各地百姓。金朝遭到空前的破坏，只剩下中都、真定、大名等11座城没遭抢掠。完颜珣走投无路，于1214年献黄金和岐国公主给成吉思汗，换得暂时和平。

完颜珣也缺乏战略眼光。蒙古军撤走后，他做了一件加速金朝灭亡的事。他不顾谋臣徒单镒等人坚决反对，与术虎高琪一起将都城从中都迁到汴京，仅留太子率少量军队守卫中都。河北诸州县深感不安。果然，1215年，蒙古军攻下中都，占领河北诸州县。同年，蒲鲜万奴在辽东建东女真国。没多久，金朝祖居地被蒲鲜万奴和耶律留哥分别占领了。进入中原的女真人再也无法回到故乡。更雪上加霜的是，中原北部出现抗金红袄军。

经过这几件事，金朝领土丢掉大部分，真正控制的领土只剩下河南、淮北、关中一带。汴京除了黄河外，周边毫无险阻可以用于御敌。当年，金军轻易攻下汴京，怎么此时就看不出建都汴京的致命弱点在哪里呢？

完颜珣对术虎高琪非常依赖，言听计从。术虎高琪为人苛刻残暴，刚愎自用，缺乏战略眼光。金军与蒙古军作战损失惨重，术虎高琪竟然主张通过进攻宋朝和西夏，掠夺相关物资来弥补损失。完颜珣不顾后果，竟然也支持术虎高琪。结果，强盛时期周边国家都称臣的金朝，此时变成四面是敌人，蒙古军进攻金朝，西夏军进攻金朝，宋军也进攻金朝。金朝四面楚歌，四面作战，领土范围越来越小。

1219年，完颜珣意识到术虎高琪误国，将其杀掉，但为时已晚，金朝已经衰落，只剩下挨打的份儿。1224年，完颜珣死去，完颜守绪继位。

完颜守绪立志振兴金朝，鼓励农业生产，并与宋朝、西夏和好，建立只属于朝廷的忠义军，重用名将完颜陈和尚等人。1228年，完颜陈和尚率军在大昌原击溃蒙古军，收复不少土地，使金朝军民看到中兴希望。不过，此时局势已经变得非常糟糕，盟国西夏已经于1227年被灭掉，蒙古军可以全力对付金朝。1230年，窝阔台大汗派出三路大军向金朝发起全面进攻。1232年，大将拖雷率军迂回到汴京。完颜守绪派完颜合达和移刺蒲阿率军在登州阻击蒙古军。没多久，窝阔台又派速不台率军从另一路进攻汴京。完颜合达得知消息，急忙率军援救汴京，但在三峰山被拖雷率领的蒙古军截击。一场恶战后，金军精锐被全歼。金朝名将张惠、完颜陈和尚、移剌蒲阿等人先后殉国。蒙古军随后包围汴京。

坚持到年底后，完颜守绪放弃汴京突围，准备迁都到归德府。蒙古军一路紧追不舍。完颜守绪率军逃到蔡州时，被蒙古军和宋军合围在蔡州城内。金军苦苦坚守，做困兽之斗，蒙古军和宋军长围不散，不断轮流攻城。1234年正月，蔡州城岌岌可危。身处绝望之中的完颜守绪不愿当亡国之君，下罪己诏，将皇位传给完颜承麟，以求上天饶恕金朝。但是，几天后，蔡州城被攻破。

蔡州破城时，完颜守绪带着亲信投护城河而死。完颜承麟企图率部突围，寻找新的复兴基地，以图东山再起，在突围的混战中被杀死。纵横中原近百年的金朝，在历经120年后，被蒙古军和宋军联合消灭。这是当年迅速崛起的金朝始料未及的。

7. 蒙古崛起与转变

女真人建立的金朝强势崛起又悲壮消失，留下历史遗憾，也产生深远影响。元朝在修国史时，单独为金朝修订《金史》，承认其朝代地位。蒙古如此尊重昔日对手，有个重要原因是金朝对蒙古的发展方向有巨大影响。

蒙古统一前，蒙古诸部臣属金朝。乞颜部在蒙古诸部中势力比较小。1162年5月13日，乞颜部可汗也速亥家生了儿子铁木真。铁木真幼年丧父，历经磨难，在1184年当上乞颜部可汗，发动征战，统一蒙古诸部。1206年，铁木真宣布建立大蒙古国，自称成吉思汗。

金朝曾经对蒙古诸部实行“分而治之”政策。1146年，金熙宗完颜亶以“惩治叛部法”的名义，将蒙古部落联盟可汗俺巴孩汗钉死在木驴上。铁木真统一蒙古后，先攻击西夏，拆散西夏与金朝的战略同盟。西夏向金朝求救，金朝见死不救。西夏被迫投降成吉思汗。

成吉思汗迫使西夏随蒙古一起讨伐金朝。1211年，成吉思汗正式向金朝宣战。蒙金战争断断续续进行了24年。蒙古军首战乌沙堡，取胜；再战野狐岭、会河堡，一举歼灭了金军的精锐；又战怀来、缙山，击败了十多万金军；在东京辽阳、西京大同、居庸关等地重创金军，兵分三路抢掠中原以及辽西腹地，打得曾经的东亚霸主毫无还手之力。

1214年，蒙古军围攻中都，逼金朝签下城下之盟。不久，金朝迁都汴京。蒙古军占领了中都以及河北的诸州县。成吉思汗将目光转移到西边强国西辽和花剌子模上，他派木华黎指挥偏师进攻金朝，亲自率领主力返回蒙古，准备西征。

1218年，哲别率蒙古军消灭西辽的屈出律，扫清西征的障碍。第二年，成吉思汗派20万军队分路西征，向中亚新兴大国花剌子模发起战略进攻。蒙古军横扫花剌子模国，追打其国王、王子数年。1225年，成吉思汗回到漠北草原，听说木华黎因西夏背盟含恨而死，决定亲征西夏。1227年秋，成吉思汗死在出征中，留下遗嘱灭西夏和灭金朝。

成吉思汗西征和亲征西夏，从客观上延缓了金朝的存活时间，但金朝在这段时间内并非真正努力去挽回国势下降的颓势。根据成吉思汗的遗嘱，继任者窝阔台大汗和拖雷不得不全力进行灭金战争。1234年，金朝被灭掉，成吉思汗的夙愿完全实现了。

蒙古人起初发动战争只是掠夺财富和人口，但随着西夏和金朝相继被灭，不得不考虑如何管理相对先进的地区。一个影响蒙古帝国未来的、影响中原人生存的人耶律楚材登上历史舞台。

耶律楚材出身契丹贵族家庭，从小受儒家思想熏陶，“博及群书，旁通天文、地理、律历、术数及释老医卜之说，下笔为文，若宿构者”。1215年，蒙古军攻占燕京，成吉思汗欣赏耶律楚材的才干，让他当了随身幕僚。1231年，耶律楚材出任宰相，进行蒙古的国家政权建设。

蒙古建国初，军政合一，只有军官，没有行政官。为了有效统治新征服的土地，耶律楚材向窝阔台建议地方上设置行政官员，同时设置万户管理军队，军政分开，互相遏制，防止地方官独断独行。窝阔台采纳了他的建议，在地方建立管理机构，在中央设中书省，让他出任中书令。为了引导蒙古军不随意杀戮百姓，耶律楚材还主张用孔孟之道作为治国准则，选用儒生来担任各级行政官员。

中原遭受多年战争破坏，农业生产被破坏，百姓生活非常困苦。面对这种客观现实，耶律楚材主张采取措施，轻徭薄赋，爱惜民力，恢复和发展农业生产。他力主改变过去“裂土分区”的分封制，在各地实行流官制度，防止产生地方割据势力。有人建议把中原变为牧场。耶律楚材告诉窝阔台，让中原各地民众从事原来的事业，从中征收赋税，特别是地税、商税、盐税和铁冶税，每年所得比牧马的收入要多得多。窝阔台委派耶律楚材主持征收赋税。耶律楚材设十路课税使，委任10个儒士到中原各地收税。

蒙古人初次尝到不用兵戈而获得巨大财富的甜头后，不再杀戮征服的百姓，而是将其管理起来，收缴赋税。金朝汴京被攻破后，“除完颜氏一族外，余皆赦免”，汴京147万百姓保全了性命。后来，蒙古军攻下宋朝任何一城一池后，照此办理，再也没发生过屠城事件。

耶律楚材大力倡导儒学，推崇孔子，主张恢复科举取士，重视保护文化，设立编修所，供士大夫容身，继续研讨学问，保存中原传统文化。

蒙古人能从征战抢掠走向建立稳固的政权，耶律楚材功不可没。他是13世纪大政治家和大学者，引导和帮助蒙古游牧贵族在适应中原封建文明道路上大大前进了一步，采用汉族以儒教为中心的传统思想和制度来治理中原，使战争不断的乱世转为和平盛世，使领先蒙古的中原文明得以保存和延续。

8. 历史选择忽必烈

蒙古滚雪球式壮大，给帝国管理带来巨大挑战，也给汗位传承带来挑战。蒙古继承制是现任大汗在遗嘱中指定下一任大汗，然后由宗王大会确认才有效。这种制度为蒙古汗系宗亲之间争夺汗位提供了借口。一旦上一任大汗没留下遗嘱，或者宗王大会不认同，或者宗王大会出现巨大分歧，汗位之争就可能引发战争。

1257年，蒙古大汗蒙哥准备向宋朝发起战略进攻。1258年，他命令阿兰答儿辅佐最小的弟弟阿里不哥留守首都和林，亲自率军进攻四川。同时，蒙哥命令塔察儿、张柔率军进攻长江中游地区；命令已经由大理攻入交趾的兀良合台率军北上，从三个方向对宋朝形成围攻。塔察儿作战失利后，蒙哥命令忽必烈率军继续进攻长江中游地区。

1259年7月，蒙哥在钓鱼城下观察地形时被击中，受伤而死。他没有遗嘱指定大汗继承人。蒙古宗王争夺大汗之位的战争爆发——一部分宗王支持忽必烈继任大汗，一部分宗王支持阿里不哥继任汗位，双方势均力敌，出兵相互攻打。忽必烈在亲信八春、廉希宪、高挺等人支持下，分化阿里不哥支持者，在甘州决战击败阿里不哥的主要支持者阿兰答儿、浑海。阿里不哥从此走向颓势。西征获得巨大胜利的宗王旭烈兀明确表态支持忽必烈后，原本支持阿里不哥的很多宗王也转向支持忽必烈。

1264年，阿里不哥看到争夺汗位无望，率领身边的宗王和大臣到开平，与忽必烈会合，以避免蒙古帝国分裂。忽必烈和阿里不哥面对面质问，进行一番理论。忽必烈问阿里不哥："你说，按照道理讲，我和你，谁应该继承汗位呢？"阿里不哥回答说："原来，我认为我是对的，现在呢，我认为大汗是对的。"忽必烈哭笑不得。他念及亲情，下诏赦免阿里不哥等成吉思汗后裔的诸王，一切既往不咎，将阿里不哥的谋臣全部杀死。

1271年，忽必烈改国号大元。1274年，元军大举进攻宋朝。1279年，元军消灭宋朝残余力量，完全实现天下大一统。不过，诸王开始各自割地为王，互不统属，形成以元朝为名义宗主外加四大汗国的蒙古帝国体系。

忽必烈灭宋统一中国后，面临少数人统治多数人问题。为巩固统治，忽必烈将元朝人分为4个等级：蒙古人、色目人、汉人、南人。色目人指回族人以及西域各族人，汉人指金朝故地各族人，南人指宋朝（南宋）故地各族人。色目人是蒙古人统治天下的帮凶，主要做一些具体管理工作。

忽必烈特别宠信色目人，通过色目人横征暴敛，压榨各族人民，积累财富。负责给忽必烈理财的阿合马最终激怒蒙古贵族，被击杀。

阿合马是回族人，是忽必烈妻子察必皇后的陪嫁奴隶。由于这层关系，他有非常多的机会接近忽必烈。他智慧多，善言辞和揣摩人的心理。采用耶律楚材的建议后，蒙古统治者发现发展农业收税，比将那些土地用来放牧的收益要多得多。忽必烈统一天下后，想让国家迅速富起来，征收更多赋税，便将此事交给善于理财的阿合马。阿合马每次都能出色完成任务，深得忽必烈宠信。更重要的是，阿合马善于辩论，其他高官不服，与其争辩，阿合马总能有理由让对方屈服。忽必烈认为阿合马是一个出色的助手，授予阿合马大权，对他的话无不听从，对其专权也是睁一只眼闭一只眼。需要钱时，阿合马能及时筹集到，这才是忽必烈最关心的。

1262年，阿合马兼任诸路转运使，专门负责管理财政税负。他先后奏请朝廷垄断炼铁和卖盐。很自然，无论卖铁，还是卖盐，最终所得收入，都归阿合马管。后来，阿合马又奏请朝廷开矿、印纸币、垄断金银锡的买卖。1270年时，忽必烈还让阿合马兼任平章尚书事，当上宰相。阿合马仗着受宠信，不将任何同僚放在眼里。

1272年，元朝尚书省与中书省合并，阿合马出任合并后的中书省平章政事。1273年，阿合马直接任命儿子忽辛为大都路总管，被安童在忽必烈那里告发了。不久，安童又上奏说阿合马、张惠仗着权势经商谋利，一网打尽了天下利益，严重影响了百姓生计，逼迫他们有冤无地方申诉。忽必烈仅仅表示等税赋收完，该罢官的罢官。

1278年，中书左丞上奏阿合马任人唯亲，忽必烈不当回事。忽必烈曾对人说："做宰相的人上要明白天道，下要察知地理，中间还要竭尽人事，兼三方面能力的人，才能做称职的宰相。阿里海牙、麦术丁等人是不能胜任宰相的。在回回人中，只有阿合马才能胜任宰相。"

阿合马如此受宠信，朝廷任何官员上奏他都没用。同僚们只敢用眼神表达不满。皇太子真金的随从王著疾恶如仇，秘密铸造一个大铜锤，以太子名义骗出阿合马，将其锤杀。

忽必烈震怒，令枢密副使孛罗等人率兵镇压作乱的人。孛罗等人杀死王著及其同伙，调查清楚情况后，如实向忽必烈报告。忽必烈了解事情真相后，说："王著把阿合马杀了，确实是对的！"随后，忽必烈同意朝臣的请求，下令将阿合马开棺戮尸，使其党羽一一伏法。

此后，桑哥接替阿合马管理财税，改革经济财政，但同样骄横暴虐，成为百姓憎恨的对象。忽必烈宠信回族人，喜欢重用回族人管理财税，而回族人往往趁机横征暴敛，即使朝廷高官对此也无可奈何，更不谈那个时期的纳税人。元朝苛捐杂税繁多，官吏横征暴敛，建国之始就非常严重了。

9. 保守派葬送了元朝

忽必烈的高压统治持续30多年，其后续继任者，在位时间都不长，元朝政局不稳，内乱不断。到元仁宗爱育黎拔力八达继位后，为了改变皇位频繁更替局面，他废除“兄终弟及，叔侄相传”的皇位传承制，改为嫡长子继承制，此外还裁汰冗官、整顿朝政、开设科举、重用儒士，以儒治国。

爱育黎拔力八达是以皇弟身份担任太子的，前任皇帝海山与他约定“兄弟相袭，叔侄相继”，也就是他死后皇位要传给海山长子和世㻋。在皇太后答己、权臣铁木迭儿等劝说下，爱育黎拔力八达于1315年封和世㻋为周王，于1316年立儿子硕德八剌为太子。

硕德八剌对汉文化如痴如醉。受儒家思想影响，他多次到民间视察，发现由色目人收赋税，横征暴敛，惹得民怨沸腾。中原农民暴动连年不断，虽然都被镇压下去，但任由色目人横征暴敛，到最后一旦失控，蒙古人的统治地位将无法维持。他认为，主动汉化，拉拢文明程度比较高的汉人，才是巩固统治的根本之道。

1320年，爱育黎拔力八达死，在太皇太后答己及右丞相铁木迭儿等人扶持下，硕德八剌登基称帝。朝政由答己和铁木迭儿掌控。硕德八剌在蒙古贵族中发现名相安童孙子拜住也喜欢儒家思想、汉化程度比较高，也非常反感色目人横征暴敛。两人相见恨晚。于是，硕德八剌任命拜住为左丞相，作为自己在朝廷中的依靠。

1322年秋，太皇太后答己和铁木迭儿先后病死，硕德八剌掌握朝政大权，政治压力顿时减轻，开始推进新政。硕德八剌重用拜住、铁失、张圭等人，进行改革，实施新政。例如，选拔人才，大量起用汉族官僚和儒士；减少徭役和赋税，兴修水利工程，重视发展农业生产；澄清吏治，打击贪污腐败，裁减冗员，精简机构；修改法律制度，编定《大元通制》等。

硕德八剌改革缓和了民族矛盾，加强了中央集权，使得元朝国势大有起色，却触及蒙古保守贵族和色目人的利益，引起他们不满。守旧势力抵制时，硕德八剌的怒火便发泄到被视为铁木迭儿奸党的那些朝臣身上。铁木迭儿义子铁失深感自己罪责难逃，在南坡店行宫发动政变，杀掉皇帝硕德八剌和宰相拜住。

事后，铁失等守旧贵族掌握朝政，废除了硕德八剌的改革措施，重新打压汉人，重用色目人横征暴敛。守旧蒙古贵族对汉人越来越苛刻残暴，整个社会充满浓厚的民族仇恨氛围。元朝内斗不断，皇帝更换频繁，先后又经过泰定帝也孙铁木儿、天顺帝阿速吉八时代，皇位落入元文宗图帖睦尔手里。和世瑓的继承人妥懽帖睦尔被流放。

1330年12月，图帖睦尔册封自己儿子阿剌忒纳答剌为太子。一个月后，阿剌忒纳答剌莫名其妙地病死了。图帖睦尔相信因果报应，认为儿子当太子死去，是因为他曾宣称将帝位禅让给和世瓎的。和世瓎被迎为帝，在位八个月被图帖睦尔毒死，图帖睦尔重祚。1332年，图帖睦尔死时，留下遗言，立妥懽帖睦尔为皇帝。但权臣燕帖木儿改立图帖睦尔小儿子懿璘质班为皇帝，懿璘质班继位没几个月就死了。皇位空了半年之久，权臣燕帖木儿纵欲过度而死，妥懽帖睦尔才被册立为皇帝，即元顺帝。

当时，妥懽帖睦尔是傀儡皇帝，权臣伯颜以右丞相身份摄政，燕帖木儿弟弟撒敦为左丞相，儿子唐其势为御史大夫，女儿答纳失里为皇后。1335年，撒敦死，唐其势出任左丞相。伯颜发动政变，一举粉碎唐其势集团，趁机铲除燕帖木儿的余党，晋封秦王，独揽朝政，在朝中一手遮天。

伯颜排斥异己，聚敛财富，穷奢极欲，公开与太皇太后卜答里私通。不仅如此，伯颜极度排斥汉人，主张蒙古人和色目人可以随意殴打汉人和南人，禁止汉人和南人学习蒙古文字，禁止汉人和南人私藏兵器，严格控制汉人和南人做官。甚至一些地方没收汉人和南人的铁质农具，禁止汉人文化运动。1335年，伯颜还取消了科举考试。在面对汉人反抗时，伯颜还一度提出杀绝张、王、刘、李、赵五大姓汉人。妥懽帖睦尔实在看不下去，没有采纳这一极端建议。

伯颜很有能力，但他缺乏心胸和政治眼光。伯颜一系列倒行逆施，使得原本尖锐的社会矛盾进一步激化，各地农民起义或者少数民族起义此起彼伏。妥懽帖睦尔也觉得权臣伯颜的举措危害到了社会稳定，当然也危及他皇权的安全，联络图谋除掉伯颜的脱脱，趁伯颜外出打猎的机会，将他罢免。

妥懽帖睦尔亲政后，大肆清洗伯颜的党羽、太皇太后卜答里的党羽，任命脱脱为右丞相，进行社会改革。脱脱下令恢复科举考试，颁行《农桑辑要》，蠲免赋税等笼络民心的政策，还实行儒治，组织有学问的人修撰《辽史》《宋史》《金史》。元朝出现回光返照局面，受压抑的汉族儒生一度受到鼓舞，看到希望。

脱脱的措施也并没真正实施下去。1344年，脱脱因病隐退。妥懽帖睦尔又任用阿鲁图、别儿怯不花、朵儿只、贺惟一等人，继续进行改革。不过，这些人的能力和威望都不如脱脱，执行力非常差。例如，1345年，妥懽帖睦尔派24个官奉使宣抚各省时，只有少数官员有政绩，多数人反而加剧官场腐败和民间疾苦。

1344年后，元朝天灾频频发生，黄河多次决口，饥荒瘟疫接连发生，百姓流离失所，大量死亡。妥懽帖睦尔命令各地官府赈济，颁布罪己诏，起用脱脱为右丞相，希望能挽回颓势。但是，元朝内讧使得局势一步步恶化，他们使出浑身之力也回天无力。

黄河河患引发元朝财政危机。漕运盐税锐减不仅导致国库空虚，也让老百姓生活在水深火热中。脱脱第二次担任右丞相后，采取变钞和治理黄河两大政策。结果，变钞导致通货膨胀，经济更为混乱。治理黄河引爆红巾起义。脱脱全力镇压红巾起义。皇太子爱猷识理达腊与他不和，怂恿哈麻利趁他不在朝，诬陷他以及他弟弟也先帖木儿对皇帝不忠。妥懽帖睦尔不辨是非，信了哈麻利的话，下令削夺脱脱的兵权。脱脱忠君思想严重，交权后被哈麻利矫诏杀死。

此后，妥懽帖睦尔受哈麻利的蛊惑，声色犬马，沉溺“男女双修之术”，将朝政交给太子爱猷识理达腊去处理。爱猷识理达腊没有能力也没花心思去稳定政局，镇压地方叛乱，而是想办法控制朝廷、安插自己的亲信，以便早日登基为帝，导致正直大臣出走，奸臣当道。在地方，元朝依赖镇压红巾军的察罕帖木儿和孛罗帖木儿相互不服，出兵交战，抢掠地盘。

1363年，受爱猷识理达腊陷害的贵族老得沙逃离大都，躲到孛罗帖木儿那里。爱猷识理达腊派人去追索不成，就要求皇帝妥懽帖睦尔出兵讨伐孛罗帖木儿。孛罗帖木儿随即率军攻打大都，迫使皇帝妥懽帖睦尔杀死太子党的奸臣，封他为右丞相，并将太子爱猷识理达腊赶出大都。爱猷识理达腊被迫逃到扩廓帖木儿那里避难。妥懽帖睦尔不满孛罗帖木儿，派人暗杀了他，并接回太子爱猷识理达腊和扩廓帖木儿。扩廓帖木儿被任命为左丞相，晋封河南王。元朝的李思齐、张良弼等军阀，与扩廓帖木儿不和，纷纷率军与扩廓帖木儿作战。皇帝妥懽帖睦尔也认为扩廓帖木儿有异心，也下诏讨伐他。于是，元朝的几大军阀在北方混战起来。

几乎同时，南方的红巾军也在相互兼并中。朱元璋在兼并战争中逐渐壮大起来，并于1367年发动“驱除胡虏，恢复华夏”为旗号的北伐战争。元朝民族矛盾非常激烈。朱元璋高举民族旗号，不仅增强了号召力，而且分化元军与百姓，导致元军战斗力无法尽情发挥。北伐明军势如破竹。在明军围攻大都前夕，妥懽帖睦尔带领太子、后妃及100多个大臣北逃到上都，以图恢复大计。明军占领大都后，妥懽帖睦尔彻底没翻盘机会了。扩廓帖木儿率军全力反攻大都，遭到惨败，只好带着18个骑兵逃走。

妥懽帖睦尔在位30多年，几番努力都没扭转元朝的颓势。历史也不再给他机会了。1370年，妥懽帖睦尔死在上都。蒙古人称霸中原近百年历史，至此谢幕。中国从此进入新的历史时期。

第八章

明清盛世谢幕，华夏将走向何处

明朝统一天下便一个盛世接一个盛世。盛世之后，路在何方呢？明朝在迷惘中走向灭亡。清朝趁中原混乱统一天下，并凭借武功实现盛世。但清朝出于自身原因，实行文化与政治双重钳制。天下在盛世中麻木，对未来越来越迷惘。

1. 驱逐胡虏，恢复华夏

红巾军起义掀起中国历史新纪元。游僧朱元璋逐步崛起，歼灭群雄，建立明朝，驱除鞑虏，恢复华夏，推翻元朝，并进行一系列改革，带领华夏族走出百年黑暗，开创洪武盛世。

从历史角度看，蒙古人统治华夏近百年，虽然有积极影响，基本都是宏观上的，但对于百姓，体会到更多的是繁重赋税、官吏横征暴敛以及民族不平等的屈辱。朱元璋恢复华夏，让天下人看到希望，盼来久违的盛世。

朱元璋崛起是元末局势中偶然加必然的结果。他出身低微，在无法生存下去时，被汤和推荐去当兵，加入红巾军郭子兴部。他作战勇猛，头脑灵活，很快脱颖而出。

郭子兴死后，笼络乱世知识分子李善长等人的朱元璋，成为这支义军首领。鉴于义军首领群雄崛起，相互逐鹿，朱元璋采取“高筑墙，广积粮，缓称王”策略，积蓄势力，等待有利于自己的时机。

当时，元朝内部争权夺利，各势力之间混战，镇压起义军的力量有限，重点镇压对象是实力较强大的北方刘福通部。江东义军首领张士诚趁机在长江三角洲扩张势力；荆楚义军首领徐寿辉、陈友谅趁机在湖北、江西扩充势力；江浙义军首领方国珍趁机在浙江扩充势力；朱元璋抓住机会，夺取集庆，改为应天府，作为自己大本营，同时向小明王称臣，出任江南中书省平章事，然后派兵逐一攻取周边州县，扩张势力。

朱元璋低调发展势力，却被陈友谅认定是最大威胁。陈友谅原是徐寿辉部下，后杀徐寿辉称帝，建立汉国。陈友谅分析天下形势，认为元朝不足惧，灭亡是迟早的事，小明王的势力已经衰落，义军首领中能跟他争夺天下的，只有潜在劲敌朱元璋。陈友谅与张士诚结盟，约定一起夹攻，消灭朱元璋，平分他的领地。

朱元璋分析天下局势，也认定陈友谅才是头号劲敌。大敌当前，形势险恶，朱元璋采取各个击破策略，先派人与方国珍、张士诚等交好，集中兵力对付陈友谅。

陈友谅军队多，声势大，但他弑君自立，内部离心，百姓疲敝。更致命的是，陈友谅过于自信，甚至狂妄，提出“首战即决战”。朱元璋主动示弱，诱敌深入。陈友谅骄兵轻敌，首战失败后，军心发生了动摇。朱元璋抓住良机，率军直捣陈友谅老巢江州。陈友谅被打了个措手不及，率部撤退到武昌。

第二年，陈友谅趁朱元璋北上救助小明王机会，率军反攻，很快收复许多失地。洪都守将朱文正率部拼命死守。陈友谅大军被阻挡在洪都城下85天后，朱元璋率领20万主力赶到，攻击陈友谅疲敝的军队。双方在鄱阳湖决战36天。朱元璋水军以弱胜强，发挥小船灵活性优势，火攻陈友谅大军，最终赢得决定性胜利。陈友谅被乱箭射死。陈理在武昌继位，一年后投降了。

朱元璋以少胜多，兼并陈友谅部后，声势大振，势力猛增。随后，他按照既定战略，先后消灭张士诚、方国珍等南方割据势力，成为反元义军当之无愧的领袖。

1367年，经过一番精心准备，朱元璋命令徐达和常遇春率25万明军北伐元朝。北伐军一边攻城略地，一边宣传“驱逐胡虏，恢复中华，立纲陈纪，救济斯民”，号召北方人反元。这一支正义之师出现在中原后，受到各地百姓欢迎。北伐军一路势如破竹。元军战斗力与百年前相比，不可同日而语。徐达成功实现朱元璋制订的“先取山东，再西进汴梁，挥师潼关，然后挥兵大都”的战略计划。

1368年，朱元璋顺应时势，称帝建明。这年秋，徐达率领北伐军占领长芦、青州、直沽，并在武清东北的河西务大败元军。随后，明军锐不可当，一路势如破竹，一口气攻到大都城下。

元朝皇帝妥懽帖睦尔见大势已去，趁夜携太子、后妃由居庸关逃往上都开平。四天后，徐达率军攻占大都，在大都齐化门杀死元朝监国宗室淮王帖木儿不花和右丞相张康伯等人，封存府库图籍宝物以及故宫殿门，命令将士们安分守己，不得侵暴抢掠，安抚百姓各安其业。

攻下大都后，没多久，山东、河南、河北等地相继纳入明朝领土范围内。北伐战场发生根本性变化，在秦晋负隅顽抗的元军陷入群龙无首境地。明军趁机对各地残元势力发起进攻，扼杀了其东山再起的可能。

百年前，忽必烈派丞相伯颜率20万大军灭了宋朝；百年后，朱元璋派大将军徐达率20万大军将蒙古人赶回大漠。朱元璋推翻了元朝统治，打破历史上由北向南统一公式，建立了千古奇功。

天下统一后，朱元璋大力发展农业经济，实行政治改革，铲除权臣，打击贪官，普及州县教育体系，解除元朝时工商业对工匠的束缚制度，解除唐、宋、元三朝佃农的卑下地位和生死惩罚由主人主宰的命运，在法律上确认人权平等，使明朝初期政治清明、经济发展，整个洪武时期百姓充实，府库衍溢。从元朝天下崩溃到洪武盛世，一介草民朱元璋仅仅花了几十年时间。

2.汉人天子远渡沙漠者

朱元璋花几十年时间创建一个盛世，但因诛杀功臣免不了为后世诟病。他诛杀功臣的目的是巩固江山，但讽刺的是，他的继任者朱允炆的江山被人夺走，夺取者不是他防备的各功臣，而是他偏爱的四儿子朱棣。

与历史上其他篡位者不同，朱棣夺位后在洪武盛世基础上再创奇迹，开创永乐盛世，将明朝推向顶峰——在海洋上，郑和率船队七下西洋，华夏声望远播，当时全球各国望其项背；在陆地上，朱棣五征蒙古，吊打曾在全球所向无敌的蒙古军。他迁都北京，在文化领域开创性地编写综合性文献《永乐大典》，在历史领域使明朝成为一开国就接连盛世的王朝。

朱棣登基后，进一步强化君主专制，继续进行削藩，实行徙富民政策，加强对门阀豪强的控制，重视监察作用，设立派遣御史巡行天下制度，完善文官制度，在朝廷实行内阁制度。

朱棣认为天下治平根本是“家给人足”“斯民小康”，因而特别注重经济的恢复与发展。他发展和完善屯田制度，保证军粮供给。在中原各地，他鼓励垦种荒闲土地，将百姓迁到土地多的地方，督促百姓进行耕田种地，防止农民破产，以保证赋役征派。

朱棣是奋发有为的人。他五次亲征，主动进攻不臣服的蒙古人，意图彻底解决北方边境的威胁。

元朝末帝妥懽帖睦尔北逃后建立北元，依然是明朝的巨大威胁。朱元璋将主要精力放在内政上，并没花费精力去彻底消灭北元。1387年9月，蓝玉大将军在捕鱼儿海大败北元朝皇帝脱古思帖木儿，消灭蒙古主力军。此后，蒙古内部陷入连绵不断的内讧之中，北元灭亡。朱元璋也没再次出击蒙古。后来，蒙古发生了内讧，分裂为鞑靼、瓦剌以及兀良哈三部分。

朱棣开始也采用怀柔政策，但到1409年，鞑靼本雅失里汗先杀明朝使臣，后突击明朝边境，在胪朐之战中歼灭10万明军。朱棣大怒，亲率50万大军去讨伐。

朱棣率领50万大军出征后，本雅失里汗闻讯躲避起来。明军在草原上找了3个月，在飞云山找到本雅失里所部，击败5万蒙古铁骑。本雅失里汗逃走。明军迫于粮草已尽，不得不草草撤退。事后，鞑靼向明朝称臣纳贡。鞑靼臣服明朝后，瓦剌强盛起来，不断侵扰明朝边境。朱棣亲征瓦剌。瓦剌被明军吊打，主力损失殆尽。明军撤离后几年，被打残的瓦剌被鞑靼吞并。鞑靼实力强大起来后，便不再向明朝进贡。于是，朱棣再次率领30万大军攻打不臣的鞑靼。鞑靼阿鲁台汗自知双方实力悬殊，不敢与明军交战，在明军还未出塞时，就率领大军到大漠深处躲起来。朱棣率军在蒙古高原寻找了几个月没找到鞑靼军，改变了主意，打道回府。阿鲁台汗贼心不死，等明军退出草原后，又聚集人马，继续与明朝对抗。第二年，朱棣又一次北伐鞑靼。阿鲁台仍然不敢与明军交战，继续拼命躲避。朱棣兵分几路在草原上搜索，找到了鞑靼大部分军队，将其歼灭了。阿鲁台实力大减。明军因没找到阿鲁台，加上粮草供给问题，不得不退军。阿鲁台以为找到对付明朝的方法，依旧跟明朝对抗。朱棣又发起第五次北伐。阿鲁台依然是闻讯躲避，坚决不出战。朱棣下令对蒙古高原各山谷狼道反复搜查，依旧没找到鞑靼军，最终不得不班师回朝。他死在第五次北伐归途中。

朱棣五征蒙古，五战五捷，虽然耗费财力，也没真正解决鞑靼造成的边患，但他搞定瓦剌以及兀良哈诸部，基本稳定北方边境和平，还派人招抚满洲人以及外东北诸部，建立满洲诸卫和奴儿干都司，加强了对东北的统治。因此，鞑靼反明并未给明朝造成实质威胁。

在朱棣治理下，明朝政治、经济、文化、军事都领先世界。众多海外国家争相来朝。当时与明朝发生外交关系的国家近百个，受封之国达30多个，先后有4个国王来明朝朝拜访问。那珂通世在《东洋小史》中特别称赞朱棣五征蒙古——“汉人天子远渡沙漠者，唯明成祖一人。”

在洪武盛世后，明朝能有这样杰出的皇帝，真是一种幸运！

3. 郑和下西洋壮举

朱棣闻名全世界的，除了五征蒙古，还有他发起的郑和下西洋。

朱棣的皇位是抢朱允炆的。他进入南京皇宫时，朱允炆失踪了。登基后，他特别在乎宣扬其皇位合法性。他有意扬威海外，宣扬他的皇威，便派人下西洋，建立和巩固朝贡体系。于是，他派郑和下西洋。

郑和是明朝太监，出身于富有冒险精神的穆斯林家庭，具有不畏远航冒险的性格。出于某种原因导致他做了太监，进入朱棣府中，成为其亲信。靖难之役后，郑和升任内官监太监，官至四品，被任命为下西洋总兵正使，奉命率领船队下西洋。

1405年之后28年里，郑和7次率船队下西洋，于1433年死于第七次下西洋归国途中。郑和到过占城、爪哇、真腊、旧港、暹罗、古里、满剌加、浡泥、苏门答腊、阿鲁、柯枝、大葛兰、小葛兰、西洋琐里、苏禄、加异勒、阿丹、南巫里、甘巴里、兰山、彭亨、急兰丹、忽鲁谟斯、溜山、孙剌、木骨都束、麻林地、剌撒、祖法儿、竹步、慢八撒、天方、黎代、那孤儿、不剌哇等，甚至有专家学者认为他到过澳大利亚、新西兰，美洲和南极洲等地。

郑和下西洋是国家行为。它的核心思想是推行和平外交，稳定当时西洋的国际秩序。在郑和下西洋前，中国周边的环境动荡不安，东南亚各国互相争夺，争夺霸权。爪哇和暹罗积极对外扩张领土，满剌加、苏门答腊、占城、真腊等国的生存受到威胁。他们杀害了明朝使臣，拦截向明朝朝贡的使者。此外，东南亚、南亚海上的海盗也猖獗横行，十分嚣张，严重威胁着海上的丝绸之路。这些都严重损害着明朝的声威。

朱棣实行“内安华夏，外抚四夷，一视同仁，共享太平”的和平外交战略，派郑和率船队下西洋，调解缓和各国矛盾，打击海盗，维护海上交通安全，把明朝的稳定同周边国家联系起来。

郑和下西洋也是为了维护国家安全，震慑倭寇，牵制蒙古势力。明朝初期，东部海上有倭寇侵扰，北部有蒙古诸部骚扰，西北有帖木儿帝国虎视眈眈。元末明初，倭寇猖獗，朱元璋集中精力安内，并未主动打击倭寇。朱棣采取主动出击战略，迁都北京，然后五征蒙古，而在海上，郑和船队可以震慑和打击倭寇以及海上反明势力。

郑和下西洋也有一定经济目的。它的核心思想是“发展海外贸易，传播华夏文明”“宣教化于海外诸番国，导以礼仪，变其夷习”，即通过朝贡、官方贸易和民间贸易形式，将中国的货物和文化传播出去。

郑和下西洋把中国古代海洋事业推向高峰，对人类海洋文明做出了重要贡献——开辟了亚非洲际航线，为西方人大航海铺平亚非航路；对西太平洋和印度洋等地进行了海洋考察；对航海区域进行了战略布局，选择了占城、满剌加、旧港、古里、忽鲁谟斯等地作为海洋发展的重点，为扩大海外交通和贸易范围提供了便利。

郑和下西洋是当时造船技术、航海技术遥遥领先于世界的结果。中国造船技术与航海事业到明朝时达到崭新的高峰。例如，郑和下西洋用的天文导航、罗盘导航、陆标导航、测量水深和底质等技术，都遥遥领先当时全世界。

郑和代表了明朝初期不畏艰险，征服自然的价值趋向，打开国门走向世界进行文化交流的决心，敬业献身、报效国家、开放进取、和平友好、交流合作以及敢为天下先的精神。这些是朱棣在位期间富强繁荣的又一反映。

4. 由盛转衰的土木堡之变

郑和下西洋开启大航海时代，但冲击了沿海从事海外贸易的地主商人利益。他们的代理人在朝廷里不断告诉皇帝下西洋好大喜功、劳民伤财。郑和下西洋，没有抢掠，以赏赐和官方贸易为主，确实每年花费不少。明宣宗朱瞻基时下令暂停下西洋，到明英宗朱祁镇时，则下令彻底停止下西洋。明朝强大海军一去不复返，国力开始走下坡路。

1448年，在非洲西海岸，葡萄牙建立第一个殖民据点，掀开欧洲殖民扩张的历史。1449年，明军在土木堡意外惨败，明朝由盛转衰，封闭自守，逐步落后于世界潮流。

明朝停止下西洋，采取全面收缩政策，导致瓦剌再次崛起，并武力统一蒙古各部。瓦剌首领也先立志恢复元朝疆域。也先派兵攻打明朝西北要塞哈密卫。哈密卫求援时，明朝皇帝竟然不发一兵。几年后，也先率兵攻打兀良哈三部，明朝皇帝同样没理睬。这纵容也先野心急剧膨胀。

当时，皇帝朱祁镇年幼，信赖太监王振。王振掌握锦衣卫指挥权，干预朝政。朝中官员上奏说瓦剌势力坐大，请求朝廷加强防范，遭到王振压制。也先派人贿赂王振，在名义上臣服明朝，并以朝贡名义敲诈勒索“回赐”。

王振安排的“回赐”令也先不满。也先于1449年7月派出四路大军，共计5万人，进攻明朝。

瓦剌人一直在准备发动战争，明朝上下被麻痹。直到大同参将吴浩战死，朝廷才惊慌起来。王振怂恿朱祁镇率军亲征，与也先对决。兵部尚书邝野和兵部左侍郎于谦都极力劝谏。朱祁镇不听，坚持亲率朝中大部分重臣以及50万将士，与也先对决。邝野随从朱祁镇亲征，协助管理军队，于谦留在京城，主持兵部工作。

朱祁镇的亲征极其不顺利，在土木堡不幸被俘。消息传来后，京师震惊。明朝面临着生死存亡的危机。为挽救危局，郕王朱祁钰命令大臣们商讨作战和防守方略。于谦提出整军备战，与吏部尚书王直、内阁学士陈循等人拥立朱祁钰登基为帝，将朱祁镇尊封为太上皇。

朱祁钰当皇帝后，依靠于谦等人，积极调集各路军马，加强北京城防守。也先挟持朱祁镇攻破紫荆关，长驱直入，包围了京城。于谦派诸将率军22万士兵，在九门外摆开阵势，抵挡蒙古军。

于谦下令把各城门全部关闭，自己亲自督战。将士们都拼死作战。

也先挟持明朝皇帝朱祁镇，一路长驱直入，以为京城唾手可得。明朝官军严阵以待，也先锐气大不如前。也先邀明朝大臣去迎接皇帝朱祁镇，并索取黄金和丝织品，还邀于谦、王直、胡濙等出城谈判。朱祁钰拒绝，断绝了也先利用朱祁镇要挟明军的念想。

也先下令攻城。在于谦统一调度下，各路明军与蒙古军拼死搏杀。血战五天后，蒙古军一点进展都没有，反而死伤不少。也先邀谈不成，作战又失利，又听说各地勤王军马上要到来，挟持朱祁镇由良乡向西撤军。于谦派诸位将领率军追击到居庸关。他又严令各地将领坚守作战，不得私自言和。

1450年，也先挟持朱祁镇一年多后，见明朝重新册立皇帝，而且抵抗意志越来越坚定，勤王军队越来越多，便想讲和，派人去北京，提出要把朱祁镇送回来。朱祁钰派人去与也先谈判，最终将朱祁镇接回来了。

朱祁镇回来后，瓦剌请求朝贡，索要赏赐。他们不仅派出3000余人的贡使队伍，而且对赏赐不满意时，就会入侵明朝边境。每当瓦剌人来朝时，于谦就在居庸关和京师部署重兵，然后才招待他们。

于谦认为，朱祁镇回来了，但国耻还没洗雪。正好也先和脱脱不花有矛盾，于谦请求趁机派军攻打瓦剌，报仇雪恨。朱祁钰没同意。于谦性格刚强，得罪了很多大臣、勋臣、皇亲国戚。

1457年，朱祁钰病重时，石亨、曹吉祥等人趁机拥立太上皇朱祁镇恢复帝位。于谦被逮捕入狱，不久被杀。宦官曹吉祥、徐有贞等人受重用。明朝开始形成宦官专权传统。明朝也不得不改军屯制为募兵制，边防战略开始转向防守。明朝已经走上由盛转衰道路。

5. 隆庆开禁带来复兴希望

明英宗朱祁镇继任者明宪宗朱见深时期，明朝国内外矛盾激化。朱见深采取一些措施稳固了政权，但没从根本上解决问题，还留下西厂、皇庄、传奉官这些后遗症。他的继任者朱祐樘勤于政事，重视司法，打开言路，重用王恕、刘大夏等正直大臣，不仅扭转了明朝颓势，还创造了又一个盛世——弘治中兴。

朱祐樘英年早逝，继位的朱厚照沉湎游嬉玩乐，虽有抵御边寇的功勋，在大事上不怠慢，但最终还是没将其父亲留下的盛世延续下去。朱厚照的继任者朱厚熜早期严以驭官，宽以待民，实行减轻赋税等政策，明朝尚看得到中兴气象，但他到晚年崇信道教，宠信严嵩，沉迷于写青词，导致朝廷昏暗，边患四起，成为弘治中兴后的巨大遗憾。

朱载垕在危难之际继位，给明朝带来又一次中兴的希望。他在位6年期间，不过多干预朝廷的具体事务，放手让大臣们去处理。因为这种开明的政治态度，一些接地气符合民间实际的政策得以实施，明朝进入崭新的全面开放局面。开海禁成为时代所趋。

1567年，朱载垕下令解除海禁，允许民间私人从事海外贸易。明朝封闭几十年后再次走向开放。

元末明初，倭寇骚扰沿海地区，也涉足于民间海外贸易。朱元璋下诏“濒海民不得私自出海”，进行海禁。不过，此时明朝并未封闭，通过与藩属国的朝贡贸易来弥补民间海外贸易中断的不足。郑和下西洋时，明朝“禁民间海船”，大力发展朝贡贸易，禁止民间海外贸易。

明成祖朱棣去世后，朝贡贸易萎缩，到明英宗朱祁镇时便彻底停止。民间不准海外贸易，朝廷不屑于海外贸易，导致民间少数人冒险违反禁海令，出洋参与海外贸易活动。不仅如此，此时期倭寇也在沿海肆虐，情况日益严重。为重建沿海秩序，官员们对海禁存废问题进行了讨论。当然，这事能充分讨论的前提，是朱载垕提供的宽松政治环境。

在讨论中，有大臣认为，海禁与倭寇有一定联系，极力主张开放海禁，才能做到根除海盗。持这种看法的大臣，认为应允许商民在近海与外国人通商，“市通则寇转而为商，市禁则商转而为寇”，调整严禁民间私人海外贸易政策势在必行。

朱载垕深思熟虑后，顺应时势，批准“请开市舶，易私贩而为公贩”，承认私人海外贸易合法，设立督饷馆负责管理私人海外贸易事务和征收税赋。当然，朱载垕还特别强调禁止与倭国人进行海外贸易。不过，正是因为禁止与倭国人进行贸易，导致后来开海禁后，倭寇问题不仅没解决，还出现严重趋势，导致明朝最终又回到海禁政策。

朱载垕从实际出发，以开关、开海禁为治国方略，从经济入手打开阻碍社会发展的枷锁，使明朝经济又焕发活力，推动了明朝与外国的联系，促使明朝白银货币化。官方独占的海外贸易式微，民间私人海外贸易逐渐兴起，直接推动资本主义萌芽的出现，使明朝逐渐朝着近代化方向迈进。

开海禁不久，明朝经济实力就有所加强，倭寇之患也有所减轻，北方边患也出现缓和。不过，另外一个意料不到的事发生了，那就是大量白银流入中国，导致明朝物贵民贱，通货紧缩，海关税制，资本主义萌芽等新时代问题。如何解决这些问题，关乎着明朝未来走向。

遗憾的是，朱载垕还没来得及思考怎么处理这些问题，就英年早逝，撒手人寰了。

6. 强权推动下的改革

隆庆开海给明朝带来新气象，在一定程度上解决社会问题，但也带来新问题。朱载垕在位只有6年，无法通过短暂开海几年彻底解决明朝近200年积累的问题。他死后，其继任者不可避免地要肩负继续改革图强的历史使命。

朱载垕继任者是只有10岁的明神宗朱翊钧，即万历帝，由李太后垂帘听政。李太后有理想，有战略眼光，支持改革，与主张改革的内阁大臣张居正以及秉笔太监冯保形成铁三角，掌控内廷外朝，通过强权进行改革。张居正出任内阁首辅大臣和帝师，深得李太后信任，赢得宦官冯保坚定支持。从维护明朝长远利益和巩固统治角度出发，他强力推行政治经济改革，走自上而下的自救自强道路。

张居正是誉满天下的江陵神童。进入官场后，他长时间潜心钻研朝章国故。夏言当首辅大臣，严嵩当首辅大臣，徐阶当首辅大臣，施政得失，一举一动，张居正都看在眼里。1567年，张居正入阁，但直到1572年，首辅高拱得罪李太后被撤职，才当上内阁首辅。

当时，李太后、冯保和张居正形成“铁三角”，治理理念一致，相互支持，共同掌握着“内廷”和“内阁”的权力。张居正以“整饬吏治，富国强兵”为核心，进行省议论、振纪纲、重诏令、核名实、固邦本、饬武备6方面改革。

为解决国家“财用大匮”问题，张居正从“巩固国防，整顿吏治”入手。1570年，鞑靼俺答汗率军入侵大同。张居正根据其掌握俺答和其孙子把汉那吉争夺一美女的情况，巧妙施展计谋，迫使俺答归顺明朝受封顺义王，承诺不再侵犯，与明朝友好相处，在沿边三镇开设马市进行贸易。

不费兵马之劳巩固北部边防后，张居正声望高涨，便抽出更多精力整顿吏治。为了挽救明朝江河日下局势，张居正不畏艰难困阻进行整顿。1573年，张居正推行“考成法”，明确各个官员职责。从内阁到六科，从六科都到衙门，层层进行考试，办事流程要做到心中有数，哪个环节出问题，追究相关官员的责任。考成法实行后，各级部门办事效率提高了，朝廷中一直存在的办事拖拉现象一时间消失了。

接下来，张居正搞地方官员考核。1576年，张居正规定，征赋完不成90%的地方官，一律处罚。这导致国家财政收入明显增加。惧怕处罚的各级官员不敢懈怠，全力去催百姓缴纳税粮。拖欠税粮状况的改变，导致国库日益充裕，其财政亏虚的状况不存在。

1579年，朱翊钧以改善伙食为借口，向户部要10万两银子。张居正据理力争，要求他撤回，并要求他节省“一切无益之费”。李太后支持张居正，朱翊钧对张居正有所畏惧，不得不收敛奢侈消费。皇宫里很多不必要的开支都免除。

整顿吏治后，皇宫开支也节约了，明朝财政开支压力减轻了。张居正趁此机会改善财政。1578年，他下令在福建首先清丈田地。1580年，全国展开清丈土地，重绘鱼鳞图册。通过这一举动，明朝的额田数目大大增加，田赋收入大大增加。

1581年，全国实行“一条鞭法”。“一条鞭法”是田赋制度史的重大改革。它简化赋役项目和征收手续，使赋役合一，减轻农民不合理赋役负担，限制胥吏舞弊。

除了为朝廷谋利，张居正也十分重视百姓生活。他设法减轻百姓赋役负担，甚至减免百姓税负。

张居正反对重农轻商，认为农商应该并重。他反对官府随意加税，损害朝廷的信誉，侵犯商人的利益。这些做法在一定程度上减轻了百姓的负担，缓和了阶级矛盾，对历史发展起了积极作用。

1582年6月20日，张居正病逝。张居正10年辅政，代行皇帝权，是他效国的需要。不过，他代理行使皇帝权，是建立在皇帝权力旁落基础上的。张居正和朱翊钧心理上构成了权力的对立面。张居正独握大权，效忠国事，但在朱翊钧心里被看成是蔑视主上。张居正死后第四天，张居正所推荐的官员潘晟被撤职。一些观察政治风向的言官把矛头指向张居正。朱翊钧趁机大泄私愤，下令抄张居正的家，剥夺他生前被赐的玺书、四代诰命，并向天下昭示他的罪行。

不仅如此，他还下令将张居正开棺鞭尸，将张居正家属或饿死或流放，将张居正在世时所用一批官员有的削职，有的弃市。张居正改革从此中断，明朝从此失去改革自强的机会。

世间已无张居正。张居正10年改革成果毁于一旦。明朝再次走向了没落。由于对张居正发自内心厌恶，皇帝朱翊钧接下来30多年任性治国，将明朝推向了不归路。张居正是“救时之相”，改革使明朝有走向复兴的最后一次闪耀，但不敌朱翊钧的任性治国。历史发展至此，也只有遗憾了。

7. 任性妄为的国本之争

张居正是历史上最有权力的读书人。他用强权推行改革，遭到守旧官僚忌恨，也无意间给皇帝朱翊钧造成威胁。这情况与当年霍光类似，但遗憾的是，朱翊钧远远没汉宣帝刘询的智慧，而是情绪化地对待张居正及其改革措施。

朱翊钧为所欲为处置张居正时，张居正已死，秉笔太监冯保也死了，李太后还政给他，不再过问朝政。他大权独揽，以为可以按照自己意志治理天下，谁知从此跟朝臣杠上了。1586年，内阁首辅申时行请册立皇长子朱常洛为太子。朱翊钧不愿意，大臣们也不让步，形成长达30年的国本之争，导致统治阶层出现严重心理分裂。

太子自古以来被称为国本。早立太子，能稳定政局，培养太子的执政能力，保障权力稳定过渡等。朱翊钧对此事任性而固执。他自认为很年轻，册立太子不着急。事实上，他想立宠妃生的朱常洵。但这违背祖制。朱元璋制定皇位继承制：皇权继承人有嫡子立嫡子，嫡子死，有嫡孙则立嫡孙，无嫡子立庶长子，长幼顺位。朱元璋是这么规定的，也是这么做的。嫡长子朱标被立为太子。朱标死后，朱允炆以嫡长孙身份被立为皇储。明朝人认同这种祖传的皇位继承制。王皇后没生儿子，没有嫡子，那么就该立庶长子朱常洛。首辅申时行在政事上处处迁就朱翊钧，唯独在册立朱常洛为太子这件事上坚持不让。

国本稳，天下固，皇位继承的祖制，这些朱翊钧都知道，但他宠爱郑氏，大权在握又叛逆任性，大臣们越阻止，他越想那么做。这一次，朝臣们都没迁就他，集体坚持遵守祖制，集体抵制他。士大夫们自诩以天下为己任，能否劝谏帝王遵守礼制，已经被视为他们是否为忠诚之士的重要判定标准。朱翊钧此前有过大权旁落张居正的恐怖体验，坚决不愿意委屈自己迁就大臣们。他认为，那样就意味着自己是大权旁落的傀儡。双方都不让步，明朝大臣们和皇帝朱翊钧就册立太子的事杠上了。

内阁首辅申时行上书立朱常洛为太子，朱翊钧不理会。其他官员陆续上书请求册立朱常洛为太子。这种车轮战术让朱翊钧大怒，将那些上书的官员一一撤职，并下旨：再有妄言者重治！不过，这种威胁对明朝当时的大臣根本没作用。海瑞以苦谏闻名，深得朝野称赞。不少人是亲眼见过的。他们继续上书，请求册立朱常洛为太子。朱翊钧下旨处罚他们。另一批官员又继续上书，请求册立朱常洛为太子。朱翊钧被惹烦了，对朝政有明显厌恶感，一气之下不上朝了，即使地方官员有缺也不管。

这件事一对峙就是4年。1590年，四名内阁大臣集体联名上书，请求册立朱常洛为太子。朱翊钧不接触、不回应，你们上你们的书，我在后宫享受我的清闲。朱翊钧此举激怒文官集团。四名内阁大学士集体辞职，抗议朱翊钧回避朝政。朱翊钧一看他们不像闹着玩的，态度稍微缓和一点，好说歹说挽留他们不要辞职，答应考虑他们的请求。不过，这一危机过去后，朱翊钧又绝口不提立太子的事。

1592年，六部的相关官员，一个接一个请求册立朱常洛为太子。一个个被贬官降职发配，一个个都摆出从容赴死架势。此时，王皇后被冷落多年，且习惯性流产，身体非常弱，不可能生出嫡子，且会活不多久。朱翊钧想，等王皇后死了，晋郑氏为皇后，朱常洵就变成嫡子，就有理由册立他为太子了。于是，他选择退让半步，同意让长子朱常洛按照太子待遇读书接受教育。

郑氏并没按照朱翊钧所想成为皇后。太子问题依然是他与大臣们都过不去的坎儿。朱常洛到了结婚年龄，大臣们又不断上书请求册立他为太子。朱翊钧见怪不怪，不理会。大臣们坚持了，闹腾了，不过依旧没说服皇帝。在无可奈何之际，有人想到去游说早已经还政的李太后。李太后多年不听政，发现朝廷出现严重分裂，不能不管。1601年，李太后下懿旨，同意册立皇长子朱常洛为太子。朱翊钧才不得不正式公开宣布册立朱常洛为太子。

不过，朱翊钧依然不喜欢朱常洛。朱常洛太子地位直到1614年朱常洵到了封地才最终稳定下来。国本之争总算结束。但是，此时明朝已经积重难返，离灭亡不远了。

国本之争体现了朱翊钧任性的一面，也体现了士大夫直言劝谏之风，但言路风气从此破坏，言官议论朝政夹杂私心，导致党争迅速形成。文官集团的分裂以及相互倾轧，争夺最高话语权，使明朝国力严重内耗，从而加速了明朝的灭亡。

朱翊钧死后，朱常洛继位。朱常洛继位一年而死。朱由校继位后，沉迷于木匠活儿，将朝政交给宦官魏忠贤。魏忠贤专权，东林党人与他展开了尖锐斗争。他利用权力，强力镇压东林党人。东林党人继续坚持斗争。双方这一斗争就是十几年。

朱由校死后，朱由检继位。朱由检虽然处置魏忠贤，但此时无论士大夫集团，还是宦官集团，都极其腐败堕落，没有最差，只有更差。祸不单行的是，天灾和外患又接连而至。

1644年，李自成进北京时，绝望之中的朱由检在景山自缢，临死前还说自己不是亡国之君。确实如此——朱由检爷爷朱翊钧任性治国，导致朝廷君臣心理分离，错失明朝再次走向兴盛的机会。

8. 无法把握的历史方向

明朝灭亡的根本责任不在朱由检，但他点燃了明朝灭亡的导火索。1640年，朱由检、李自成、吴三桂，三个不同阶层的人，改变了历史发展方向，导致庞大的明朝坍塌，天下突然落入清朝手中。

相比前任以及前前任，朱由检是非常优秀的。1628年，他一继位就消灭魏忠贤集团，进行政治改革。但是，他的改革不仅没挽救明朝，还点燃明朝灭亡的导火索——精简驿站。精简驿站导致具有造反天赋的李自成失业。1629年，活不下去的李自成参加造反。李自成造反15年后，率军攻入北京，让逼迫他当年失业的人失业了。

李自成参加造反后，先在高迎祥手下当差，因功当上闯将，非常受部下推崇。高迎祥死，李自成当上闯王。闯王造反，九死一生，在历经磨难后，于1640年势力迅速坐大。闯王深知老百姓迫切需要什么，提出“均田免赋”“迎闯王，不纳粮”口号。当时，天灾人祸外患频频发生，老百姓对繁重的徭役赋税刻骨铭心。闯王瞬间成为天下百姓的救星，追随闯王的人越来越多。

1640年，闯王率军攻克洛阳，杀死百姓们非常痛恨的当年引发国本之争的福王朱常洵，将没收福王的金银财物以及粮食物质赈济饥民。此举不仅吸引了广大饥民，还让一些不满福王的官僚也觉得出了口恶气。

三年后，闯王在襄阳称新顺王，招抚流亡农民，“给牛种，赈贫困，畜孳生，务农桑”，并于当年打败名将孙传庭率领的明朝主力军，杀死孙传庭，占领陕西。这件事后，朝野震惊，但面对失控局势，朝野束手无策。1644年，新顺王在西安称帝，建国号大顺，并于不久亲征山西，率军攻向北京。

大顺军在山西连克重镇，很快沿长城一线攻到武宁关。在武宁关，大顺军与明军进行大决战，并赢得武宁关大捷。此后，各地明军将领望风而投降大顺军。大顺军一路向北京，接连攻下居庸关和昌平。朱由检见局势恶化，急忙调吴三桂、王永吉、唐通、刘泽清等人率部入卫北京，并召集在北京的皇亲国戚，动员他们捐款充当军费。但是，吴三桂、王永吉、唐通、刘泽清等人并未立即率部入京，皇亲国戚也少有人捐款。朱由检对此无可奈何，彻底失望。

1644年4月23日，大顺军到高碑店、西直门、彰义门外。守城太监曹化淳打开广宁门，将大顺军放入京城。4月24日，大顺帝李自成派投降太监杜勋代表他去紫禁城与明朝皇帝朱由检谈判，要求封他为明朝西北王，给他100万两犒赏银。朱由检拒绝了。4月25日，大顺军一举攻入紫禁城。绝望中的朱由检在景山吊死。

李自成没想到那么顺利灭明朝，更没深入考虑如何接管北京、如何坐天下，以致局势很快失控。大顺军进入京城初期，纪律比较严明，但随之而来，他们遇到生存危机。“闯王来了不纳粮”，如此庞大的大顺军总要吃饭啊！有人想到向故明官员追赃助饷。大顺军像发现新大陆一样兴奋，投入追赃助饷之中。追赃助饷让故明降官降民战战兢兢，恐怖气氛日益严重。李自成很快失去降官降民支持，在北京陷入敌视的汪洋大海中。

吴三桂得知消息，勾结清军入关。李自成率大顺军出战，被清军和吴三桂联手打得惨败而归。李自成没意料到会这样，束手无策。李自成慌忙退回北京，在紫禁城登基为皇帝，怒杀吴三桂一家老小，然后率领残部逃离北京。

在吴三桂配合下，清军一路疯狂地追杀大顺军。大顺军在慌忙撤退中一再失利。投降大顺的故明官僚或者投奔南明，或者投靠清朝，对大顺军落井下石。局势一落千里，李自成疑心日盛，错误地杀了大将李岩等人，导致军心涣散，再也难以形成战斗力。

李自成一败再败，一撤再撤，最终在九宫山被民间武装杀死。大顺军余部在清军和吴三桂追击下瓦解。清朝皇帝进关入主北京，为朱由检发丧，并派军打着为朱由检报仇旗号，追杀大顺军及其他起义军，同时拉拢仇恨起义军的汉族地主阶级，利用南明内部矛盾进行收买分化，最终逐鹿中原获胜，统一天下。

李自成灭掉明朝，自身却迅速败亡。天下被清朝捡了便宜。他是改变历史方向却无法把握历史方向的人，推翻明朝这个旧世界，却无能为力建设一个新世界。这是历史无奈的记忆。

9.力挽狂澜的民族英雄

1644年，李自成进北京，朱由检吊死，明朝灭亡。不久，吴三桂放清军入关，击败大顺军。清朝皇帝迁都北京城。1645年，福王朱由崧在南京被明朝遗臣拥立登基，改元弘光。弘光政权不到半年就灭亡。唐王朱聿键在福州称帝。郑成功一心复兴明朝，得朱聿键赏识，被封忠孝伯，出任御营中军都督。

1646年，郑成功率军多次与清兵作战。不过，军政大权在其父郑芝龙手中。郑芝龙无意全力抗击清军，还经不住洪承畴诱降，向清军投降了。郑成功带着官兵到金门，继续抗清。

郑成功以金门为根据地，从沿海各地招兵买马，召集抗清志士。1648年，清朝江西总兵金声桓、王得仁反清，清朝广东提督李成栋也率部投向南明，反清复明声势高涨起来。遗憾的是，各方反清势力各自为政，给了清军各个击破的机会。

1649年，郑成功被封为延平王。这一年，郑成功率军进行反攻，收复了一些地方，但围攻潮州失败，不得不退回闽南。1650年，郑成功用计夺取厦门。这一年，施琅与郑成功反目，逃离厦门，向清朝投降。

1651年，郑成功率军在闽南小盈岭、海澄等地抗击清军，并取得磁灶战役、钱山战役和小盈岭战役的胜利，收复平和、漳浦、诏安、南靖等地。1651年春，郑成功又取得江东桥战役胜利，攻下长泰，围攻漳州，取得海澄战役胜利。

清朝两次诱降郑成功，均被拒绝。1654年，西宁王李定国与郑成功联系，约定从东、西两个方向夹攻广东，再沿长江北伐，进攻江西、安徽、江苏等各省，复兴大业。郑成功派出的军队令李定国失望。不过，郑成功这年率军攻下了漳州、同安、南安、惠安、安溪、永春以及德化诸县，战绩还是非常夺目的。

1655年，清军准备大举进攻厦门，郑成功放弃已占领的漳州、泉州，坚壁清野，借此巩固防御体系，同时派军北上浙江，南下广东，让清军腹背受敌、难以兼顾首尾。郑成功本人率军相继在泉州和护国岭击败清军。

1658年，郑成功率军与浙东的张煌言会师，准备一起北伐，收复失地。北伐军在羊山海域遭遇飓风，损失非常惨重。郑成功只得退回厦门。隔年，郑成功再次率军北伐，势如破竹，攻下镇江、瓜洲，取得定海关战役、瓜洲战役、镇江战役胜利，并包围南京。江东一时震动。后来，郑成功意外遭到清军突袭，兵败退回厦门。

北伐失败后，郑成功所部大伤元气，还面临军粮不足问题。为了解决后勤给养，郑成功决定收复已被荷兰人占领的台湾岛。1661年，郑成功率领2.5万将士，乘坐数百艘战船，从金门料罗湾出发，先夺取澎湖列岛，然后全力进攻台湾岛。

荷兰人在台湾修筑了热兰遮城和赤崁城两个防御要塞。郑成功率军从鹿耳门海道进入台江内海，然后在禾寮港登陆，想先攻下赤崁城。在台江海域，郑成功率军与荷兰军舰展开了激烈的海战。这一战，他击沉荷兰军“赫克托号”战舰，取得了台江内海控制权。不久，郑成功又率军在北线尾击败了荷兰陆军，并迅速包围赤崁城，逼迫赤崁城的荷兰军乖乖投降。

攻下赤崁城后，郑军从海陆两个方向围攻热兰遮城。2万多大军的粮饷调度不易。郑成功想胁迫热兰遮城的荷兰军投降。荷兰守将揆一拒绝投降，负隅顽抗。郑成功下令强攻热兰遮城。荷兰军困兽犹斗。郑军损失惨重。

强攻不下，大军粮食又短缺。郑成功及时改变策略，派出大部分将士到台湾南北各地屯田、征收钱粮，留下一部分将士长期包围热兰遮城，将荷兰军给困死。

1661年7月，从巴达维亚赶来的荷兰援军抵达台湾。援军有600多人和11艘军舰，还带来大量补给品、火药。荷兰军试图反扑郑军。

不久，停泊于外海的荷兰援军遭遇台风，不得不到澎湖湾躲避。荷兰“尤里克号”军舰搁浅。郑成功派人俘虏了“Urck号”军舰的船员，并迅速做好迎战荷兰海军的准备。台江内海海战爆发，郑成功因事先准备充足，大获全胜，击沉1艘荷兰军军舰，俘获了数艘，导致荷兰海军丧失了主动出击能力。

荷兰士官汉斯·朱里安·拉德主动投降郑成功。他提供了情报，让郑成功掌握了荷兰军的部署情况。郑成功下令将士们用大炮轰击热兰遮城。荷兰军守将揆一写信给郑成功，主动提议“和谈”。郑成功一边对荷兰军保持武力高压，一边与他们谈判。几经谈判，荷兰军向郑成功屈服，率部退出台湾。台湾再次回到了华夏儿女手中。

康熙继位后，实行迁界令，从山东到广东沿海民众内迁20里，以断绝郑成功的经贸财源。不仅如此，他还下令毁掉沿海的船只，不准船出海，并杀了郑芝龙，挖了郑氏祖坟。接连得知噩耗，郑成功在内外交逼中急病而亡，年仅39岁。

郑经继续经营台湾，奉永历帝为正朔。施琅率清军水师攻克了澎湖岛后，郑成功孙子郑克塽于1683年向清朝投降纳土。1684年4月，台湾正式纳入清朝版图，成为福建省一部分。

在民族危亡之际，郑成功依然保持气节，抗击清军，寻机夺回被西方列强占领的台湾，在巩固边防、维护统一、防止外来侵略方面做出贡献。他率领地方军击败17世纪拥有全球最强海军的荷兰，是对西方列强最大的威慑，对此后200多年华夏族的安全有积极意义。

10. 平三藩奠定康乾盛世

清军入关后，中原局势发生了出乎意料的变化。此前势如破竹的大顺军屡战屡败，直到败亡都没打一次像样的胜仗。一部分原明军将领没向南明效忠，而是投降清朝，成为清军先锋。在短暂时间内，原先被挡在关外几十年的清军，进关后如猛虎下山，追打大顺军、追打大西军、追打南明军，一副天下“谁不服我打谁”“谁跟我对着干消灭谁”的架势。

清军横扫天下，部分降清的人，被清朝高规格表彰，晋封为藩王，镇守地方。他们是为清朝立下汗马功劳的吴三桂、尚可喜、耿精忠，分别镇守云南、广东、福建。他们原本以为从此可以子子孙孙享受富贵，但没想到清朝基本统一天下后，他们的富贵也将要成为历史。

清朝原国号是金（史称后金），是关外建州卫的努尔哈赤于1616年建立的。1616年是明朝皇帝朱翊钧在位第44年。20年后，后金改国号清。1644年，吴三桂献关，清军入关，多尔衮带领年幼的顺治皇帝爱新觉罗·福临迁都北京。在吴三桂、尚可喜、耿精忠等一批降清文臣武将引领下，清军攻打大顺军、大西军、南明军以及各种不服从的武装，很快将反对者消灭，统一天下。

多尔衮、福临先后去世后，年幼的康熙皇帝爱新觉罗·玄烨继位，一个新时代来临了。玄烨年幼继位，但机遇极好，随着天下统一，战火平息，清朝统治下人口增加、耕地增多，物产丰盈，国力也日益强势起来。鳌拜辅政，目空一切，但被玄烨以迅雷不及掩耳之势除掉。玄烨趁机废除辅政大臣权力，将朝政大权集中到手中。

玄烨亲政后，巩固和加强对地方的控制。吴三桂、尚可喜、耿精忠三个藩王是要除掉的另类。1673年，玄烨精心准备后，下诏废除各藩王。吴三桂、尚之信（尚可喜长子）、耿精忠瞬间有卸磨杀驴的悲愤。尤其是吴三桂，当年手握十几万精兵，势力并不小清军多少，而且是决定天下走势的关键力量。为了打击大顺军，他不惜背着汉奸骂名献关，为清军先锋平定天下。清朝取得天下，吴三桂居功至伟。

更感到悲愤的是，为取得清朝的信任，他还将所有心向明朝的人得罪。他率军进入缅甸，逼迫缅王交出逃到缅甸境内避难的南明永历帝朱由榔，并亲手杀死朱由榔。当时，清朝各地有反清复明倾向的明朝遗民。吴三桂这样一做，将反清的民意基础亲自摧毁了。

吴三桂不甘心被宰杀，杀死云南巡抚朱治国，提出“兴明讨虏”，自称天下招讨兵马大元帅，起兵反清。虽然吴三桂提出“兴明讨虏”有非常大的讽刺性，但他还是获得反清复明百姓的支持。吴三桂派兵分别从云南和贵州进攻湖南，占领了湖南全省。四川各地官僚主动投降吴三桂，参加“兴明讨虏”。福建、广东、广西、陕西、湖北、河南、台湾等地的汉官汉兵以及少数民族上层人士、各地农民，也都积极响应“兴明讨虏”。在这种大好形势下，吴三桂不积极率军北伐收复中原，而是在湖南沿江修筑防御工事。

玄烨预料到吴三桂要造反，但没预料到吴三桂战略短视，便冷静下来调整战略。他派人去招抚另外两个藩王，以孤立吴三桂，给天下人制造“削藩是镇压不忠之臣吴三桂，不是针对其他汉官”的印象。玄烨此举起到立竿见影的效果，一部分汉官汉人对吴三桂不满的情绪被放大，不再支持他，甚至期待清军迅速消灭掉他。

在另外两个藩王再次归顺清朝后，吴三桂愤怒至极，头脑发昏，做了一件加速灭亡的事——他于1678年在衡州称帝，建国号大周。此举无法加强反清的凝聚力和号召力，反而坐实他“不臣”的事实——表明他反清不是为了兴明，而是为了自己称帝。

原来，吴三桂辜负崇祯帝，剿灭大顺帝，背叛康熙帝，一切都是为了他自己称帝。天下人对吴三桂有了这种认识后，支持他的人越来越少。吴三桂手下的将士越来越少。不久，身败名裂、穷途末路的吴三桂郁闷而死。其子吴世璠继位后，于1681年被清军围困在昆明城。在众叛亲离情况下，吴世璠自杀。

藩王吴三桂被消灭掉后，另外两个小藩王也只有乖乖就范了。玄烨下令彻底废除藩镇制。到1683年，清军又顺利收复了台湾。从此，有组织成建制的公开反清军不复存在。玄烨集中精力进行财政经济改革，解决其他边疆问题，完全掌控着历史发展方向。他充分发挥个人雄才大略，经过几十年努力，开创长达百余年的康乾盛世。

11. 精神领域“夷夏之防”

与历史上改朝换代不同，清朝取代明朝有明显“摘桃”意味。起义军与官军生死搏斗，推翻明朝，而清军在吴三桂引领下趁中原混乱攻入，夺走李自成即将到手的天下。李自成造反，是中原内部的事，即使他当皇帝也只有改朝换代之感，而没有亡国感。清朝入关坐天下，明朝遗民有亡国感，因此反清斗争此起彼伏，即使手无缚鸡之力的读书人，内心鄙视清朝，慑于武力不敢反抗，也会用文字和舆论力量反清。

反清思想广泛流传。从清朝产生到灭亡，反清复明组织都一直存在。为巩固统治，清朝数代皇帝大兴文字狱，镇压和惩罚反清人士，从思想领域加强专制统治。结果是，他们取得胜利，也导致清朝从此僵化了。

为打击异己分子，镇压对自己统治不利的思想言论，统治者发明了文字狱。文字狱很多朝代都有，但清朝文字狱特别多，也特别残酷，达到登峰造极无以复加的程度，甚至导致传统文化从此扭曲变形。

文字狱是清朝文化领域内特有现象，与满族人文化不自信、反清有紧密联系。

清朝祖先曾被明朝统治过，当过明朝册封的官员，他们反明也带有造反性质。清朝统治者对这段历史讳莫如深，将旧有史册堪削禁毁，以“大逆”罪名杀戮继续编写、收藏这类书的人。很多人不经意间就为清朝文字狱所害。

清朝统治者最为头痛的是文化领域反清运动。

传统知识分子鄙视和反对清朝，在文化战线上坚持斗争，在清朝初期比较常见。部分传统知识分子眷恋明朝，宣扬“夷夏之防”等思想，或者歌颂明朝人物、反清斗士等，或者在文化领域宣传反清复明。清朝初期文化领域反清最有影响力的，莫过于屈大均。

屈大均生于1630年，1648年参与陈邦彦等人发动的抗清斗争。陈邦彦等人遇害后，屈大均埋葬了他们，然后削发为僧。1656年，屈大均以化缘为名，云游四海。他先后到南京拜过孝陵，又到北京景山哭拜过明末帝朱由检，跟顾炎武、朱彝尊等人交往。他一路走，一路记录各地的山川险阻，暗中为复明做准备。他还曾与魏畊、祁班孙等人秘密联络过郑成功一起反清，为郑成功提供过情报。

各地抗清斗争失败，尤其是清朝接管台湾后，屈大均潜心著书立说。他不畏惧清朝禁令，宣传反清复明思想，还写了《皇明四朝成仁录》为抗清志士歌功颂德。这本书在明朝遗民中引起极大反响，鼓舞了反清复明斗争意志。1696年，屈大均在家乡病逝。后来，《皇明四朝成仁录》被举报，被禁止，遭焚毁。

清朝统治者使用文字狱手段对付屈大均等文化反清斗士，但发现屡禁不绝，不得不逐步调整文化管控政策。

顺治四年（1647年），清朝查获一本记载抗清志士悲观故事的《变记》，宣布“自今闱中墨牍必经词臣造订，礼臣校阅，方许刊行，其余房社杂稿概行禁止”，设置言论检察官，实施言论出版审查制度。这是清朝控制思想文化领域的开始。到康熙时，清朝又对历史著作、文学著作进行政治立场严查。到雍正时，统治者更是断章取义捕风捉影地在私人书信文字中查找罪证。

不过，这种严格控制人思想和言行的举动，并未真正阻止反清思想的传播，像《皇明四朝成仁录》以及《止维录》等宣传反清的书，依然在民间秘密流传。清朝统治者意识到，在文化层面仅仅靠镇压解决不了根本问题，唯有以修书为名搜罗各种书籍，列出提倡读的书籍，销毁禁止读的书籍，才能实现思想领域长治久安。

正因为这样的考虑，乾隆时期文字狱达到顶峰。他们到很多古籍中找罪证，甚至鼓励民间揭发“诬捏撰写分散传播之犯”。然而，防民之口甚于防川，言行越禁止，传播越快。乾隆皇帝爱新觉罗·弘历为文字狱所累，最终干脆下令收集天下书籍，进行系统编辑删改，作为后世读书人学习标准，同时借助收集天下藏书的机会，查出文化领域反清的知识分子及作品，毁掉一些不利于统治的书。他以整理传统文化古籍为名，下令组织忠于清朝的学术精英编辑《四库全书》，从文化根源上进行管控。

《四库全书》有全面系统整理文化的正面影响，也有窜改和禁止对清朝统治不利言论或者语句的弊端。它在文化领域贡献不小，但在思想领域对中国人进行了空前的思想钳制和传统文化阉割，使此后大多数中国人思想变得奴化和麻木起来。

清朝的禁书五花八门，令人叹为观止。那些涉及思想、历史、政治以及少数民族的书籍，都被列入禁止的名单中。明朝人写的文集、诗集、历史著作、人物传记、科学札记等，也都被禁被毁，以致明朝领先世界的某些科技成果在清朝灭亡多年后才为人所知，甚至如今我们读《四库全书》里《明史》中某些皇帝的本纪，还会发现不是中断遗漏没记载，就是好事省略记载坏事详细记载。

清朝文字狱从顺治朝开始，到乾隆朝达到高峰。这一时期也是清朝从逐步巩固统治到创造康乾盛世时期。康乾盛世相对明末是一个巨大历史进步，但康乾盛世与文字狱并存，也导致清朝逐渐走向思维文化封闭时期。这一时期的文化专制导致后代越来越封闭，越来越保守，越来越麻木，从根本上断绝了康乾盛世后再现盛世的可能。

12. 被放大的“十全武功”

清朝走向康乾盛世与文字狱、文化专制是同步的。清朝文字狱越来越严重的同时，国力也越来越强。从某个角度上讲，康乾盛世是暴力逼出来的，也有吹嘘成分在。

乾隆时期是清朝鼎盛时期。后世人这么认为，乾隆皇帝爱新觉罗·弘历当年也是这么认为的。弘历25岁登基，在位60年，加上当太上皇三年，共计掌权63年，以享年89岁而终。无论是掌权年数，还是寿命，在历史上几百位皇帝中都是首屈一指的。当然，弘历认为自己的功绩也是首屈一指的——延续康熙、雍正时代的盛世，建立十全武功，将清朝领土扩张到最大。他自我评价非常高，自称十全老人。

弘历自认的十全武功：两次出征准噶尔，一次平定回部之乱，两次剿灭金川土司，一次镇压台湾民众起义，一次迫降缅甸，一次迫降安南以及两次接受廓尔喀投降。这十全武功中，有外战，有平定内乱，都是保卫国家的举措。他认为自己历史功绩巨大，亲自撰写《十全记》记述十全武功。

乾隆时期，清朝经济状态没发生根本性改变，生产水平也没明显提高，各地起义也时有发生，抗粮抗税斗争、宗教斗争和少数民族独立斗争不时出现，清朝面临分崩离析危险。弘历用武力强行镇压，最终凭借强大人口基础和经济实力赢了对手。

康熙时期平定三藩，收复台湾，进行了一系列社会经济改革，再加上红薯、土豆、玉米等高产作物的传入，传统小农经济得到恢复和发展，导致清朝人口和经济实力猛增。雍正时期又加强了经济方面管控。弘历登基后，拥有雄厚的家底，凭借强大实力，击败各种挑战，巩固统治。

1747年，大金川土司叛乱。弘历3次派兵进剿，损兵折将，相持两年后，大金川土司耗不起，主动请降。后来，大金川又叛乱。1766年，弘历又3次派兵才将其镇压。随后，弘历宣布废除土司制，改土归流，加强统治。

准噶尔强力挑战清朝，有争夺天下的野心。1745年，准噶尔首领噶尔丹策零病死，出现内讧。大贵族阿睦尔撒纳争夺权力失败，走投无路，率部投降清朝。1755年，清军在阿睦尔撒纳引导下进攻准噶尔都城伊犁，打败了准噶尔首领达瓦齐。随后，清朝与达瓦齐和解修好，同时将准噶尔一分为二，阿睦尔撒纳和达瓦齐各统治一部分，并释放被准噶尔扣押的南疆回教领袖大小和卓。阿睦尔撒纳对此不满，联合小和卓叛乱，攻击清朝驻军。1757年，兆惠率军打败了阿睦尔撒纳，控制了天山南北。小和卓逃归统治新疆西部的大和卓。大小和卓一起叛乱。1759年，兆惠率军彻底消灭了大小和卓。1792年，乾隆将西域改名新疆，设置伊犁将军管辖。

1765年，缅甸军入侵云南，云贵总督兵败被杀。1767年，弘历命令明瑞出任云贵总督，率军反攻缅甸。缅甸诱敌深入，清军进入缅甸后，粮草不济，频频遭袭击，明瑞战死。1769年，清朝皇帝弘历派傅恒率军攻打缅甸。暹罗爆发反缅甸殖民起义。缅甸急于前去镇压，为避免两线作战，缅甸主动向清朝求和，以便能全力去对付暹罗。他们派人给清朝皇帝祝寿，请求恢复通商和册封。缅甸成为清朝附属国。

1786年到1787年，清朝镇压台湾天地会首领林爽文领导的大规模起义，常青率兵前往镇压，后中途换将，改派福康安增兵进剿。起义军难以抵挡清军优势兵力的攻击，最终起义失败。

1787年，广南王阮文慧攻打安南国，直捣河内。安南王黎维邦逃到广西，请求清朝干涉。弘历先派兵帮助黎维邦反攻，遭到失败，后阮文慧主动停战请和、内附入贡时，弘历又册封阮文慧为安南王。

1788年，廓尔喀军突然进攻西藏。清朝驻藏大臣巴忠以收买方式，使廓尔喀退兵。巴忠谎报战功，而廓尔喀因巴忠不履约，再次进攻。巴忠无法解决这个问题，自杀。福康安受命率军反击廓尔喀军。他率军翻越喜马拉雅山，连续作战，彻底打败廓尔喀，与之签订合约，强化了对西藏的统治。从此，廓尔喀也成为清朝附属国。

征服廓尔喀后，弘历亲自作《十全记》，明确表示："我不做开边黩武的事，但是，祖宗留下的疆域，我不敢丢掉一尺一寸。"十全武功前后打了45年，耗费了庞大军费，死伤了众多官兵，保障了领土完整和国家统一，但也有好大喜功成分，因为清朝的对手除准噶尔有较强实力外，其他对手根本不是一个重量级，除反击廓尔喀赢得漂亮利落点，其他势力占据绝对优势的战争，却赢得艰难或者勉强。弘历凭借这些将自己装扮成十全十美的帝王，也可见当时盛世的真实情况了。

13. 最后一个走出迷惘机会

如果认为乾隆皇帝爱新觉罗·弘历搞搞思想钳制就决定了历史发展方向，那么我们就误会了历史。事实上，在弘历自封“十全老人”时，历史曾给了他一次重新审视清朝发展方向的机会，那就是马嘎尔尼访华——当时世界最先进国家与最强大古老国家的一次官方接触。

元朝时，西方有个叫马可波罗的传教士到过中国，写了本《马可波罗游记》，掀起了西方人对中国的狂热兴趣。地理大发现后，鉴于中国相对强大，西方国家忙于抢夺殖民地，无暇顾及中国。西班牙、葡萄牙、荷兰都曾尝试过侵略中国，无一例外地被痛打，因而西方列强在较长时间内还是比较敬畏中国的。

到弘历成为“十全老人”时，世界已经发生根本性大变化，英国已经完成工业革命，在全球占有殖民地，其中在南亚次大陆的殖民地已经接近清朝边界，在南亚、东南亚已经开始接触到清朝的一些信息。廓尔喀臣服清朝后，英国人便产生深入了解清朝、打开中国市场的欲望。

1792年9月26日，马嘎尔尼奉命正式出使清朝。他们想了解清朝情况，开拓市场，与清朝通商，收集情报。当时，英国实行资本主义制度100多年，实现了工业化，需要开拓新市场。清朝处在康乾盛世，皇帝弘历认为的封建王朝最完美时期。

到中国后，马嘎尔尼很快失望，一眼看出盛世背后的衰败，发现没《马可波罗游记》描述的那么好，虽然是盛世，但百姓生活十分艰辛。“所经过每个省，看到的农民大都一贫如洗，即使那些受雇到船上侍候大使的人，经济状况也强不了多少。”

除此之外，马嘎尔尼还发现清军战斗力不行。虽然清朝官员有意在马嘎尔尼面前展示清军的军威，但他看到清军实际上却精神散漫，武器落后。

更令马嘎尔尼惊讶和失望的是，从清朝皇帝到文武百官，甚至到那些黎民百姓，对科技无视，对他们从英国带来的最先进礼物，包括蒸汽机、棉纺机、梳理机、织布机、天文仪器、车船模型、卡宾枪、步枪等，都丝毫不感兴趣，认为是奇技淫巧，上不了台面的东西。

马嘎尔尼在拜见清朝皇帝时，在会见礼仪方面被要求按照清朝的规定跪拜，而马嘎尔尼提出自己的要求，被坚决拒绝，连谈判机会都没给他。

为了完成英国女王交代的任务，马嘎尔尼还是向清朝皇帝呈上了英国的六项要求：

1.开放宁波、舟山和天津，允许英国商人到那里做生意；

2.准许英国商人在北京建立商馆（大使馆）；

3.割让舟山附近的一处海岛，供英国人居住和收存货物；

4.在广州附近划出一块地方给英国人，英国人出入来往，不受任何限制；

5.从事澳门到广州一线贸易的英国商货，享受免税或者减税待遇；

6.确定各类船只的关税条例，照例上税，不得额外加税。

这些要求有关于贸易的，也有具有殖民性质的。全部答应不利，全部拒绝也未必有利。跟英国人谈谈，争取一些有利的，也是未尝不可的。但是，弘历以天朝上国自居，对英国东西不感兴趣，也不认为有必要去了解那些，直接拒绝，要求其离开回国去。

马嘎尔尼无奈离开清朝。他看透了清朝，虽然表面看起来很强大，但实际上却很虚弱。他说："清朝就是一艘年久失修的豪华战舰。"事实上，清朝此时就是一个停滞的帝国，没有活力，朝野大多数人思想麻木僵化。

通过谈判打开市场大门失败后，英国人转为通过走私鸦片进一步削弱清朝。几十年后，英国人借口清朝禁烟，用坚船利炮打开了清朝封闭的大门。清朝从此失去掌握历史发展方向的主动权。这离乾隆皇帝爱新觉罗·弘历主动拒绝接触世界最先进的科技文化不到半个世纪。

14. 古代中国从此结束了

乾隆皇帝爱新觉罗·弘历对海外贸易不感兴趣，对先进科技文化不感兴趣，但对个人功名感兴趣，对享受奢侈生活感兴趣。为了既能好好享受又能巧妙规避恶名，弘历费尽心思提拔和宠信和珅。

和珅出身于没落贵族家庭，体验过有权势没权势的巨大落差，对权力、钱财、美女等都有一种近乎本能的贪恋。和珅是贵族子弟中少有的勤奋博学能干的人，通过自己的智谋巧妙讨好弘历，获得了官爵。他以能臣干吏被弘历关注，以媚臣受宠几十年，身兼朝中众多关键要职，几乎管理或者参与了当时清朝所有重要事务。

和珅能干，能替乾隆办很多事，但大多不是富国强兵的事，而是无法走正常流程的事。弘历继位，前朝遗留的盛世还在。随着国政方面取得一系列成绩，弘历开始追求享受，挥霍无度，但很快将国库耗尽。尤其是他乐此不疲的六下江南，消耗大量人力物力。他急需一个干练又能顺从皇帝心意的大臣。和珅成为不二人选。乾隆六下江南必带和珅。途中，两人无话不谈。和珅除了能说会道，陪弘历聊天解闷外，还巧妙地帮他解决下江南的经费以及途中遇到的各种问题，让他能放松身心旅游。

乾隆沉湎于享受，更在乎圣主明君的声誉。有和珅出面，他可以做一些有碍明君形象的事，又有甩锅的对象。更重要的是，一个贪污腐化的和珅是下一任皇帝树立皇威和施恩百姓最好的垫脚石。弘历去世后，嘉庆皇帝颙琰立即杀掉和珅。“和珅绊倒，嘉庆吃饱”，颙琰虽然杀和珅赢得了一些声望，但农民起义此起彼伏，社会危机重重，整个统治阶级都感到惊恐。

反清复明一直伴随着清朝始终。进入康乾盛世后，反清复明运动跌入低谷，但到嘉庆时，它又活跃起来，先是爆发长达5年波及湖北、四川、陕西三省的白莲教起义，后又爆发白莲教分支天理教在京津冀一带的起义。虽然说这两次大规模起义被镇压下去了，但令清朝统治者想想都后怕，让朝野都意识到盛世早已经不再，对未来都充满迷惘。尤其是天理教起义，让清朝统治者心有余悸。

白莲教起义被镇压后，反清复明运动转入地下状态，继续从事推翻清朝的活动。白莲教分支天理教向北京周边的州县渗透，组织发动新的起义。天理教教徒林清等人趁着颙琰到承德避暑山庄的机会，于1813年9月14日派200人，分两小队混入北京城。第二天，陈爽率领一队人进入东华门，陈文魁率领一队人进入西华门。在加入天理教的宦官带领下，他们突袭皇宫——一队进攻隆宗门，一队强攻养心门，与宫廷禁军展开激战。

皇子旻宁负责留守北京，处理朝廷内外的一切事情。得知起义军攻入紫禁城，旻宁一边率领宦官们沉着反击，一边令人去调火器营来参与围攻起义军。他开枪射杀起义军，并坚持到援军到来。起义军人少装备差，抵挡不过禁军以及火器营的夹击，被迫撤退。旻宁指挥清军大肆追杀，将攻入城内的起义军全部消灭。两天后，起义领袖林清被杀死。旻宁因功被立为皇太子，后来继位为皇帝，即道光帝。

这次起义虽然失败了，但沉重打击了清朝统治和各地地主阶级势力，鼓舞各地农民群众反抗封建统治的斗志与决心。起义军攻入皇宫是千古第一回，给清朝统治者非常大的震慑。连皇帝颙琰也感叹这件事是“汉唐宋明未有之事”。

事后，清朝倾力维护稳定，但无法逆转历史发展的趋势。清朝败落已完全表面化，从民间到皇宫，都深感清朝在日渐走向衰亡。

旻宁继位，不仅依然挡不住清朝衰落趋势，反而加速衰落速度。他“守其常而不知其变”，用“多磕头少说话”的曹振镛为心腹大臣，甚至一度让他代理皇帝处理朝政三个月。曹振镛一生唯唯诺诺，小心翼翼，没有贪污受贿记录，没有立过大功，也没有大过失。旻宁非常欣赏他，称赞他“人品端方”。不贪污受贿的唯唯诺诺听话的庸官，成为皇帝眼中官员楷模，清朝怎么能不走向衰落呢?

皇帝的喜好，朝臣自然会效仿。旻宁没别的方法挽救清朝颓势，提倡节俭治国，并亲自带头节俭。他曾穿带补丁的裤子上朝。朝臣们纷纷效仿，想方设法穿旧衣服上朝，甚至故意给官服打上补丁。旻宁对大臣们的节俭很满意。但是，满朝文武的节俭并未给国库省下多少银子，反而导致误国误政。例如，旻宁为省30万两银子支援新疆守军，竟然下令各省裁军。

旻宁是千年未有之节俭皇帝。但是，清朝国库依然继续亏空。西方鸦片大量输入，危害着朝野军民的身体和精神，大量白银外流，一点点吸干清朝的精髓。在有识之士促成下，旻宁下决心禁烟，结果引爆鸦片战争。战争爆发后，旻宁又意志不坚定，害怕打仗烧钱，撤换并惩罚主战的林则徐、邓廷桢等人，起用穆彰阿、琦善、奕山等主和派。结果，在鸦片战争中，清朝一败涂地，被迫签订《南京条约》，割地赔款。

从此，中国沦为半殖民地半封建社会。中国古代社会结束了，伴随困难而生的近代社会开始新的历史进程。历史进入被西方列强左右时期，救亡图存成为此后相当长时期内华夏儿女的历史任务。旻宁作为见证历史转折点的皇帝，极其勤奋努力，却加速了清朝衰败，这是他个人的悲哀，也是那个时代的悲哀。